U0935912

北京奥运交通丛书之六

北京奥运交通运行

Beijing Olympic Transport Operation

刘小明　李建国　刘通亮　于国成　编著

北京市交通委员会
北京交通发展研究中心
组织编著

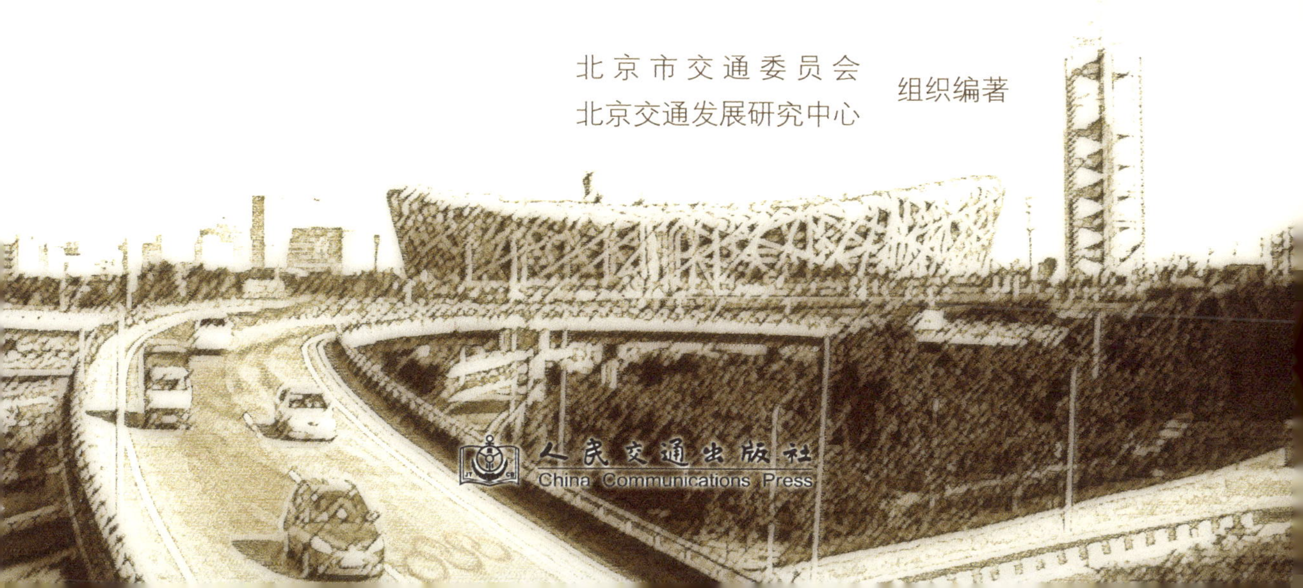

人民交通出版社
China Communications Press

内容提要

本书是北京奥运交通丛书之六，介绍实现北京奥运赛事交通和社会交通和谐运转的赛时交通运行组织架构、交通服务人力资源、奥运赛事交通运行、奥运场馆交通运行、奥运城市交通运行、开闭幕式交通运行及奥运交通运行评价等方面的有关情况，包括：概述、奥运交通运行组织架构、奥运交通人力资源、赛事交通运行、场馆交通运行、城市交通运行、开幕式闭幕式交通运行和奥运交通运行评价。

本书可作为政府部门、大型活动组织人员决策和工作参考用书，也可作为交通工作者、科技工作者、教育工作者研究和教学的参考资料。

图书在版编目（CIP）数据

北京奥运交通运行 / 刘小明等编著. -- 北京 : 人民交通出版社, 2010.7
（北京奥运交通丛书 ; 6）
ISBN 978-7-114-08505-5

Ⅰ. ①北… Ⅱ. ①刘… Ⅲ. ①奥运会－交通运输管理－概况－北京市 Ⅳ. ①G811.21②U491

中国版本图书馆CIP数据核字(2010)第127595号

书　　名：北京奥运交通丛书之六
北京奥运交通运行
著 作 者：刘小明　李建国　刘通亮　于国成
责任编辑：戴慧莉
出版发行：人民交通出版社
地　　址：（100011）北京市朝阳区安定门外外馆斜街3号
网　　址：http://www.ccpress.com.cn
销售电话：（010）59757969，59757973
总 经 销：人民交通出版社发行部
经　　销：各地新华书店
印　　刷：北京盛通印刷股份有限公司
开　　本：787×980　1/16
印　　张：15.25
字　　数：283千
版　　次：2010年7月　第1版
印　　次：2010年7月　第1次印刷
书　　号：ISBN 978-7-114-08505-5
定　　价：89.00元

北京奥运交通丛书
编著委员会

前　言

Preface

2008，百年奥运，中华圆梦。

在党中央国务院的坚强领导下，在北京市委市政府和北京奥组委的统一指挥下，在国际奥委会国际残奥委会和相关国际组织的积极帮助下，在全国各族人民的大力支持下，北京奥运会残奥会圆满成功。北京奥运会残奥会实现了有特色、高水平和两个奥运同样精彩的目标，达到了让国际社会满意、让各国运动员满意、让人民群众满意的要求，全面兑现了向国际社会作出的郑重承诺。北京奥运会残奥会的成功举办，为我们留下了丰富的物质财富和精神财富，同时也积累了宝贵的经验。奥运会后，北京市委市政府站在新的起点上，认真贯彻落实科学发展观，坚持“绿色奥运、科技奥运、人文奥运”理念，大力推进人文北京、科技北京、绿色北京建设，努力把首都建设成为繁荣、文明、和谐、宜居的首善之区。

北京奥运会残奥会的交通问题一直是国际社会关注的热点之一。从 2001 年申奥成功至 2008 年奥运会残奥会举办，这 7 年间，为实现申办奥运交通承诺，首都交通人深入学习实践科学发展观，全面践行“绿色奥运、科技奥运、人文奥运”理念，了解奥运交通需求、编制奥运交通规划、加快奥运交通建设、制订奥运交通政策、实施交通科技创新、评估奥运交通风险、落实奥运交通方案等，实现了北京奥运会残奥会期间交通安全顺畅，公共交通和城市货运保障有力，赛事交通与社会交通和谐运转，受到了国际社会、各国运动员和广大北京市民的高度称赞。

“新北京、新奥运”战略为北京交通的跨越式发展提供了难得的机遇：创新了科学高效的交通管理体制和运行机制；建成了一大批交通基础设施；大力优先发展公共交通，使人民群众普遍得到实惠、出行更加便捷；智能交通等一批科研成果得到了推广应用，城市交通管理服务水平进一步提高；实施了交通需求管理政策，积累了城市交通管理的成功经验；开展了交通安全隐患排查治理和交通应急演练，全面实现了“平安奥运”交通目标；成功实施了奥运交通运行各项方案，为举办大型活动做好交通保障积累了宝贵经验；锻炼培养了一批懂技术、能管理、会服务、高素质的交通服务团队和人员；首都交通行业服务意识和服务水平大幅提高，交通志愿者热情服务成为了首都窗口服务行业的靓丽风景；“公交优先、绿色出行”的理念更加深入人心；交通规划、建设、运营、管理、服务水平明显提升，为北京奥运会残奥会提供了强有力的交通保障。

北京奥运会残奥会交通保障任务的圆满完成，为我们留下了丰富的物质财富和精神财富，同时也积累了宝贵的交通发展经验。站在新的发展起点上，北京市委市政府提出了今后一段时期建设以“人文交通、科技交通、绿色交通”为特征的新北京交通体系的目标，制订印发了《北京市建设人文交通科技交通绿色交通行动计划》，为建设“人文北京、科技北京、绿色北京”，努力把北京建设成为繁荣、文明、和谐、宜居的首善之区提供强有力的交通支持。

为进一步坚持以科学发展观为指导，借鉴奥运交通保障的成功经验推动首都交通发展，为大型活动交通保障提供借鉴，并为教学、科研人员提供研究参考，北京市交通委员会、北京交通发展研究中心组织有关人员编著了《北京奥运交通丛书》。这是集体智慧的结晶，也是将实践经验、科研成果与理论相结合的有益探索。

《北京奥运交通丛书》共分8册，从奥运交通需求、规划、建设、运行、政策、科技、安全应急等方面对北京奥运交通进行了较为全面的描述。《北京奥运交通总论》介绍了奥运交通工作的主要内容及做法经验；《北京奥运交通需求》介绍了北京奥运交通服务标准、需求特征、需求分析和北京奥运需求情况等内容；《北京奥运交通规划》介绍了北京奥运申办以来交通规划系统的构成及主要规划内容；《北京奥运交通建设》介绍了北京奥运筹办期间城市交通基础设施及奥运期间临时交通设施的建设情况；《北京奥运交通政策》介绍了北京奥运期间采取的交通需求管理政策制订过程及方法，实施效果及其评价；《北京奥运交通运行》介绍了北京奥运赛时期间交通运行和交通保障过程；《北京奥运交通科技》介绍了北京奥运筹办举办过程中智能交通技术和新技术、新材料、新工艺在交通中的应用；《北京奥运交通应急管理》介绍了北京奥运期间交通安全风险评估、交通应急管理等内容。

《北京奥运交通丛书》的编写力求采取理论和实际相结合的手法，既反映北京奥运申办、筹办、举办过程中的交通筹备、运行组织过程，也论述了大城市交通发展和大型活动的交通规划、建设、组织、管理等相关理论问题，提出了一些新理念、新观点、新方法，并进行实证分析，希望能让广大读者从中获益和启迪。

由于时间仓促，加上编写水平有限，不妥之处敬请广大读者批评指正。

《北京奥运交通丛书》编著委员会

2010年2月

目　录

Contents

1 概　述

举办一届"有特色、高水平"的奥运会、残奥会，提供"安全、准点、可靠、便利"的交通服务，兑现申奥承诺，实现赛事交通和社会交通的和谐运转，是北京奥运会、残奥会交通运行的终极目标。为此，北京交通部门会同奥组委有关部门，充分发挥体制优势，从组织保障体系、人力资源准备、场馆交通运行、城市交通运行等方面，进行了周密的谋划和精心的组织，以确保奥运赛时交通运行按照预订方案进行。

赛时交通运行组织体系，实现了国家有关部门、北京市政府和北京奥组委的高度融合，应用矩阵管理理论，构建了交通运行中心和赛事交通服务分中心、交通组织安全保障分中心、交通设施保障分中心、城市运输服务保障分中心的体制架构，统筹赛事交通和城市社会交通，实现赛时交通运行的高效指挥和调度。

交通服务人员作为交通运行的核心要素之一，根据往届奥运会的经验，如何招募、培训、组织管理是奥运会筹办工作的难点之一，尤其是驾驶员志愿者，其流失率极高。人员流失造成了赛时新补充人员培训工作不到位，驾驶员因不了解服务规则、不熟悉道路而耽误比赛等现象时有发生。北京奥运会、残奥会借鉴了往届奥运会和残奥会的经验，在交通服务人员队伍的组建工作中，充分发挥体制优势，合理规划人才结构，注重专业骨干队伍建设。工作人员以借用为主，社会招聘为辅；志愿者全部通过有组织的定向招募确定；合同商人员主要来自北京市专业客运企业，建立了一支管理科学、组织严密、责任明确、精干高效、安全第一的奥运交通服务团队，其在奥运会期间为各客户群提供了优质、高效的交通服务。

赛事交通运行直接为各注册客户群提供交通服务，是奥运交通运行工作的重中之重。北京奥运会、残奥会赛事交通运行实现了"安全、准点、可靠、便利"的庄重承诺，得到了国际社会和各国运动员的高度评价。本分册分别从奥运车辆证件、奥运交通场站运行、注册客户群赛事交通运行等方面展开叙述。

场馆交通运行是赛时场馆整体运行的重要组成部分。北京奥运会和残奥会场馆交通运行方案按照“遵守惯例、标准统一、尊重个性、安全第一、和谐运转和注重效益”的原则，结合奥运会、残奥会场馆交通通行政策制订。每个场馆的交通运行方案都经历了各群体交通运行方案规划设计、交通运行方案整合规划设计、交通运行方案测试、交通运行方案调整完善四个阶段。本分册以五棵松场馆群为例，详细介绍了场馆交通通行政策、场馆交通团队构成及工作机制、各客户群交通服务运行、外围交通保障工作、场馆运行保障和意外突发事件应急预案等场馆交通运行内容。

为兑现奥运承诺，保证2008年北京奥运会和残奥会期间空气质量达标、满足赛事及社会交通需求，奥运会期间实行了机动车单双号行驶等交通需求管理政策。按照机动车停驶方案，考虑观众、工作人员及志愿者出行增加等因素，奥运会期间公共交通日客运量在常规出行需求的基础上约增加465万人次，实现了赛事交通和社会交通的和谐运转，是奥运会和残奥会交通运行的目标，同时也是赛时交通运行面临的巨大挑战。本分册从城市公共交通运行、城市交通设施运行、城市交通组织安全运行、城市交通运输环境保障、城市道路货运交通运行、铁路及民航赛时运行等方面对奥运城市交通运行进行了阐述。

奥运会开、闭幕式作为奥运会最重要的组成部分，历来受到全世界的广泛关注。奥运会开幕式交通组织作为奥运会开幕式运行的重要保障一向被认为是工作难点，也一直是国际奥委会高度关注和严格督办的工作。首先，人数众多的奥林匹克大家庭成员等贵宾要求提供高水准的交通服务；其次，散场时高强度、高集聚度、瞬时性的观众人流疏散对交通组织是个巨大的挑战，对城市公共交通的瞬时运输能力同样是个考验。在有关开幕式交通运行的章节中，依据制订的交通运行方案和应急预案，各部门协同作战、密切配合，使各客户群“有序集结、分时分路抵离”，圆满完成了开幕式集散工作，实现奥运会开幕式散场75min疏散完毕，创往届奥运会之最，得到了国际奥委会的赞赏。本分册对奥运会开幕式交通运行进行了详细介绍，同时简要介绍了奥运会闭幕式、残奥会开闭幕式交通运行的特点、难点及运行情况。

本书最后从奥运会期间交通运行总体评价、道路交通运行、城市公共交通系统运行等方面对奥运交通运行进行了总体评价，同时结合奥运会期间开展的各项调查，力求向读者展现奥运会期间北京交通运行的各个方面。

2 奥运交通运行组织架构

北京奥运交通组织架构经历了前期筹办阶段、后期统筹阶段和赛时运行阶段三个不同时期的变化调整，以下是各阶段组织架构调整的关键时间节点。

前期筹办阶段（2001 年 12 月 ~ 2006 年 5 月）：

2001 年 7 月 13 日，北京申奥成功；

2001 年 12 月 13 日，北京奥组委成立；

2002 年 10 月，设立奥组委运动员服务部安保交通制证处；

2003 年 4 月，设立奥组委运动员服务部交通处；

2005 年 11 月，奥组委交通部筹备组成立。

后期统筹阶段（2006 年 6 月 ~ 2008 年 4 月）：

2006 年 6 月，北京奥运会交通工作协调小组成立；

2006 年 6 月，奥组委交通部正式成立。

赛时运行阶段（2008 年 5 月 ~ 2008 年 9 月）：

2008 年 5 月，北京奥运会、残奥会运行指挥部成立；

2008 年 6 月，设立北京奥运会、残奥会交通与环境保障组。

前期筹办阶段主要是由奥组委相关交通职能部门会同国际奥委会明确北京奥运交通服务标准、需求及组织体系，城市奥运交通工作则按照各委办局职能分别开展前期规划、设计等研究工作，重点是增加城市交通基础设施承载能力和运输服务能力建设。

后期统筹阶段的工作重点是整合赛事交通与城市交通的规划、设计、建设和运行等具体工作。为切实推进奥运交通筹备工作，2006 年 6 月成立了北京奥运会交通工作协调小组，由北京市政府主管副市长和北京奥组委执行副主席任组长，中共中央直属机关事务管理局、国务院机关事务管理局、北京卫戍区、交通运输部、铁道部、中国民航局、奥组委交通部、北京市交通委员会、北京市公安局、北京市旅游局、北京市公安局公安交通管理局、北京市运输管理局、北京市路政局等部门组成，办公室设在北京市交通委员会。

北京奥运会交通工作协调小组成立后，以“兑现承诺，满足需求”为己任，以为奥运会提供“安全、畅通、准点、便利”的交通服务为目标，统筹推进奥运交通基础设施建设、运输服务准备、交通组织管理和相关政策制订等工作，为赛时交通运行奠定了坚实的基础。

进入 2008 年 5 月后，随着奥运筹办工作由筹备阶段向赛时运行阶段过渡，在北京奥运会、残奥会筹办工作领导小组的领导下，成立了北京奥运会、残奥会运行指挥部，负责统筹奥运会、残奥会的日常运行事务及北京城市保障工作等。

2.1 奥运会残奥会运行指挥部

2008 年 5 月，在北京奥运会、残奥会筹办工作领导小组的领导下，成立了北京奥运会、残奥会总指挥部（以下简称总指挥部），在总指挥部下，又成立了北京奥运会、残奥会运行指挥部（以下简称运行指挥部）。运行指挥部的职责是：负责赛时阶段主赛区奥运会和残奥会的日常运行事务及北京城市保障工作；负责奥运会和残奥会赛事运行；联络国际奥委会赛事协调办公室。

运行指挥部运行指挥长由北京奥组委执行主席、北京市市长担任，运行指挥部运行副指挥长分别由北京市、北京奥组委的有关领导担任。运行指挥部内设 11 个工作机构，组织结构图如图 2-1 所示，交通运行具体工作机构设在交通与环境保障组内。

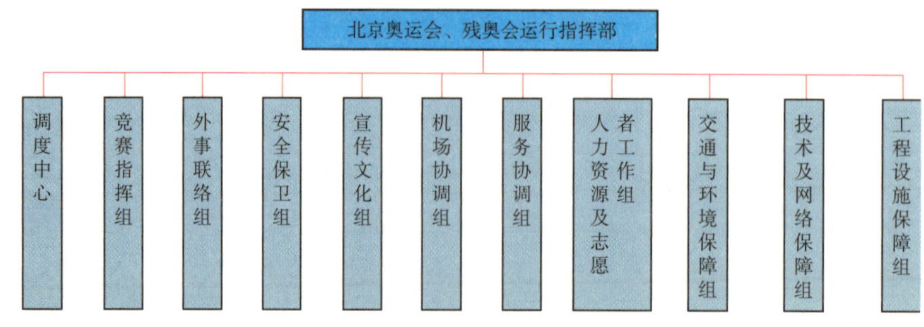

图2-1　北京奥运会、残奥会运行指挥部组织结构图

2.2　交通与环境保障组

交通与环境保障组作为北京奥运会、残奥会运行指挥部 11 个工作机构之一，其主要职责是：负责协调奥运会和残奥会期间的交通服务工作；组织做好空气质量的监测、预报，实施大气、水、噪声、固体废物污染源监管，参与环境安全应急保障工作；协调奥运景观建设、环境卫生、环境秩序维护；组织落实全市水源、供水、排水、水环境及安全迎汛工作；组织花卉布置、绿化养护、森林防火工作；负责奥运会开闭幕式人工消（减）雨工作协调（领导）、组织和指挥等各项工作。

交通与环境保障组组长分别由中共北京市委、市政府、北京奥组委有关领导和交通运输部、环境保护部、铁道部有关司（局）领导担任；执行组长分别由北京市政府副秘书长、北京市交通委员会主任、北京市环境保护局局长担任。交通与环境保障组下设交通运行中心等 7 个部门，组织结构图如图 2-2 所示。

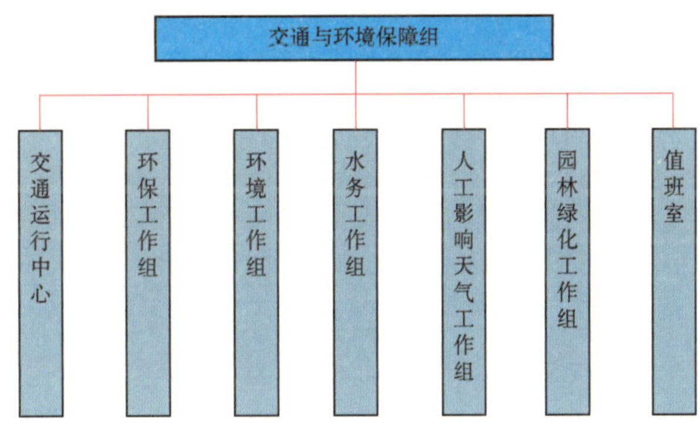

图2-2　交通与环境保障组组织结构图

2.3　交通运行中心

交通运行中心作为运行指挥部交通与环境保障组最重要的工作部门之一，其主要职责是：负责统筹赛事交通运行、城市交通管理、运输服务和设施保障；协调民航、铁路、交通各类资源；负责突发事件处置的组织协调；组织实施奥运会期间交通需求管理政策，减少交通流量，确保道路通畅；协调外地进京车辆绕行等交通工作。在确保赛事交通“安全、准点、可靠、便利”的前提下，努力实现赛事交通和城市社会交通的和谐运转。

交通运行中心主任分别由北京市交通委员会主任、北京市公安局公安交通管理局局长、奥组委交通部部长、北京市交通委员会主管副主任担任。

执行主任分别由北京市公安局公安交通管理局、奥组委交通部、北京市路政局、北京市运输管理局和北京市交通执法总队的领导担任。

交通运行中心的成员单位有北京市交通委员会、北京市公安局公安交通管理局、奥组委交通部、北京市路政局、北京市运输管理局、北京市交通执法总队、北京公交集团、北京市地铁运营公司、北京市首都高速公路发展集团公司、北京市公联公路联络线公司、北京市政路桥集团等。

交通运行中心下设赛事交通服务分中心、交通组织安全保障分中心、城市交通设施保障分中心、城市运输服务保障分中心和交通运行中心办公室 5 个工作机构，同时其与场馆交通运行团队、外围保障团队可实现赛时无缝对接，如图 2-3 所示。

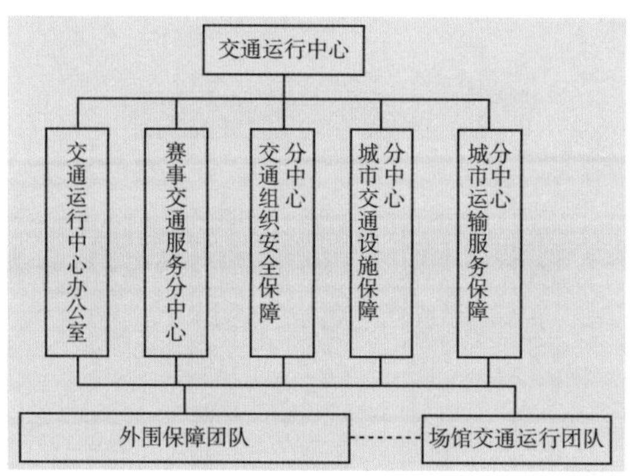

图2-3　交通运行中心组织结构图

2.3.1　交通运行中心办公室

交通运行中心办公室负责交通运行中心的日常工作，包括会务筹备、文秘工作等，并及时将交通与环境保障组领导的决定、部署传达至各分中心；负责对奥运交通工作进行督办；负责联系赛事交通服务分中心，掌握奥运赛事交通运行情况；负责联系交通组织安全保障分中心、交通运输服务保障分中心、交通设施保障分中心的工作，掌握奥运场馆、驻地、城市道路、机场、火车站等奥运交通运行情况；负责编写奥运交通信息和情况日报，做好每日汇总上报工作；负责赛时向北京市“2008”城市运行监测平台提供城市交通体征指标信息。

交通运行中心办公室主任分别由北京市交通委员会副主任、北京市公安局公安交通管理局副局长担任。

交通运行中心办公室设会议联络、秘书信息、督查督办三个工作组，实行 24h 值班制度。

2.3.2 赛事交通服务分中心

赛事交通服务分中心以奥组委交通部为主，由政府相关部门参加，负责组织奥运会期间国际奥委会官员、各国家（地区）奥委会代表团官员、国际单项体育组织主席、秘书长及其官员、运动员、媒体人员、技术官员等群体的交通服务和交通安全管理。

为适应赛时交通运行需要，充分发挥体制优势，依据“精干高效，减少层级，实现赛时以场馆化、专项团队化运行为主”的原则，赛事交通服务分中心赛时组建交通服务运行指挥和专项运行团队两级架构，确定了以“115-478”为模式的赛事交通运行组织架构。具体组织结构图如图 2-4 所示。

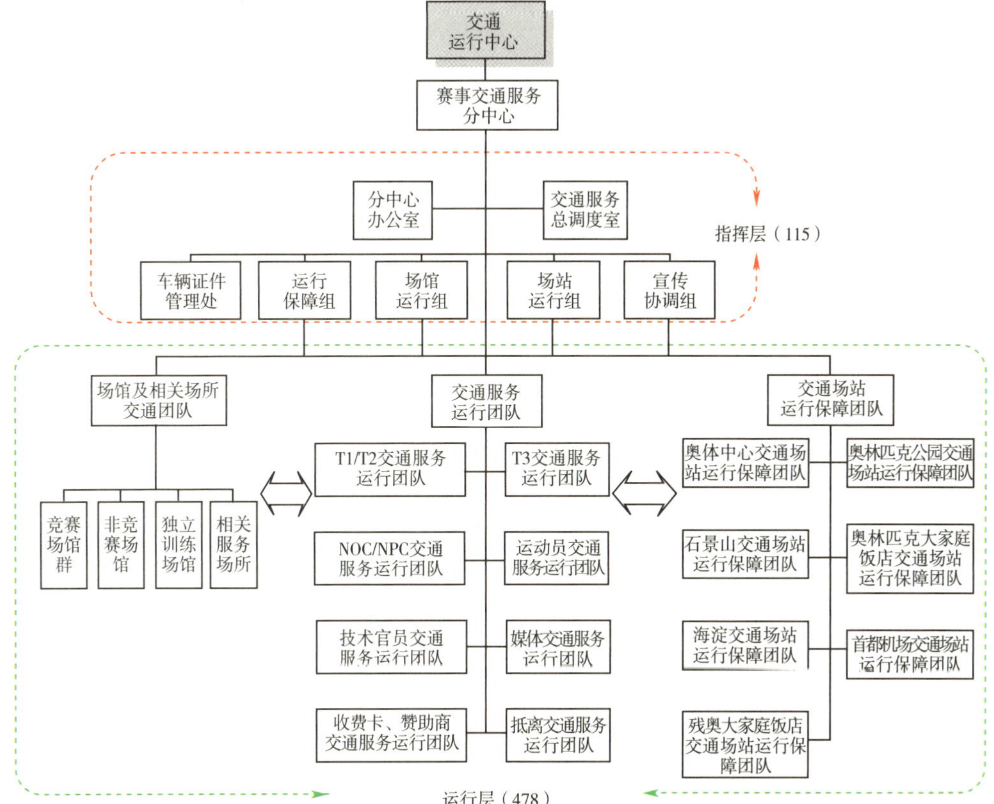

图2-4 北京奥运会交通运行中心赛事交通服务分中心组织结构图

交通服务指挥层为“115”架构，由奥组委交通部、政府相关部门、专业客运企业人员组成；交通服务专项团队运行层为“478”架构，由奥组委交通部、交通运行团队、志愿者、运输企业专业人员组成。

2.3.2.1 指挥层（“115”）

指挥层包括 1 个分中心办公室、1 个交通服务总调度室、4 个职能组（场馆运行、场站运行、宣传协调、运行保障）和 1 个车辆证件管理处。

（1）分中心办公室。分中心办公室接受交通运行中心指令，并向交通运行中心汇报，负责信息的上传和下达，为指挥决策提供信息支持，协调京外赛区交通服务，组织指导交通工作人员注册、岗位调配、赛前培训、赛时考核管理等工作。

（2）交通服务总调度室（含客户服务及 T3 预订中心）。交通服务总调度室是交通服务运行调度的中枢，其负责交通服务综合运力平衡调配，应急指挥调度，接受服务车辆预约，受理客户投诉和技术系统管理维护等工作，对赛事交通服务工作进行总体协调督办。

（3）4 个职能组。

① 场馆运行组：负责组织协调和指导竞赛场馆、主要非竞赛场馆、独立训练场馆、服务场所的交通团队开展场馆交通组织运行工作。

② 场站运行组：负责协调指导 6 个交通场站运行团队开展赛时运行保障工作。

③ 宣传协调组：负责与各注册客户群沟通、联系，了解各客户群交通服务需求和需要及时解决的问题。

④ 运行保障组：负责指导和管理赛事交通服务运行保障工作。

（4）车辆证件管理处。车辆证件管理处负责赛时车辆证件的印制、发放和管理。

2.3.2.2 运行层（“478”）

（1）4 类场馆交通团队：

① 竞赛场馆（群）交通团队共 24 个；

② 非竞赛场馆交通团队共 16 个；

③ 独立训练场馆（群）交通团队共 23 个；

④ 相关签约饭店交通团队（主要为服务场所，包括 29 个技术官员（IF）驻地、40 余个注册媒体酒店、10 余个国家（地区）奥委会（NOC）饭店以及国际贵宾驻地等服务场所）。

对上述 4 类场馆交通团队实行团队经理负责制。主要职责：接受交通运行中心赛事交通服务分中心和本场馆（服务场所）运行团队的双重领导，按照交通组织服务运行计划以及奥运相关政策、标准，在本场馆（服务场所）对客户群提供相应的交通服务（包括各客户群车辆到达、驶离组织，交通引导、咨询，场馆内外交通协调）和场馆交通组织管理工作。

（2）6个交通场站运行保障团队（残奥会为4个）。奥运会期间的6个交通场站是奥林匹克公园交通场站、海淀交通场站、石景山交通场站、奥体中心交通场站、奥林匹克大家庭饭店交通场站和首都机场交通场站。

服务于残奥会的交通场站除奥运会3个交通场站（奥林匹克公园交通场站、奥体中心交通场站、首都机场交通场站）外，增加了残奥会大家庭饭店交通场站。

（3）8个交通服务团队。按照国际奥委会交通技术手册要求，参照往届奥运会交通组织模式，以北京市专业客运企业（合同商）、志愿者为主体，建立了以各客户群为对象的交通服务运行团队，实行团队主任负责制，团队下辖车队，具体承担各客户群的交通服务任务。

交通服务团队的职责：负责编制各客户群交通服务运行计划；对所辖车辆、人员进行调配运行；对突发事件进行响应。

8个交通服务团队分别是奥林匹克大家庭专车（T1/T2）交通服务团队、奥林匹克大家庭合乘车（T3）交通服务团队、国家（地区）奥委会/残奥委会（NOC/NPC）交通服务团队、运动员及随队官员（TA）交通服务团队、国际体育单项组织（IF）交通服务团队、注册媒体（TM）交通服务团队、抵离交通服务团队、赞助商和收费卡交通服务团队。

2.3.3 交通组织安全保障分中心

2.3.3.1 组织架构及职能

交通组织安全保障分中心由北京市公安局公安交通管理局的工作人员组成，分中心主任由北京市公安局公安交通管理局局长担任。交通组织安全保障分中心在奥运安保指挥中心、奥运交通与环境保障组交通运行中心的统一领导下，按不同指挥体系分别对应为奥运安保指挥中心交通安全保卫指挥部、奥运交通运行中心交通组织安全保障分中心，全面负责城市交通组织指挥、赛事交通安全保卫和交通应急处突保障工作。

在奥运赛时运行阶段，交通安全组织保障工作转化为三级指挥调度机制，即公安交通指挥中心—仰山桥奥运交通勤务指挥中心、各支队分指挥中心—各场馆群交通指挥所、执勤队三级指挥体系，对社会交通和勤务交通实施一体化指挥。

（1）公安交通指挥中心，统一负责全市交通运行和应急处突工作，统筹协调赛事交通、社会交通和交通安全保卫工作。

（2）仰山桥奥运交通勤务指挥中心负责奥运赛事勤务的组织协调指挥工作。

（3）各交通支队、大队负责本管界社会交通和奥运常备路线的组织运行，对本管界内的奥运场馆和赛事活动提供外围交通保障服务。

（4）场馆交通指挥所负责本场馆的交通组织运行工作。

（5）执勤队负责本管界社会交通和奥运常备路线的组织运行，对本管界内奥运场馆提供外围交通保障服务。

2.3.3.2　协调对接机制

（1）与安保部门的协调对接。在奥运安保指挥中心的统一领导下，将交通安保纳入奥运整体安保工作中。

（2）与赛事交通服务分中心协调对接。赛事交通服务分中心提出交通组织、交通安全方面工作需求，并提供基础信息，由交通组织安全保障分中心按职责范围落实具体工作措施，提供保障。对上会车辆、驾驶员应进行严格安全把关和监管，落实安全管理制度和责任。

（3）与交通设施保障分中心、运输服务保障分中心的协调对接。由交通组织安全保障分中心根据交通组织运行和安全保障实际需要提出奥运交通基础设施和公交运力保障需求，由交通设施保障分中心、运输服务分中负责组织落实。同时，积极参与道路基础设施规划、公交线网优化、赛事及社会交通服务运力调配等工作，并提出交通组织和安全保障建议。

2.3.4　城市交通设施保障分中心

交通设施保障分中心由北京市路政局、北京市首都高速公路发展集团公司、北京市公联公路联络线公司、北京市政路桥集团等单位组成，负责交通设施保障工作，建立设施应急响应机制；负责协调实施奥运服务车辆快速通行高速公路；负责高速公路监控设施及安全；协调各区做好区管道路的养护工作等。

交通设施保障分中心主任由北京市路政局局长担任。

交通设施保障分中心由办公室、市管城市道路保障组、区管城市道路保障组、轨道设施保障组、公路保障组、临时设施保障组、道路建设工程保障组、铁路道口安全保障组等 8 个工作组构成，各工作组职责如下。

（1）办公室：负责分中心保障队伍与赛事团队的对接事宜；负责检查、督促各保障组工作的落实情况；负责组织赛时保障工作会议的顺利进行；负责信息收集、整理、上报工作。

（2）市管城市道路保障组：负责市管城市道路设施保障工作的落实；负责组织实施道路日常养护工作，落实养护责任制；负责组织市管城市道路专业抢险队伍。

（3）区管城市道路保障组：负责区管道路设施保障工作的落实；负责城市道路路政管理保障工作；负责区管道路设施应急抢险组织工作。

（4）轨道设施保障组：负责轨道设施养护监督管理工作；负责监督、检查安全保障方案的实施。

（5）公路保障组：负责检查公路保障工作的落实；负责奥运交通服务车辆通行高速公路收费站的组织、协调；负责公路路政管理；负责组织实施公路日常养护工作；负责组织公路专业抢险队伍的抢险工作。

（6）临时设施保障组：负责检查、落实赛时临时设施养护运行工作；负责奥运公共交通临时标志、标识的维护工作。

（7）道路建设工程保障组：负责协调在建和未交养城市道路设施的赛时维护管理；负责组织、监督在建和未交养公路设施的赛时维护。

（8）铁路道口安全保障组：负责铁路监护道口安全监管和安全保障工作的落实；负责铁路监护道口应急抢险组织工作；负责与铁路部门的协调工作。

2.3.5 城市运输服务保障分中心

城市运输服务保障分中心由北京市运输管理局、北京市交通执法总队、北京公交集团、北京市地铁运营公司等单位组成。其负责赛事期间的观众、工作人员和志愿者的运输服务；负责维护赛时场馆周边的运输环境秩序；负责危险化学品的运输管理和货物运输保障工作；负责协调交通运输部做好选调600辆外省（区、市）大客车为赛会志愿者提供通勤交通服务的工作；协助组织赛事运输服务车辆和服务人员等。

城市运输服务分中心主任由北京市运输管理局局长担任，副主任由运输局、交通执法总队、公交、地铁运营公司主管领导担任。运输分中心各成员单位采取全员参与体制，按照“115 – 10”组织体系运行，即设置1个办公室，1个奥林匹克公园交通运输现场指挥部（以下简称中心区指挥部），赛事保障、公共交通、出租客运、货物运输和运输环境秩序5个保障组，8个中心城区交通运输管理处和顺义、昌平交通局组成的10个场馆外围交通保障团队。由北京市运输管理局领导分区域牵头，各区运管部门按场馆确定负责人，相关执法大队、场馆交通团队 T5 协调副经理[1]和公交企业指定人员组成，组织结构图如图 2-5 所示。

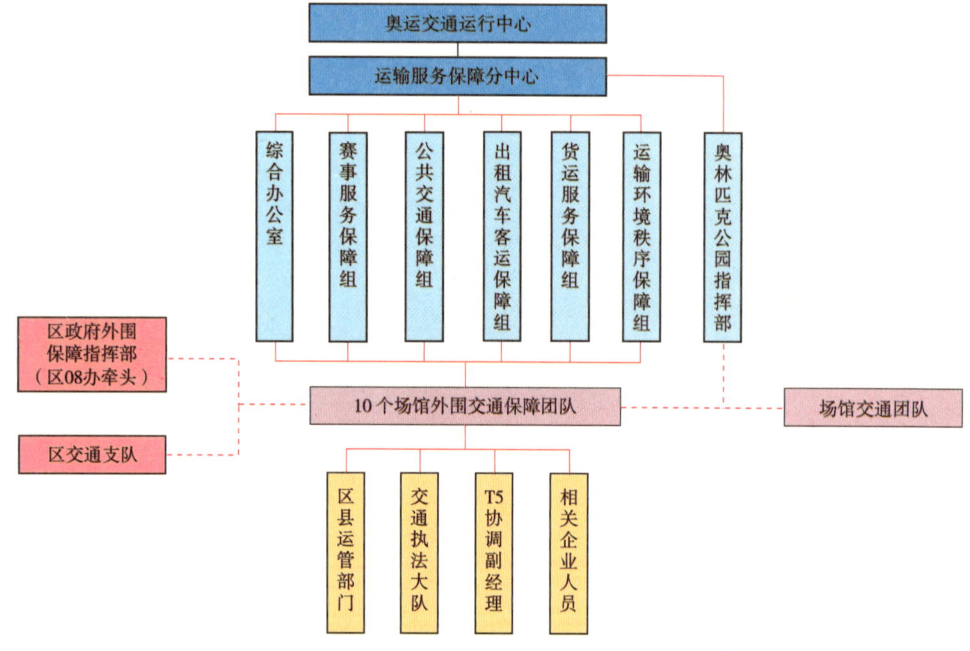

图2-5　城市运输服务保障分中心组织结构图

运输服务保障分中心各工作组的职责如下。

（1）综合办公室：负责运输分中心的日常政务、公文处理、会议组织、运行协调和督察工作；负责分中心 800M 无线通信设备的配置和运行保障工作；负责收集汇总并报告分中心各部门工作情况、行业动态数据等信息。

（2）奥林匹克公园指挥部：由北京市运输局、北京市交通执法总队、北京公交集团、北京地铁运营公司各指派 3 名工作人员组成。其作为分中心的派出机构，负责协调奥运会和残奥会期间奥林匹克公园内 10 个比赛场馆的外围交通运输保障和运输秩序维护工作；按照分中心指令，落实开、闭幕式等重要赛事运输服务相关保障工作；协调奥林匹克公园公交场站的运力调配、公交与地铁运力的衔接；掌握奥林匹克公园运输服务保障总体运行情况，协调解决运输服务保障中遇到的问题；现场处置运输服务保障突发事件，组织客货应急运输。

（3）赛事服务保障组：由赛事交通服务分中心、交通设施保障分中心、公交集团和首汽等上会企业指定联络员。负责协助赛事交通服务分中心解决奥运上会交通

[1] T5协调副经理为场馆交通团队中负责场馆公共交通运行协调的职位，人员由交通运输管理部门组织推荐，接受场馆运行团队和运输服务保障分中心的双层领导。

服务车辆和人员的相关需求；实施非注册贵宾、非注册媒体、奥运相关活动等团体包车专项服务；组织赛会志愿者等交通服务保障工作；组织除奥林匹克公园以外比赛场馆的外围交通运输保障工作；负责赛事保障动态信息的收集、汇总和报送。

（4）公共交通保障组：由北京公交集团、北京地铁运营公司、北京轨道交通指挥中心、北京祥龙公司指定联络员，负责奥运会、残奥会期间社会面公交、地铁运输服务保障工作；组织落实开、闭幕式等重大活动公共交通保障工作；实施赛时免费乘坐公共交通方案；组织落实换乘奥运公交专线涉及的停车场站服务、残疾人观众自驾“残摩”车在场馆端停放等；收集民航、铁路的相关信息，协调与城市公交衔接的事宜；对公交、地铁的安全生产情况进行监控；负责组织公交、地铁应急运输保障工作；负责公交、地铁、奥运公交场站运行动态信息的收集、汇总和报送。

（5）出租汽车客运保障组：由各出租汽车“保点”[1]企业指定联络员，负责实施奥运会和残奥会期间出租汽车社会运输的服务保障工作；实施场馆、重点地区出租汽车“保点”服务；组织无障碍出租汽车服务保障及监管工作；实施以新型燃料车服务于奥运的相关工作；组织实施省际、旅游、汽车租赁日常服务保障；负责组织相关客运行业的应急运输保障工作；负责相关客运行业动态信息的收集、汇总和报送。

（6）货运运输服务保障组：负责奥运会和残奥会期间实施开、闭幕式散场后国家体育场设备运送等涉奥货物运输工作；实施奥运会、残奥会烟花焰火道路运输安全保障工作；实施城市配送货物运输保障工作；组织实施相关应急运输和突发事件处置；负责相关行业信息的收集、汇总和报送。

（7）运输环境秩序保障组：由交通执法总队有关人员组成，负责奥运会和残奥会期间运输环境秩序的保障监管工作；负责机场、火车站、省际客运站交通运输环境秩序的维护；维护各体育代表团、媒体驻地、场馆周边、重点景区、商业区及主要客流集散地的交通运输环境秩序，查处违法行为，确保乘客的合法权益，协调相关执法部门打击非法营运行为；负责运输市场环境和行业动态信息的收集、汇总和报送。

（8）10 个场馆外围交通保障团队：各区运管部门按场馆确定负责人，由相关执法大队、场馆 T5 协调经理和公交企业指定人员组成。负责落实奥运会和残奥会期间各项场馆外围交通保障工作；实施所在区场馆外围交通保障工作，并与场馆所在区政府和相关部门建立工作机制；维护各场馆周边的运输环境和秩序，查处非法经营和业内违规行为；负责外围交通保障工作动态信息的收集、汇总和报送。

[1] 出租汽车“保点”是指在出租服务场所按照需求提供一定数量的待客出租汽车，以方便乘坐，是北京奥运会对奥运交通服务的创新和贡献，有关内容可参阅丛书之二《北京奥运交通需求》的相关章节。

（来源：北京市公交集团）

3 奥运交通人力资源

3.1 交通服务人员分类

奥运会交通服务人员分付薪人员、志愿者、合同商、赛时城市交通运行和场馆外围交通服务保障人员四大类，其中付薪人员、志愿者、合同商主要为 T1 ~ T4[1] 交通服务工作人员，交通服务保障人员主要为 T5 交通服务人员。

3.1.1 付薪人员

付薪人员主要有借用人员和正式聘用人员两类，其中借用人员占绝大部分。

借用人员是指因工作需要不转入人事关系，在奥组委各职能部门核定岗位并履行岗位职责的工作人员。

正式聘用人员是指与奥组委签订聘用合同的工作人员，人事工作隶属奥组委，包括社会招聘及政府部门选调的人员。

3.1.2 交通志愿者

交通志愿者是指由奥组委直接或委托招募的，接受北京奥组委管理，承担相应岗位职责，义务为北京奥运会和残奥会服务的工作人员。

交通志愿者分为前期志愿者和赛会志愿者，由奥组委直接或委托，采用公开和定向相结合的方式招募。与奥运其他志愿者相比，赛会交通志愿者特别是驾驶员志

[1] 国际奥委会根据提供交通服务等级的不同，将参赛人员划分为T1～T5五个等级，详情可参阅丛书之二《北京奥运交通需求》。

愿者有着责任重、风险高、强度大等特点，为确保安全和便于管理，驾驶员志愿者采取定向招募的方式，其主要来自于中直机关、中央国家机关、中央企业、市直机关、市国资委系统、教育系统和外资企业七大系统和十八区县、车友会、部队等。

3.1.3 合同商及赞助商

由合同商或赞助商提供并支付薪酬的工作人员，其人事关系属于合同商或赞助商，待遇由合同商公司统一负责，赛时接受赛事交通服务分中心所属团队的统一管理。

3.1.4 城市交通运行及场馆外围交通保障人员

赛时城市交通运行人员是指北京奥运会和残奥会期间，为保障城市交通运行的交通运输行业一线人员。

场馆外围交通服务保障人员是指为满足不同客户群的交通需求，在奥运会和残奥会期间提供公共交通保障、场馆周边出租汽车“保点”、开闭幕式公共交通保障、非注册媒体交通服务、非注册贵宾交通服务、赛会志愿者交通保障等项目的服务人员。

为保证奥运会和残奥会期间北京城市交通的正常运行，北京市路政、执法、公交、地铁、出租汽车、旅游客运、省际长途汽车等交通行业一线员工共20万人也投入到服务中。

3.2 交通服务人员招募

3.2.1 招募范围

3.2.1.1 付薪人员

付薪人员的来源主要有以下几个渠道：一是由政府部门选调；二是通过奥组委人事部门组织进行社会招聘；三是从政府相关部门或企业借用人员；四是挂职干部，由中共北京市委组织部派到奥组委交通部挂职。

3.2.1.2 交通志愿者

奥运会和残奥会的交通服务志愿者达1.3万人，涉及从中央单位到北京市各区县局处级单位1700余个。

北京奥运会和残奥会交通服务志愿者岗位包括驾驶员、交通服务助理、随车服务助理、助残、随车语言助理等。其中，驾驶员志愿者来自中直机关、中央国家机关、中央企业、北京市直机关、北京市国资委、教育系统等七个系统以及北京市18个区县、驻京部队等 26 个单位，奥运会驾驶员志愿者有近 8000 人，残奥会有 3000 余人；交通服务助理、随车服务助理、助残志愿者、随车语言志愿者均由高校大学生构成，来自北京地区 25 所高校，参加奥运会交通服务的高校志愿者有 3700 余名，参加残奥会交通服务的高校志愿者有 3300 余名。另外，还有近 1300 余名军队交通志愿者参加了场馆及交通场站交通管理工作。交通志愿者年龄多在 18 ~ 55 岁之间。

3.2.1.3　合同商及赞助商

合同商人员主要从北京市市属骨干交通运输企业中进行招募，还有一小部分由奥组委交通部面向社会通过招投标进行招募，并以签订合同的方式提供服务。

赛时合同商人员主要分布在以下岗位：

① 交通管理调度人员；

② 车辆驾驶员（包括大、小客车）；

③ 场馆内电瓶车驾驶及维修人员；

④ 车辆救援维修人员；

⑤ 交通场站服务保障人员；

⑥ 行李车驾驶员及行李员等。

3.2.1.4　城市交通运行及场馆外围交通保障人员

城市交通运行保障人员主要是来自北京市公交、地铁、出租汽车、省际长途、旅游等交通运输系统行业的一线员工。

场馆外围交通保障人员主要由 34 条奥运公交专线的司乘人员，地铁奥运支线、10 号线、机场线等车站服务人员，奥运比赛场馆“保点”出租企业管理人员和驾驶员等赛事外围交通服务保障人员构成。这部分人员主要是由北京交通运输部门进行招募、培训、管理。

3.2.2　招募过程及规模

3.2.2.1　付薪人员

从 2003 年开始，随着奥运筹备工作的逐步深入，奥组委交通部付薪人员逐渐增加，到 2007 年，付薪人员达到了 78 人。2008 年 3 月 ~ 4 月，交通服务团队及交通场站运行团队陆续组建，8 个交通服务团队集中办公，奥组委交通部及服务团队付薪人员共 188 人全部到位。

3.2.2.2　交通志愿者

在交通志愿者中，驾驶员志愿者是一个非常重要的群体，其具有以下几个特点。

（1）服务对象层次高，其直接为国际奥委会和各国代表团的贵宾提供服务。

（2）服务涉及领域广，驾驶服务涉及接待、参赛、会议、旅游会见、活动等多个环节和领域。

（3）要求精湛的驾驶技术，以确保行车的安全性和乘车的舒适性。

（4）对交通路线要求熟悉，了解驻地、场馆的道路状况，标准、及时地接送服务对象。

（5）综合素质要求全面，驾驶员志愿者不仅要有精湛的驾驶技术，而且还要有较高的政治素质、良好的精神面貌、一定的外语交流能力和比较全面的知识背景。

因此，驾驶员志愿者的选拔具有标准高、工作要求高、劳动强度大、工作条件艰苦、服务时间和周期长等特点。同时，为了确保乘客安全，较为妥当地处理与客户的关系，必须选拔具有一定社会经验和的驾驶资历的驾驶员作为赛会志愿者，其驾驶技术、服务水平的高低，直接关系到北京奥运会的交通服务质量。

为此，2006 年 5 月，为充分发挥体制优势，由北京奥运会交通工作协调小组办公室、奥组委交通部、志愿者部、共青团北京市委等相关部门，共同组建了驾驶员志愿者工作组，全面负责驾驶员志愿者招募、培训及管理等相关工作。

从 2006 年 5 月 ~ 2008 年 6 月，经过先后 7 次招聘，经过基础资质初审、交通资质审核、政治和综合素质审核、体检、奥运通用知识测试、英语交流水平测试、驾驶技能测试、实际操作考核、道路驾驶考核、背景审查的确认，录用驾驶员志愿者及管理人员近 8000 名，经过面试和培训考核的交通服务助理、随车服务助理有近 3700 余名。为协助做好场馆交通管理工作，还协调相关部门从部队定向招募了 1300 余名交通管理志愿者。

3.2.2.3 城市交通运行及场馆外围交通保障人员

为保证奥运会和残奥会期间北京城市交通的正常运转，调集了北京市公交、轨道、出租汽车、省际（旅游）客运等交通运输窗口行业一线员工，为奥运会和残奥会提供外围交通保障服务。由各运输企业择优抽调相关人员组成了 34 条奥运公交专线司乘人员，地铁奥运支线、10 号线、机场线等车站服务人员，奥运比赛场馆“保点”出租汽车企业管理人员和驾驶员等场馆外围交通保障人员。共涉及对本市交通系统窗口行业一线从业人员近 20 万人，其中包括北京市公交集团一线职工近 7 万人、北京祥龙公交公司 3400 人、北京地铁公司 6200 余人、出租汽车行业约 10 万人、首发公司 4200 人、旅游客运行业 5600 人、省际客运 9000 人。

3.3 交通服务人员培训

3.3.1 培训内容

根据奥运交通服务项目和服务对象的不同，有针对性地对四类人员开展了不同内容的培训。

3.3.1.1 付薪人员

对于付薪人员，由北京奥组委人事部门对其进行分层次、分阶段的培训。

3.3.1.2 交通志愿者

北京奥组委组织交通、公安、驾驶员专业机构、外语培训机构等各类专家编制了志愿者培训教材和培训大纲，编制了包括《北京奥运会志愿者读本》、《驾驶员专业基础知识读本》、《奥运交通英语 500 句》(图 3–1)、《残疾人客户群交通服务指南》、《交通服务专业培训教材》等各类奥运会和残奥会培训教材 60 余种。根据培训类别，志愿者培训教材相应地可分为通用培训教材、专业培训教材、场馆培训教材和岗位培训教材。

图3-1 交通志愿者奥运培训相关教材

（1）通用培训。通用培训的内容包括奥林匹克基本知识、北京奥运会和残奥会概况、中国历史及传统文化、北京历史及文化生活、残疾人服务知识和技能、礼仪规范、医学常识及急救技能等。通用培训将针对赛会志愿者申请人广泛开展。

（2）专业培训。专业培训的内容包括按志愿者服务岗位的专业要求所应掌握的相关专业知识和技能。

（3）场馆培训。场馆培训的内容包括场馆功能、场馆内比赛相关知识、内部设施、组织结构、规章制度等。

（4）岗位培训。岗位培训的内容包括岗位职责、工作任务、业务流程、操作规范等。

在此基础上，针对交通服务具有直接为服务客户群贴身服务、涉及内容最为复杂、专业技能要求高的特点，按照北京奥运会志愿者培训工作小组的要求，除全面开展了通用培训、专业培训、岗位培训以外，还增加了专业基础知识培训、路线踏勘培训、实操培训、日常培训、实践培训等，使培训工作更加全面、系统，并具实践性。

3.3.1.3　合同商及赞助商

合同商及赞助商人员的培训工作包括奥运通用知识培训和专业知识培训两部分。由奥组委交通部会同北京市运输管理部门编制相应的培训教程，对直接为奥运会和残奥会提供运输服务的合同商和赞助商的专业驾驶员进行通用知识、专业知识共40课时的奥运服务专业培训和考核，培训对象包括首汽集团公司、北汽集团公司选派的1000名小汽车驾驶员以及北京公交集团、首汽集团公司、北汽集团公司、巴士公司、新月公司选派的6220名大客车驾驶员和银建国旅、中青旅、天马旅游等三家赞助商企业的专业驾驶员。

奥运通用知识培训主要是以公交、出租汽车、旅游客运行业开展的奥运全员培训和《奥运交通英语500句》为主要内容的培训，包括现代奥林匹克运动基本知识、北京奥运会竞赛项目及观赛知识、绿色奥运及环保知识、外事服务礼仪规范、奥运会交通服务岗位英语交流短句、残奥会基本知识、助残常识等相关内容。

专业培训则以《北京2008年交通服务驾驶员专业基础知识读本》为主要内容，包括交通团队工作流程及各类客户群服务标准，交通团队调度系统流程，奥运会场馆交通运行安保政策，驾驶员工作流程和规范服务，奥运会场馆及签约饭店的分布，T1 ~ T4客户群服务范围、特点、规律，奥运会场馆交通班车运行规律和运行模式，班车运行计划、停靠站及时刻表，残奥会比赛场馆等。图3-2所示为合同商及赞助商奥运培训的相关教材。

图3-2 合同商及赞助商奥运培训相关教材

3.3.1.4 城市交通运行及场馆外围交通保障人员

（1）城市交通运行保障人员培训内容。

① 北京公交集团。北京公交集团以服务规范、服务礼仪、服务英语为主要内容，编印各种培训教材 11 种，其中包括《公交职业道德及乘务礼仪规范》、《公交乘务英语 100 句》培训教材及 VCD 光盘。并对员工进行奥运知识、职业道德及乘务礼仪、公交乘务英语培训；对 35 岁以下的青年员工进行《人人学英语》口语等级培训及考试。

② 北京市地铁运营公司。北京市地铁运营公司以《北京地铁奥运培训员工读本》、《地铁实用英语》、《客运员工服务手册》、《地铁客运服务八法》、《手语教学光盘》为基础教材，对地铁员工进行了奥运基础知识、职业道德和礼仪、职业技能、服务规范、实用英语、手语、安全生产七项内容的培训。

③ 出租汽车行业。北京市运输管理部门组织编写了《北京交通地理指南》、《北京市在岗出租汽车驾驶员奥运培训基础教材》等培训教材。特别是紧紧围绕奥运服务需求，把握出租行业特点，结合出租车驾驶员实际，专门为出租车驾驶员量身编写了包括奥运交通地理、奥运服务英语、奥运服务规范、奥运基础知识共四个部分内容的《奥运北京的士掌中宝》培训教材，并制作了 VCD 教学光盘。在此基础上，还开展了自救互救知识以及多语种的拓展技能培训。

④旅游、省际客运等行业。旅游、省际客运等行业分别编印了《旅游客运行业奥运培训基础教材》、《北京市省际客运行业奥运培训教材》、《奥运北京 · 旅游客运安全优质服务读本》、《北京市水域游船从业人员安全服务奥运培训教材》，对旅游、

省际客运、水路运输等行业的驾驶员、水域游船船员、服务员进行了奥运基础知识、服务规范和礼仪、职业道德等方面的培训。

城市交通运行及场馆外围交通保障人员相关培训教材如图 3-3 所示。

图3-3　城市交通运行及外围保障人员相关培训教材

（2）场馆外围交通保障人员培训内容。

① 公交行业以新编《公交员工奥运培训手册》为教材，以奥运会和残奥会知识、英语、职业道德与服务礼仪为主要内容，对 34 条奥运会公交线路、1500 部客运车辆的 3750 名驾乘人员进行了不少于 24 课时的全脱产培训。

② 地铁行业以 10 号线、奥运支线、机场线的车站和其他与奥运场馆换乘和接驳的车站、奥运场馆（驻地）周边地铁车站为重点，以《北京地铁奥运培训员工读本》、《地铁实用英语》为教材，以奥运会及残奥会知识、英语与手语、职业道德与服务礼仪、职业技能与安全生产为内容，对 2108 名新线窗口员工进行了不少于 192 学时的专项培训。

③ 出租汽车行业以首汽、北汽等 15 家大型出租汽车企业为主，以奥运会和残奥会知识、服务规范和礼仪、交通地理和服务英语为主要内容，对负责 31 个奥运比赛场馆、6 个注册媒体和 9 个非注册媒体驻地、三站一场"保点"任务的 2591 名驾驶员和 139 名出租企业管理人员等赛事外围交通服务保障人员，开展了不少于 20 课时的奥运服务专项培训。

3.3.2 培训工作组织实施

3.3.2.1 付薪人员

付薪人员的培训由北京奥组委人事部、交通部具体负责组织与实施。

3.3.2.2 交通志愿者

按照"不培训不上岗，培训不合格不上岗"的要求，科学规划、统筹推进培训工作，系统地培训各类人员的基础知识和服务技能，重点培训驾驶员志愿者，为满足岗位服务需求奠定基础。

驾驶员志愿者工作组针对不同系统驾驶员志愿者的特点，制订了差异化的培训计划，以发挥各成员单位的系统资源优势，从而成体系、有特色地开展培训工作。

同时，应合理设置培训的方式、内容、学时和评价手段，采取面授、自学、实践等多种培训形式，打造一支数量充足、技术娴熟、素质优良的驾驶员志愿者队伍。

在充分考虑驾驶员志愿者 7 个系统和 18 个区县的工作性质的基础上，应合理规划和安排培训时间，来自 7 个系统的志愿者集中在双休日进行，来自 18 个区县的志愿者在工作日进行，以确保出勤率和培训效果。

培训方式上，采取集中面授、集中自学、分散交流、实践活动等多种培训形式。集中举办"通用知识培训大课堂"，由各系统、各区县直接举办 49 场讲座，每场人数在 150 ~ 1500 人之间，同时集中组织观看通用知识精品课程课件光盘，共 4 万余人次参加了培训。专业基础知识培训依托北京市职业技能培训中心等专业培训机构，采取"2+1"的方式，即每次培训为期三天，两天集中面授，一天路线实地踏勘。同时，对驾驶技能测试成绩为 C、D 级的志愿者进行强化培训和考核，并对其进行交通英语使用培训。专业培训、岗位培训、实操培训由八个交通服务运行团队负责组织实施，各来源单位始终担负着人员组织的压力，发挥了重要作用。

此外，借助"好运北京"测试赛的平台，对来自7个系统、11个区县的960余名驾驶员志愿者进行了共计49项（2007年10月～12月23项、2008年1月～5月16项）测试赛赛事的交通服务工作实际演练，达到了测试和练兵的目标。

3.3.2.3 合同商及赞助商

合同商工作人员的培训由北京奥组委交通部提出要求、推荐教材，合同商单位自行负责培训。为此，北京交通运输部门牵头制订了《北京奥运会残奥会专业驾驶员培训工作方案》，对培训的对象、内容、课时等提出了明确的要求，并指导运输企业开展相关培训工作。

3.3.2.4 城市交通运行及场馆外围交通保障人员

（1）城市交通运行保障人员培训的组织实施。

为给奥运会和残奥会提供最优质的交通运输服务，并以此为契机提高首都交通运输行业一线员工的综合素质，从2005年起，北京市交通运输主管部门以出租汽车行业为突破口，先后在公交、地铁、旅游等各交通运输行业开展了全面、系统的奥运培训工作。

① 北京公交集团。自2005年开始，北京公交集团逐年加大培训力度，先后制订了《迎奥运,创建文明行业三年工作规划》《公交行业迎奥运培训工作计划》和《北京公交集团奥运会残奥会员工强化培训工作方案》，把以奥运培训为主要内容的员工素质培训工程作为迎奥运实施文明行业六大工程之一。

编大纲，定标准，开展文明礼仪培训。制订了管理人员、驾驶员、乘务员、调度员等主要岗位、工种的文明礼仪规范，统一考试大纲和培训标准。2006年7月～2008年7月，分期分批对66385名员工进行了不少于200课时的职业道德及乘务礼仪培训。2007年1月～5月，开展了文明礼仪大赛，32700名员工参加了礼仪和英语能力展示，大赛受到北京市各有关部门的重视，中央电视台、北京电视台等多家新闻媒体对此予以报道，有力推动了礼仪培训工作的深入开展。

分层次，有重点，开展服务英语培训。公交集团公司组织编写了《公交乘务英语100句》教材及音像教材，开办了大、小教员师资培训班，重点研讨了联想记忆、兴趣教学、"一帮一"结对子、班前会前"一句话"等教学方法。累计对58603名员工进行了不少于80课时的公交乘务英语培训，有22050名35岁以下的青年员工按要求通过了北京市《人人学英语》口语等级考试。

2008 年 3 月，北京公交集团启动了全系统员工的奥运强化培训工作，根据《北京公交集团奥运会残奥会员工强化培训工作方案》，按照“统一培训安排、统一教学标准、统一考核要求、统一培训教材、统一培训师资”“五统一”的培训工作要求，组织编写了《公交员工奥运培训手册》专项培训教材，采取脱产授课教学和个人自学相结合的方法，对 85730 名员工进行了不少于 16 课时的奥运培训和 2 课时的自救互救知识普及培训。

② 北京市地铁运营公司。自 2006 年起，北京市地铁运营公司按照《奥运培训工作指导意见》，相继完善了地铁行业七大专业、62 种培训教材的编审及修订工作，开展了以服务礼仪和服务英语为重点的一系列奥运培训工作。2007 年，北京市地铁运营公司相继制订了《进一步深化奥运培训的实施方案》、《深入开展“迎奥运、讲文明、树新风”，巩固扩大创文明行业成果推进方案》、《关于对奥运培训指标进行考核的通知》等文件，以指导公司奥运培训工作。公司以《北京地铁奥运培训员工读本》、《地铁实用英语》、《客运员工服务手册》、《地铁客运服务八法》、《手语教学光盘》为基础教材，对地铁员工进行了奥运培训。培训工作至 2008 年 3 月完成，累计培训员工 1.7 万人，如图 3-4 所示。

图3-4　北京地铁行业培训成果展示会现场

北京地铁运营公司还与外研社合作，出版了地铁员工奥运《地铁实用英语》，采取“公司—站区 / 车间”两级培训、分级负责的方式，率先选拔了 191 名英语基础好的员工为英语小教员，对员工进行了英语和手语培训，以点带面，按步骤、分阶段地进行培训。至 2008 年 3 月，公司累计对 6800 名窗口员工进行了奥运英语培训，对 2200 名窗口员工进行了手语培训，保证了在奥运会期间每站至少有两名员工具备良好的英语会话能力和手语交流能力。

北京地铁运营公司高度重视直接为奥运会和残奥会服务的地铁 10 号线、奥运支线（8 号线）、机场线三条新线员工的培训工作。2008 年 5 月，三条新线的 2108 名员工全部到位，在此之前，员工已根据不同岗位分别接受了 5 ~ 18 个月的培训。培训结束后，北京地铁运营公司分别对客运人员、电动列车驾驶人员、电工、焊工、电梯操作工、特种作业人员等分别进行了急救证书、手语证书、英语口语等级考试证书、驾驶证等达标考试和职业技能鉴定工作，2108 名新线员工全部实现了持证上岗。

2008 年 4 月，北京地铁运营公司聘请专家，为 200 余名管理人员及运营一线的操作员工骨干讲授残奥会知识、残奥会精神、残奥会服务理念等内容，激发员工理解残疾人、帮助残疾人、关心残疾人的服务意识。为做好残奥会地铁运输服务打下了坚实的基础。

③ 出租汽车行业。出租汽车行业制订了《北京市出租汽车行业迎奥运素质工程建设工作方案》。在奥运培训中，由北京市交通运输管理部门负责编制培训教材和培训工作制度，规范培训学校，严把从业人员准入关。建立了由企业具体负责在岗员工培训的工作机制，为企业培训小教员，同时，运输管理部门对各企业的培训工作加强检查和组织考核。

另外，出租汽车行业编写了《北京交通地理指南》。对出租汽车驾驶员培训教材和《考试大纲》及考试题库进行了重新修订和调整，加大了对交通地理的考核，并将奥运知识和于凯车队服务理念增加到考试试题中。从 2005 年 5 月 9 日恢复出租汽车驾驶员资格考试起，到 2008 年 8 月 31 日，参加考试的人员共计 50318 人。

出租汽车行业的培训采取由交通运输管理部门制订培训计划、编写培训教材，为企业培训小教员，再由培训合格的小教员对各出租企业驾驶员培训的方式进行。从 2005 ~ 2007 年的 3 年来，累计为企业培训了近 2100 名小教员。2007 年，开展了奥运服务专项培训工作，编写了《北京市出租汽车驾驶员奥运培训大纲》，并历时 8 个月编印了以奥运交通地理、奥运基础知识、奥运服务规范和奥运服务英语为主要内容的《奥运北京的士掌中宝》，以此作为 2007 年出租汽车驾驶员奥运培训专题教材，印制了 10 万册，免费发给出租汽车驾驶员人手一册。从 2007 年 7 月奥运服务专项培训工作全面启动至 2008 年 7 月，全市出租汽车驾驶员全部参加了不少于 52 课时的强化培训。2008 年 4 月 30 日（奥运倒计时 100 天），交通运输主管部门在奥运服务专项培训完成后，启动了为期一个月的出租汽车驾驶员奥运知识和服务技能的全员考试工作，共有近9万名驾驶员参加了考试，一次考试及格率为95%。

④ 旅游、省际客运行业。组织开展了旅游、省际客运行业奥运基础知识全员培训，编写了《奥运北京旅游客运安全优质服务读本》，对旅游客运行业5584名在岗驾驶员全面开展了奥运服务专项培训。编印了《北京市省际客运行业奥运培训教材》，完成了省际客运9000余名驾驶员、管理人员、站务人员、乘务员的奥运基础培训。

（2）场馆外围交通保障人员培训的组织实施。

为了进一步提高奥运赛事外围交通服务保障人员的服务水平，做好奥运赛事外围交通服务保障工作，按照《2008年交通系统窗口行业奥运培训工作要点》的要求，由公交、地铁、出租企业对承担奥运赛事外围交通服务的保障人员进行了强化培训。培训对象包括34条奥运公交专线的3750名司售人员，地铁10号线、机场线和奥运支线的2108名员工，以及承担奥运比赛场馆、非竞赛场馆、媒体驻地、签约酒店的赛事外围交通服务保障任务的21家出租汽车企业的139名管理人员和2591名驾驶员。

3.4 交通服务人员组织管理

3.4.1 付薪人员

由奥组委负责付薪人员的组织管理工作。

3.4.2 交通志愿者

来自高校的交通服务助理和来自军队的交通管理助理志愿者由来源单位派出管理干部进行管理，相对驾驶员志愿者来讲，其管理相对容易。驾驶员志愿者管理工作则是赛时交通服务人员队伍管理的重中之重。

按照驾驶员志愿者的组织管理模式，在交通服务志愿者招募的同时，按照团队和高校相结合的方式，组建了各团队交通服务志愿者总队、大队和小队三级管理体系，确保了组织体系全方位的覆盖。

从招募工作之初，驾驶员志愿者工作组就立足于与管理、培训、宣传、激励等各项任务的全面衔接，合理构建了组织管理体系。根据驾驶员志愿者赛事业务特点和驾驶员志愿者来源单位，研究制订了《北京奥运会残奥会驾驶员志愿者组织管理体系建设方案》。充分发挥体制优势，明确驾驶员志愿者来源单位的管理责任，实现组织前置，管理前移，进入赛事管理体制，依托驾驶员志愿者来源单位的组织体系，建立驾驶员志愿者总队、大队和小队“三级”管理体系，与赛时的交通服务运行团队、车队（分队）、队长助理（主管）镶嵌对应，提前磨合和建立了奥运体系内业务运行团队与外围保障团队无缝隙的对接机制，实现了对接工作任务具体、流程清晰、责任明确和指令畅通，也是加强团队建设的重要组织依托。按照《北京奥运会残奥会驾驶员志愿者组织管理体系建设方案》的工作要求，7 个系统、18 个区县和高校共建立了 48 个总队、167 个大队、1000 个小队，完成了驾驶员志愿者团队建设工作，按照“三级”管理团队体系的要求，管理人员责任落实到人。

各总队长均由各系统及各区县主管领导担任，副总队长均由副职干部担任，同时按照“选准、配强”的工作要求，选派了专人担任大队长，选择组织管理能力强的驾驶员志愿者担任小队长。按照以驾驶技能为核心、外语成绩为标准的排列方式组建小队，为岗位对接提供了依据。

3.4.3 合同商及赞助商

合同商工作人员按照奥组委交通部的统一部署，整建制为奥运会残运会提供交通服务，由来源单位派出人员担当管理工作。根据服务对象的不同，将赛时合同商驾驶员及调度人员大部分编入不同的车队统一管理。而交通场站及场馆内的合同商人员则纳入本团队进行管理。

在赛事交通服务分中心的领导下，各交通团队把合同商统一纳入团队，以加强团队建设和管理工作。

4 赛事交通运行

4.1 车辆证件

4.1.1 奥运会车辆证件类别

北京奥运会车辆证件分为8大类别共44种车证，8大类别即奥林匹克大家庭分配车辆（T类）、媒体工作车辆（M类）、收费卡车辆（R类）、安全保卫车辆（S类）、场馆工作保障车辆（V类）、公路赛事车辆（Z类）、场馆移入移出期车辆（Y类）和临时一日卡车辆（D类）。

4.1.1.1 “T”类车证

“T”类车证为奥林匹克大家庭分配用车车辆证件，主要是供奥林匹克大家庭成员、运动员及随队官员、技术官员和注册媒体车辆使用，可细分为以下12种。

（1）“T1”车证。用于国际奥委会委员、列入本届奥运会项目的国际单项体育联合会主席、秘书长、参赛国家（地区）奥委会主席和秘书长和体育部长等的车辆，该车证属全通型车证。

（2）“T2”车证。根据其客户群的通行权限，车证的代码分为:“T2（A）”（参赛运动员人数小于51人，不含51人的参赛国家（地区）奥委会主席和秘书长）;“T2（B）”（国际体育单项联合会技术代表、国际体育单项组织分配用车）;“T2（C）”（国际奥委会体育仲裁法庭、国际奥委会行政用车、奥林匹克博物馆）;“T2（D）”（世界反兴奋剂机构、国际奥委会医学委员会）。

（3）“T3”车证。用于国际奥委会高级官员；部分T1注册群体的随员；国际奥委会运动员委员会委员；国际单项体育联合会总会主席、董事长或秘书长；持权转播商高级执行人员等人员的车辆。

（4）“代表团（TN）”车证。用于各代表团分配车辆。

（5）“运动员（TA）”、“运动员（TA1）”车证。用于运动员、随队官员班车及随行的行李、器械车辆。

（6）“技术官员（TF）”车证。用于国际单项体育联合会技术官员、国际单项体育联合会的职员的班车。

（7）“媒体（TM）”、“媒体（TM1）”车证。用于注册媒体人员的班车。

（8）“观察员（TOBS）”车证。用于国际奥委会奥林匹克观察员项目车辆。

（9）“青年营（TOYC）”车证。用于奥林匹克青年营项目车辆。

（10）“赞助商（TSPO）”车证。用于注册人员租赁的大客车和赞助企业自备的大客车。

（11）“TG”车证。用于国际贵宾中的国家元首、政府首脑、王室代表以及国内达到警卫级别注册要人的车辆。

（12）“城际间（TC）”车证。为通行于北京市、天津市、秦皇岛市、沈阳市足球赛区的城际间专用车证。

4.1.1.2 “M”类车证

“M”类车证为媒体工作用车车辆证件，可细分为转播商（M-RHB）、电子信息采集（M-ENG）、国际广播中心（M-IBC）、摄影（M-PHP）、胶卷、磁卡传递（M-FILM）、非竞赛场馆（M-OLV、M-MEV1、M-MEV2）6种。

4.1.1.3 “R”类车证

“R”类车证为收费卡车证，是指按照国际奥委会的相关规定和往届奥运会的惯例，为注册人员通过奥运会收费卡项目提供的车辆证件，可细分为以下4种。

（1）收费卡（R-NOC）车证。各代表团通过奥运会收费卡项目购买的车证。

（2）文字摄影（M-PRS）车证。文字媒体、摄影记者通过奥运会收费卡项目购买的车证或按相关规定分配给相关图片社的车证。

（3）收费卡（RC）车证。国际体育单项组织等注册人员通过奥运会收费卡项目购买的车证。

（4）收费通行卡（RA）车证。

4.1.1.4 “S”类车证

“S”类车证为奥运安保车证，分为“安保（S1）”车证、“安保（S2）车证”和“安保（S3）车证”3 种。

4.1.1.5 “V”类车证

“V”类车证是为场馆工作、保障车辆的车证，可细分为以下 9 种。

（1）“场馆（VEN）”车证。北京奥组委、各协调工作小组的官员车辆。

（2）“运行保障（VTS）车证”。有“运行保障（VTS1）车证”和“运行保障（VTS2）车证”两种类型，用于为场馆计时、计分、网络、通信、电力、颁奖等提供技术支持的车辆。

（3）“场馆服务（VS）”车证。有“场馆服务 1（VS）”、“场馆服务 2（VS）”和“场馆服务 3（VS）”3 种类型，用于为场馆医疗急救、公共卫生、工程保障、抢险、秩序维护、物流、清废、餐饮等提供后勤支持和服务保障的各类车辆。

（4）“检测（V-DOP）”车证。用于赛事兴奋剂检测专用车辆。

（5）“场馆外围 1（V-SPE）”车证和“场馆外围 2（V-RES）”车证。“场馆外围 1（V-SPE）”用于指定场馆的有组织观众、集体乘车的志愿者的车辆和指定的出租汽车。“场馆外围 2（V-RES）”用于在指定场馆的场馆区内及安保封闭区外的单位或居民的车辆。

4.1.1.6 “D”类车证

“D”类车证为临时车证，可细分为以下 3 种：

（1）“临时准入（D-A）”车证。持该证的车辆经安检后可进入奥运会指定场馆安保封闭线内的 P12[1] 停车场停放，一次性使用有效。

（2）“场馆临时 1（D-V1）”车证。持该证的车辆可进入奥运会指定场馆安保封闭线内即停即走，不得长时间停放。

（3）“场馆临时 2（D-V2）”车证。该车证主要用于持包厢贵宾票和持请柬观众观赛的车辆，持证者可进入奥运会指定场馆安保封闭线外，在非注册贵宾停车场停放。

4.1.1.7 “Z”类车证

“Z”类车证为单项公路赛事车证，专用于田径马拉松、城区公路自行车、铁人三项赛事项目的起终点、路线和保障等。

4.1.1.8 “Y”类车证

“Y”类车证为移入移出期车证，有“移入期 1（Y-IN1）”、“移入期 2（Y-IN2）”、“移出期 1（Y-OUT1）”、“移出期 2（Y-OUT2）”4 种。用于场馆成品保护期间，大

[1] 为根据停车权限确定的停车场编号代码，北京奥运会设有P1-P15共15种停车场代码，所有场馆的编号统一，车辆需按车证标明的停车场停放（有些车证没有此代码，说明只有通行权限没有停车权限），可参阅5.1.4中的有关内容。

批量物资运入（自 2008 年 6 月 1 日起至场馆锁闭日）和大批量物资运出（本场馆赛事结束至残奥会转换期或交付业主单位管理），为场馆进行物资运输、设备安装、巡查维护、服务保障和场馆运行的车辆上路通行及出入场馆的车证。

4.1.2 奥运会车辆证件通行权限

4.1.2.1 “T”类车证

持“T1”车证的车辆通行于奥运会全部的竞赛场馆、训练场馆（含独立训练场馆）、奥林匹克公园公共区、奥运大厦、国际广播中心、主新闻中心、奥林匹克大家庭饭店，经安检后进入安保封闭线内 P6 停车场停放，也可通行于奥运村的访客中心及奥林匹克接待中心，在指定的停车场停放。

持“T2”车证的车辆,可以进入首都机场各航站楼指定的上、下车区落客和停放。

持“T2（A）”车证的车辆通行权限，与参赛运动员人数大于 51 人（含 51 人）的参赛国家（地区）奥委会持 T1 车证的主席和秘书长的车辆停车与通行权限一致。

持“T2（B）”车证的车辆可通行于全部竞赛场馆、训练场馆（含独立训练场馆）、奥林匹克公园公共区、奥林匹克大家庭饭店、该项目国际体育单项联合会和技术代表驻地。

持“T2（C）”车证的车辆可通行于奥运会全部的竞赛场馆、训练场馆（含独立训练场馆）、奥林匹克大家庭饭店，也可通行于奥运村、奥林匹克接待中心。

持“T2（D）”车证的车辆可通行于奥运会全部的竞赛场馆、训练场馆（含独立训练场馆）、奥林匹克大家庭饭店、主新闻中心、兴奋剂检测中心，也可通行于奥运村、奥林匹克接待中心。

持“T3”车证车辆可通行于奥运会全部的竞赛场馆、训练场馆（含独立训练场馆）、国际广播中心、主新闻中心、奥林匹克大家庭饭店、奥林匹克接待中心、奥运村访客中心、兴奋剂检测中心安保封闭线外的区域。

持“代表团（TN）”车证的车辆可通行于奥运会全部的竞赛场馆、训练场馆（含独立训练场馆）、奥林匹克大家庭饭店、奥运村、官方指定驻地。

持“运动员（TA）”车证的车辆可通行于奥运会全部的竞赛场馆、训练场馆（含独立训练场馆）、奥运村访客中心、运动员村，车辆可免检进入安保封闭线内。

持“技术官员（TF）”车证的车辆可通行于奥运会全部的竞赛场馆、训练场馆（含独立训练场馆），也可通行于国际体育单项组织驻地。

持“媒体（TM）”车证的车辆可通行于奥运会全部的竞赛场馆、训练场馆（含独立训练场馆）、国际广播中心、主新闻中心、奥运村访客中心、两个媒体村、注册媒体驻地。持“媒体（TM1）”车证的车辆可通行于奥林匹克大家庭饭店、国际广播中心、主新闻中心安保封闭线外的指定区域。

持“观察员（TOBS）”车证的车辆可通行于奥运会全部的竞赛场馆安保封闭线外的区域，也可通行于各非竞赛场馆安保封闭线外的区域。

持“青年营（TOYC）”车证的车辆可通行于奥运会全部的竞赛场馆安保封闭线外的区域，也可通行于青年营驻地、奥运村访客中心。

持“赞助商（TSPO）”车证的车辆，通行于奥运会全部的竞赛场馆安保封闭线外的区域，也可通行于奥林匹克接待中心安保封闭线外的区域。

持“TG”车证的车辆，可通行于奥运会全部场馆，车辆可免检进入安保封闭线内。

持“城际间（TC）”车证的车辆，允许通行四个赛区任一的本竞赛项目的比赛场馆。

4.1.2.2 “M”类车证

持“转播商（M-RHB）”车证的车辆可通行于奥运会全部竞赛场馆、训练场馆（含独立训练场馆），也可以通行于国际广播中心（IBC）安保封闭线外区域。

持“电子信息采集（M-ENG）”车证的车辆可通行于奥运会全部竞赛场馆、训练场馆（含独立训练场馆），也可以通行于国际广播中心（IBC）安保封闭线外区域。

持“国际广播中心 1（M-IBC1）”车证的车辆，经安检后可通行于国际广播中心安保封闭线内区域；持“国际广播中心 2（M-IBC2）”车证的车辆，可通行于国际广播中心安保封闭线外区域。

持“摄影（M-PHP）”车证的车辆，可通行于奥运会全部的竞赛场馆、训练场馆（含独立训练场馆）、主新闻中心，以及奥林匹克大家庭饭店，也可通行于奥运村。

持“胶卷、磁卡传递（M-FILM）”车证的车辆可通行于奥运会全部竞赛场馆（含训练场馆）和主新闻中心。

持“非竞赛场馆（M-OLV、M-MEV1、M-MEV2）”三种车证的车辆只可分别通行于奥运村的访客中心、媒体村“绿色家园”、媒体村“汇园公寓”。

4.1.2.3 “R”类车证

持单一场馆“收费卡（R-NOC）”车证的车辆可以通行于奥运会全部竞赛场馆、训练场馆（含独立训练场馆），在所购买的收费卡车证指定场馆，经安检后可以进入安保封闭线内上、下车。持奥运村“收费卡（R-NOC）”车证的车辆，可在奥运村NOC收费卡专用停车场停放。

持“文字摄影（M-PRS）”车证的车辆，可通行于奥运会全部竞赛场馆、训练场馆（含独立训练场馆）及主新闻中心、奥运村访客中心、媒体村安保封闭线外区域。

持单一场馆“收费卡（RC）”车证的车辆可通行于奥运会全部竞赛场馆安保封闭线外区域。

持“收费通行卡（RA）”车证的车辆可以在奥运会全部竞赛场馆安保封闭线外，但不享有停车权。

4.1.2.4 “S”类车证

持“安保（S1）”车证的车辆可通行于奥运会全部的场馆，经安检后进入安保封闭线内 P1 停车场或指定地点停放。

持“安保（S2）”车证的车辆可通行于奥运会单一场馆或区域性场馆，经安检后可进入安保封闭线内 P7 停车场停放。

持“安保（S3）”车证的车辆可通行于奥运会单一场馆或区域性场馆安保封闭线外的区域，在安保封闭线外 P8 停车场停放。

4.1.2.5 “V” 类车证

持场馆（VEN）车证的车辆可通行于奥运会全部场馆，车辆经安检后在安保封闭线内 P12 停车场或指定地点停放。

持运行保障 1（VTS1）车证的车辆可通行于奥运会全部的竞赛场馆、训练场馆（含独立训练场馆）和部分非竞赛场馆；持“运行保障 2（VTS2）”车证的车辆可通行于奥运会指定的场馆或场馆群。

持场馆服务 1（VS1）车证的车辆可通行于奥运会全部的竞赛场馆、训练场馆（含独立训练场馆）和部分非竞赛场馆；持场馆服务 2（VS2）车证的车辆可通行于奥运会指定的场馆或场馆群；持场馆服务 3（VS3）车证的车辆可通行于奥运会指定场馆或场馆群安保封闭线外的区域。

持“检测（V-DOP）”车证的车辆可通行于奥运会全部的竞赛场馆、奥运会兴奋剂检测中心。

持“场馆外围 1（V-SPE）”车证、“场馆外围 2（V-RES）”车证的车辆可通行于指定的场馆安保封闭线外的区域。这两种车证不享受单、双号通行，且不得行驶奥林匹克专用道。

4.1.2.6 “D”类车证

持“临时准入（D-A）”车证的车辆经安检后可进入奥运会指定场馆安保封闭线内停放，一次性使用有效。

持“场馆临时 1（D-V1）”车证的车辆可进入奥运会指定场馆安保封闭线内即停即走，不得长时间停放。

持“场馆临时 2（D-V2）”车证的车辆可进入奥运会指定场馆安保封闭线外。

4.1.2.7 “Z”类车证

“Z”类车证客户群代码分别为：马拉松起点“Z-NM”、终点“Z-NST”、路线“Z-ROUTE”、保障“Z-OPS”；城区公路自行车起点“Z-YDM”、终点“Z-JYG”、路线“Z-ROUTE”、保障“Z-OPS”；铁人三项起、终点“Z-S、E”、路线“Z-ROUTE”、保障“Z-OPS”。持起、终点和路线车证的车辆，须与原持有的奥运会场馆车证共同使用，按场馆车证标注的停车场代码到起、终点所对应的安保封闭线内或安保封闭线外的停车场停放，除铁人三项赛事外，起点和终点车证不能互通使用；比赛开始后，持起、终点车证的车辆不得进入比赛路线。持路线车证的车辆，可分别进入起、终点，按对应的客户群分配车场或按指定地点停放；比赛开始后，按顺序进入比赛路线。持保障车证的车辆，在正式比赛前，可进入竞赛路线，正式比赛开始后不得进入竞赛路线。

4.1.2.8 “Y”类车证

持移入期 1（Y-IN1）、移出期 1（Y-OUT1）车证的车辆可通行于奥运会全部竞赛场馆、训练场馆和部分非竞赛场馆放。持移入期 2（Y-IN2）、移出期 2（Y-OUT2）车证的车辆，可通行于奥运会指定的场馆，在指定的地点停放。

4.1.3 残奥会车辆证件

第 13 届残疾人奥林匹克运动会车辆证件共分为 7 大类别、35 种。

4.1.3.1 “T”类车证

“T”类车证为残疾人奥林匹克大家庭分配用车车辆证件，共 10 种，包括：T1 车证；T2 车证（A、B、C、D）；T3 车证；代表团 TN 车证；运动员 TA、TA1 车证；技术官员 TF 车证；媒体 TM（减少了 TM1 车证）；观察员 TOBS 车证；赞助商 TSPO 车证；TG 车证。

与奥运会 T 类车证相比，残奥会减少了青年营 TOYC、城际间 TC 车证。

4.1.3.2 “M”类车证

M 类车证为媒体工作用车车辆证件，共计 5 种，包括：转播商（M-RHB）车证；电子信息采集（M-ENG）车证；国际广播中心（M-IBC1、M-IBC2）车证；摄影（M-PHP）车证。

与奥运会 M 类车证相比，残奥会减少了胶卷、磁卡传递 M-FILM 车证和非竞赛场馆中的媒体村车证。

4.1.3.3 “R”类车证

R 类车证为收费卡车辆证件，共计 4 种，包括：收费卡（R-NPC）; 文字摄影（M-PRS）; 收费卡（RC）; 收费通行（RA）。

与奥运会 R 类车证相比，残奥会将奥运会代表团用证 R-NOC 车证变更为 R-NPC。

4.1.3.4 “S”类车证

S 类车证为安全保卫车辆证件，共计两种，包括：安保 S1 车证；安保 S2 车证。

与奥运会 S 类车证品种相比，残奥会减少了安保 S3 车证。

4.1.3.5 “V”类车证

V 类车证为场馆工作、保障车辆证件，共计 10 种，包括：场馆 VEN 车证；运行保障（VTS1、VTS2）; 场馆服务（VS1、VS2）；检测（V-DOP）；物流配送车证；餐饮服务车证；场馆外围 1、场馆外围 2 车证。

与奥运会 V 类车证相比，残奥会增加了物流配送和餐饮服务两种车证。

4.1.3.6 “D”类车证

D 类车证为临时车证，共计 1 种，即临时准入（D-V）车证。

与奥运会 D 类车证相比，残奥会减少了场馆临时 1、场馆临时 2 两种车证。

4.1.3.7 “Z”类车证

Z 类车证为单项公路赛事车证，共计两种，即田径马拉松和公路自行车。

与奥运会 Z 类车证相比，残奥会减少了铁人三项车证。

残奥会各类车证的通行权限与奥运会类似，限于篇幅，不再赘述。

4.2 奥运交通场站运行

为满足奥运会和残奥会交通运行的需要，北京奥运会交通工作协调小组办公室会同奥组委交通部等相关部门，规划建设了 6 处奥林匹克大家庭交通场站（含残奥会总部饭店交通场站）和 19 处奥运临时公交场站。这些场站总占地面积约为 91 万 m^2。其中，6 处大家庭交通场站总面积约为 59 万 m^2，19 处奥运临时公交场站面积约为 32 万 m^2。

4.2.1　大家庭交通场站运行

奥运大家庭交通场站的功能是为赛事各交通团队、车队指挥调度、驾驶员进行有效管理提供场所，为上会服务的 7000 余辆专用车辆提供停放、维护、加油、安全检查的场地，为 2 万多名交通服务人员（驾驶员、志愿者、管理人员等）提供餐饮、休息等保障。

为奥运会大家庭提供服务的交通场站共有 6 个（其中，残奥会期间使用其中的 4 个及残奥会大家庭饭店交通场站），按照“安全第一”、“就近服务对象和场馆”、“有集中、有分散、分级管理、区分功能”和“勤俭办奥运”的原则规划，这 6 个交通场站分别是奥林匹克大家庭饭店交通场站、奥林匹克公园交通场站、奥体中心交通场站、首都机场交通场站、石景山交通场站和海淀交通场站。北京奥运会大家庭交通场站比悉尼奥运会多两个，比雅典奥运会多 1 个，各场站位置分布如图 4-1 所示。

图4-1　奥运会交通场站位置示意图

奥林匹克公园交通场站位于奥林匹克森林公园内，占地面积为 27 万 m^2，其作为最大的奥运会交通场站，赛时为 832 辆运动员班车及媒体班车、200 辆技术官员班车和 100 辆 T3 小客车运行提供屯放、安检、维护等后勤保障，同时为 3 个交通服务运行团队人员提供餐饮等后勤服务。

奥林匹克大家庭饭店位于北京饭店附近，面积为 9.5 万 m^2，赛时主要作为 T1/T2 交通服务团队的后勤基地，停放 T1 小客车 550 辆、T2 小客车 300 辆、T3 小客车 510 辆。

奥体中心交通场站位于奥体中心南侧，赛时可屯放媒体班车 100 辆、技术官员班车 67 辆、T3 小客车 243 辆、带道警车 153 辆。

石景山交通场站位于石景山嘉年华游乐场，赛时可屯放媒体班车 168 辆、技术官员班车 69 辆、T3 小客车 90 辆。

海淀交通场站位于西郊机场，赛时可屯放媒体班车 50 辆、技术官员班车 50 辆、T3 小客车 100 辆。

首都机场交通场站位于 T3 航站楼东侧停车场，其主要作为抵离交通服务团队的后勤保障基地，赛时可屯放行李车 80 辆、大客车 50 辆、小客车 180 辆。

赛时奥运会交通场站的运行，充分发挥了体制优势，实行属地化管理的模式，各交通场站主任由所在区政府主管领导或场站业主单位领导担任，交通场站运行团队在交通运行中心和赛事交通服务分中心的领导下，全面负责场站的运行、维护与管理。

交通场站实行主任负责制。交通场站主任作为交通场站运行的第一责任人，全面负责场站的安保、后勤、设施维护及周边协调工作，其同时负责交通场站运行团队与交通服务运行团队的对接、沟通，为 8 个交通服务运行团队赛时做好交通服务工作提供坚实的后勤保障。其具体职责可概括为安全保卫、后勤服务、设施维护和外围协调四个方面。

4.2.2 奥运临时公交场站运行

奥运临时公交场站作为 34 条奥运公交专线、16 条残奥公交专线的基地，赛时既承担着屯车站、发车站的功能，还为公交司乘人员餐饮、休息、公交车辆维修清洗等提供后勤保障，尤其是奥林匹克中心区的公交场站为开、闭幕式快速疏散观众工作的顺利完成发挥了重要作用。

在奥运会比赛场馆周边规划建设了 19 处临时公交场站，其中在奥林匹克公园周边有 7 处，见表 4–1。

其中，奥林匹克公园周边临时公交场站包括：北部公交场站（G1）、西部公交场站（G2）、东部公交场站（G3 ／ G4）、南部公交场站（G5）和备用公交场站（G6 ／

G7），详细情况及位置分布如表 4–2 和图 4–2 所示。

表4–1　奥运临时公交场站一览表

序号	项目名称	设施位置	场地面积（万m^2）
1	奥运公园1号公交场站	白庙村路西	2.19
2	奥运公园2号公交场站	北辰西路南端	1.49
3	奥运公园3号公交场站	北辰东路西侧	4
4	奥运公园4号公交场站	北辰东路西侧	3
5	奥运公园5号公交场站	奥体中心南	5.27
6	奥运公园6号公交场站	北辰东路与辛店村路交汇东南	1
7	奥运公园7号公交场站	小营路与北苑路交叉口东南角	1.25
8	工人体育馆公交场站	东营房八条西侧	0.6
9	大运村公交场站	大运村停车场	0.57
10	射击馆1号公交场站	场馆东侧停车场	0.3
11	射击馆2号公交场站	福田公墓停车场	1.33
12	老山馆2号公交场站	山地自行车场东	1.42
13	首体公交场站	场馆南侧城中村	0.64
14	五棵松公交场站	朱阁庄	0.7
15	北工大公交场站	北工大桥西南角学校建设用地内	0.6
16	农大公交场站	农大体育馆北侧	0.52
17	昌平铁人三项场站	军都度假村南侧	1.52
18	顺义水上公园场站	水上公园东南角	3.29
19	朝阳公园场站	朝阳公园东门	2.37

表4-2　奥林匹克公园周边临时公交场站信息汇总

编号	位置	用地面积（万m^2）	到发车位（个）	停车位（个）
G1	北部	2.19	16	134
G2	西南部	1.49	14	90
G3	东部北侧	4	19	296
G4	东部南侧	3	19	205
G5	南部	5.27	19	368
	中轴路到发车位		36	
G6	科荟路南	1.0		105
G7	北苑路东	1.25		122
合计			123	1320

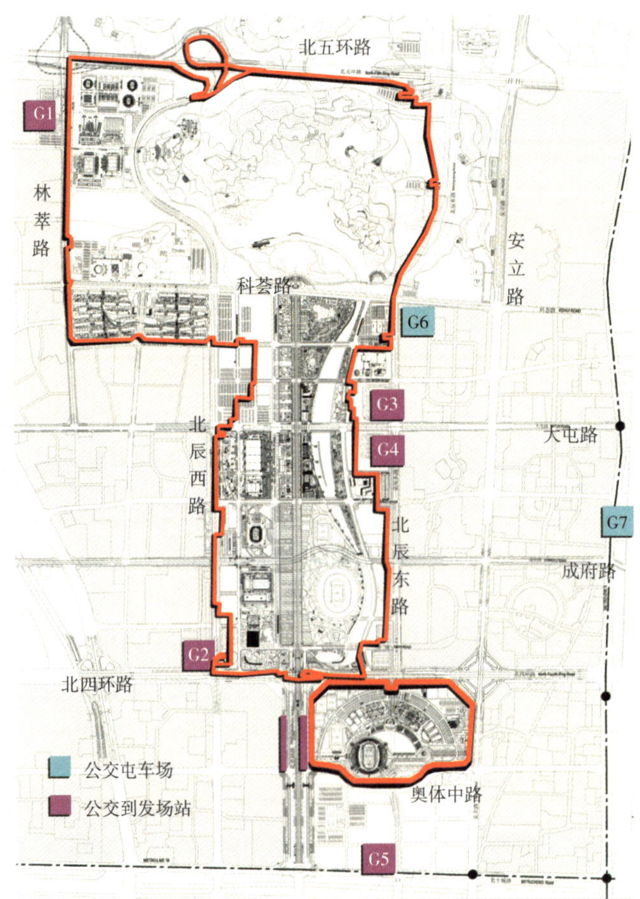

图4-2　奥林匹克公园周边临时公交场站分布示意图

公交场站由市路政部门负责建设，赛时移交给北京公交集团，由其负责具体运营组织。按照规划，奥运会赛时奥林匹克公园周边共设有奥林匹克专线公交 16 条，其中有 1 条奥运公园环线（普线 1 路）、4 条接驳线路连接地铁站和公交场站（K13、K14、K15 分别连接北、西、东场站和 M5 大屯站，K16 连接东部和南部场站）、11 条对外公交专线连接城市的主要集散点（普线 2 路至前门，普线 3 路至复兴门南，普线 4 路至东四十条，普线 5 路至酒仙桥商场，普线 6 路至北京南站，普线 7 路至西直门，普线 8 路至五棵松，K9 路至望京大西洋新城南门，K10 路至西苑，K11 至新街口豁口，K12 至东直门外），如图 4 -3 所示。

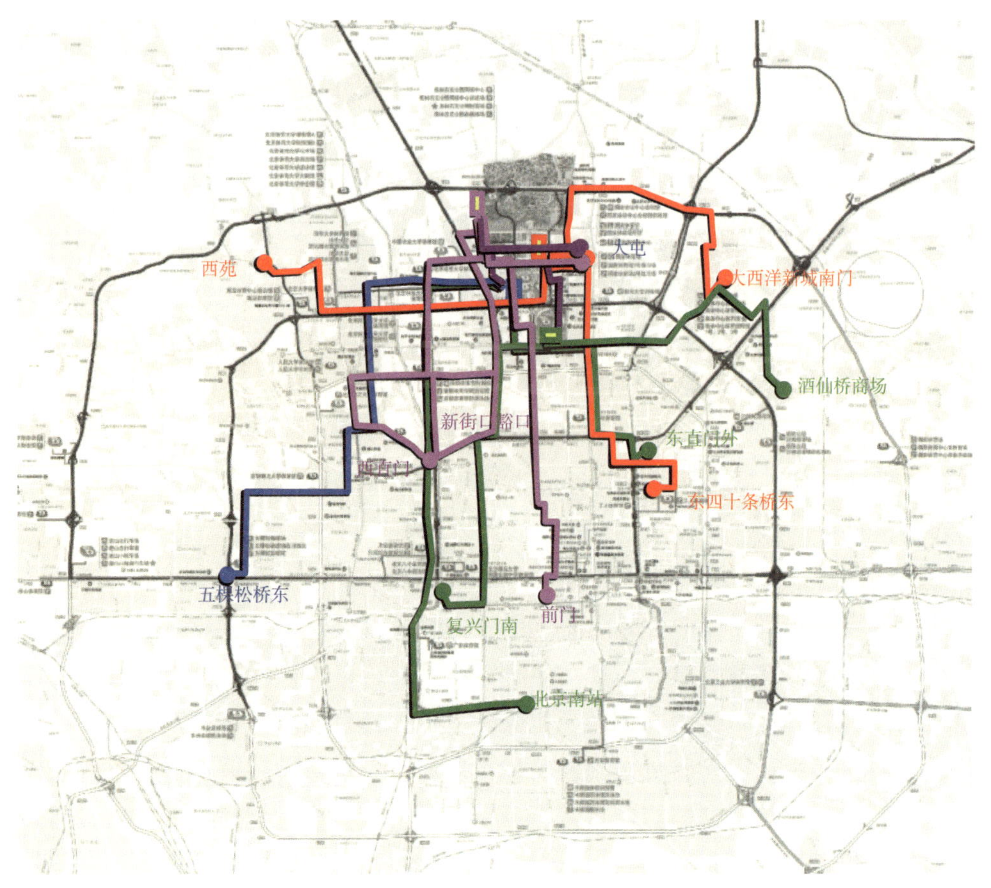

图4-3　赛时奥林匹克公园周边公交专线走向分布图

北京公交集团依据公交专线线路规划，将奥运公园 16 条公交专线分别交给 4 个分公司进行运营管理，赛时临时公交场站也交由其子公司来运营管理。

4.3 注册客户群赛事交通运行

按照国际奥委会交通技术手册要求，参照往届奥运会交通组织模式，建立了8个以各注册客户群为对象的交通服务运行团队，分别是奥林匹克大家庭专车（T1/T2）交通服务团队、奥林匹克大家庭合乘车（T3）交通服务团队、国家（地区）奥委会/残奥委会（NOC/NPC）交通服务团队、运动员及随队官员（TA）交通服务团队、国际体育单项组织（IF）交通服务团队、注册媒体（TM）交通服务团队、抵离交通服务团队、赞助商和收费卡交通服务团队。

该8个交通服务团队实行团队主任负责制，团队下辖车队，具体承担各客户群交通服务任务。

4.3.1 T1/T2交通服务运行

T1/T2交通服务是指为国际奥林匹克大家庭成员中注册为T1/T2交通级别的客人提供专用小客车的交通服务。其中T1交通服务是指对注册为T1身份的服务对象提供配有专职驾驶员的小客车服务，一人一车；T2交通服务是指对注册为T2身份的服务对象提供配有驾驶员的专用合乘小客车服务，两人一车。由于享有T1交通服务的客户群身份的重要性，T1交通服务是奥运会及残奥会交通服务的重中之重。享受T1/T2交通服务的主要人员可参阅本丛书之二《北京奥运交通需求》的奥运交通服务标准有关内容。

4.3.1.1 团队结构及人员配备

作为赛事交通服务分中心的职能组之一，T1/T2团队需配合其他团队开展工作，其他职能组，如总调度室等，也要为T1/T2团队的运行提供保障。对于场馆交通团队等平级单位，其在组织管理方面是相互独立的，但在业务上需相互配合，特别是在场馆运行过程中，团队所属车辆及驾驶员应服从场馆交通团队的指挥。遵循以上原则，并及时就相关信息与国际奥委会及各主管部门沟通，以确保T1/T2交通团队服务工作的万无一失。

T1/T2团队依据两级组织构架划分为两级管理，一级为团队管理层，二级为车队管理层。在团队管理层岗位设置有团队主任、团队副主任、团队主任助理、团队副主任助理、团队调度、团队调度助理；在车队管理层设置有车队队长、车队副队长、车队调度、车队调度助理。在奥运会及残奥会期间，专业管理及调度人员主要来源于北京市各运输企业，包括首汽集团、北汽集团、银建公司等20余家运输企业，交通服务助理人员全部来源于北京地区高等院校。

按照T1/T2团队的需求，共配置驾驶员2481人，其中专业驾驶员1038人，驾驶员志愿者1443人。因T1/T2团队客户群的重要性，专业驾驶员全部来源于首汽集团和北汽集团，驾驶员志愿者分别来源于中直机关系统、市直机关系统、市国资委系统、教育系统、西城区和东城区等。

4.3.1.2 赛时运行组织

在赛时运行过程中，团队直接接受赛事交通服务分中心的领导，按分中心的指令开展工作。遇到超标准、超范围以及突发事件时，团队应及时向分中心汇报，并按其反馈的最终指令执行。

（1）“激活”服务车辆。

所谓“激活”，就是在赛前分配给客人服务的车辆、驾驶员，在客人抵达北京后为客人配备的助理人员到岗后，在规定的时间内与驾驶员取得联系，双方确认身份即开始提供服务。“激活”的方式有两种，一是客人通知奥林匹克大家庭助理，由奥林匹克大家庭助理通知驾驶员激活交通服务；二是客人通知交通咨询台，由交通咨询台通知驾驶员所属车队，进而由车队通知驾驶员激活交通服务。驾驶员在接到通知后通知奥林匹克大家庭助理，以实现信息同步。

（2）运行范围灵活调整。

按照赛前所制订的服务标准，T1/T2专用车辆可通行六环路以内的任何地点及六环路以外的指定地点，服务时间为每天的7:00 ~ 24:00；车辆配发的车辆证件可以通行所有奥运会竞赛场馆及非竞赛场馆。在赛时，结合客户群的实际需求与其地位的重要性，T1/T2运行范围及运行时间可不断扩大，高峰时段超范围运行需求甚至达到50%以上。

（3）运行组织方式。

奥运会和残奥会期间，为享受T1服务的客人配备奥林匹克大家庭助理，服务对象出行时由大家庭助理与车辆的专职驾驶员联系并安排用车。同时，也可由交通咨询台或服务对象自行与驾驶员取得联系并安排用车。奥运会期间，为享受T2服务的个人配备大家庭助理，为享受T2服务的国际组织配备两名交通联络员，上述交通联络员应根据服务对象的用车需求及行程为服务对象合理安排用车；残奥会期间，不再为T2客户群配备大家庭助理，改由团队选派随车助理。

在完成具体交通运行任务时，团队调度负责实时掌握所有T1/T2客户及其大家

庭助理的信息和所有 T1/T2 驾驶员及其对应的车辆信息，及时进行更新，以做好交通服务准备；团队管理层负责本团队整体交通服务运行计划的设定，并组织制订交通服务实施方案；车队管理层负责执行 T1/T2 团队下达的指令；车队调度按照指令要求准备车辆；最终由驾驶员完成交通服务任务。在此过程中，若出现紧急情况，管理层应在第一时间作出应急处理，并及时上报赛事交通服务分中心。

（4）运行规范。

在团队主任层面，划分为运行组、协调组、安全组、宣传组、保障组 5 个小组，分别由各来源单位主任牵头负责；在车队层面，设置安全副队长、技术副队长、后勤保障副队长、志愿者协调副队长，分别由专业运输单位的合同商和志愿者来源单位的人员担任。通过详细分工，明确了各自的具体工作范围和岗位职责。

调度工作作为衔接各层面交通运行的信息纽带，起着关键的推进作用。保持信息反馈的准确、通畅和迅速是调度工作的关键。调度过程以电话、无线集群、网络、现场沟通为主要方式。赛时，每辆车辆都配备移动电话、车辆卫星监控系统（GPS）、无线集群通话系统，以保障调度工作的顺利完成。通过 GPS 系统，还可以实时监控车辆的运行情况，这样不仅可以发现车辆前往的热点赛区，还能有效地控制车辆运行范围。调度人员的交接班采取的是面对面方式，且交接时间应与驾驶员的运行班制保持一致。在交接过程中，前一班次的调度将本班次的简要情况向接班调度进行简要介绍，特别是对于未处理的、等待确认的、紧急需求等非常态需求，必须要在交接时作出明确说明，同时将有关工作文件一同交给接班调度，并在交接班记录上签字确认。

驾驶员每日上班前，应先到车队签到，并领取当日《行车记录单》和钥匙、对讲机、洗车卡、加油卡；下班后，将填写好的当日《行车记录单》和钥匙等物品交回车队，车队调度助理清点所有物品完好齐全后，驾驶员签退完成当日工作，并确认次日服务任务。团队通过驾驶员填写的《行车记录单》进行车辆运行信息的收集，所收集的行驶里程、行驶时间、行驶路线等信息在录入 PC 机后由相关工作人员对其进行分析，获得的分析成果可立即投入到团队的日常管理应用中去。

在残奥会期间，针对为残疾人服务的特殊性，为乘坐轮椅的客户群提供无障碍客车服务。无障碍车辆为旅行车，其标准是后车门为乘坐轮椅人员上下车门；后车门处设置电动升降平台和扶手，并设有应急手动装置；在升降平台和车厢地板放置轮椅处设置固定轮椅的装置和安全保险带。同时，对志愿者进行了关于针对为残疾人服务的注意事项和服务技巧。

4.3.1.3 赛时运行小结

奥运会期间，T1/T2 交通服务团队共运行小客车 1270 辆，其中 T1 小客车 1074 辆，T2 小客车 196 辆，备份无障碍旅行车 10 辆，主要停放在总部饭店场站。参与工作人员共 2535 人，自 7 月 22 日 ~ 8 月 27 日实际运行 37 天，累计运行 139604 车次，运送 231831 人次，行驶里程达 283 万 km。残奥会期间，T1/T2 交通服务团队共运行小客车 516 辆，参与工作人员 1381 人，自 8 月 28 日 ~ 9 月 20 日实际运行 24 天，累计运行 7277 车次（其中无障碍车辆运行 318 车次），运送 10209 人次（含轮椅客人 466 人次），行驶里程达 14.7 万 km。

4.3.2 T3交通服务运行

T3 交通服务是为享有 T3 以及 T1、T2 交通权限的注册客户群在规定时间范围内免费提供配有驾驶员的合乘车辆，对限定的目的地提供即时或预定方式的交通服务，T3 客户群在目的地相同时可以合乘。在北京奥运会期间，有 75% 的奥林匹克大家庭成员注册为 T3 客人，T3 交通服务是奥林匹克大家庭交通服务中所占比例最大的，同时因为客户群组成复杂、运行地点分散、运行时间长，其也是运行组织最为灵活的一种交通服务方式。

4.3.2.1 团队结构及人员配备

T3 交通服务运行团队隶属于赛事交通服务分中心，奥运会时，总场站设置在奥林匹克大家庭总部饭店交通场站；残奥会时，总场站设置在工人体育场交通场站。T3 服务团队下设 5 个车队、6 个即时服务场所团队以及 5 个预订服务场所团队。

奥运会期间，团队所有车辆分别停放在 5 个场站，每个场站组成一个车队，其分别为总部饭店车队、奥体中心车队、奥林匹克公园车队、海淀车队和石景山车队，每个车队又划分出若干分队。5 个车队依照北京奥运吉祥物福娃的 5 种颜色印制了车辆自编号牌，不仅方便车队管理，而且也便于现场调度识别。赛时，各场站作为停车、驾驶员集散、交接班、用餐、休息、待命的基地。根据场站的地理位置，该场站周边各个 T3 服务场所由设置在该场站的 T3 车队按照相关服务标准负责“保点”，提供交通服务。

奥运会期间，T3 交通运行团队以场站为依托，以场馆、服务场所为基本运行点，确立了团队、车队、分队三级运行指挥体系，每级调度均设有专业调度岗和调度助理岗。其中，团队调度负责制订 T3 客户群的整体交通服务方案，负责对所有 T3 车辆进行统一调派以及团队与呼叫中心的业务往来。奥运会期间，团队专业调度共 10

人，来自于首汽集团，调度助理共 20 人，来自于外交学院；车队调度负责接受团队调度指令，核对 T3 客户群每日用车需求，编制所在车队、场馆的车辆运行计划，指派驾驶员出车。奥运会期间，车队调度共 35 人，大部分来自于首汽集团，调度助理共 35 人；分队调度即各个即时服务场所的现场调度，负责保证上车区备有足够车辆、与屯车区及停车场调度保持沟通以随时掌握可用车辆情况。现场调度是保障 T3 即时交通服务顺畅运转的关键。奥运会期间，专业调度、调度助理各有 104 人，除此以外，还有部分上下车区调度为各团队共用。以上调度岗位数量在残奥会时有大幅度减少。二、三级调度在工作中如有突发、紧急情况，需层层上报至团队寻求批示或援助。由于 T3 交通服务的过程，尤其是预订服务的过程非常强调信息的实时性，因此调度工作尤其重要。各级调度之间通过集群通话系统、移动电话、固定电话、传真、奥运专网等方式进行沟通，合理分配、调派车辆资源，从而使车辆的利用率达到最大化。

T3 交通服务团队共有驾驶员 3204 名，总体分为两个分队：17h 运行分队和 24h 运行分队。17h 运行部分每 3 个驾驶员为 1 组，负责 1 辆车，每名驾驶员工作两天休息一天，3 天循环一次；24h 运行部分每 4 个驾驶员为 1 组，负责 1 辆车，每名驾驶员工作 3 天休息 1 天，4 天循环一次。在车队下设分队，内部不区分即时车辆和预订车辆驾驶员，而采取驾驶员大轮班的方式，即驾驶员出车后，分队长在调度牌上将其划入出车状态，驾驶员在执行完任务后，立即空车返回，并向分队长报告，等待分配下一个任务，同时，分队长将其在调度牌上划入等候出车状态，如此循环反复。在工作期间，驾驶员必须保证手机 24h 开通，按标准穿着统一服装上岗服务。每班提前 30min 到达场站的车队办公室签到，并领取车钥匙、对讲机、加油卡、行驶证等器材，下班后签退并归还器材。

T3 交通服务团队的近 4000 名工作人员，涉及 6 大系统、10 个区县、2 所高校共 18 个志愿者来源单位和首汽集团、银建出租汽车公司两家合同商企业，管理规模堪称奥运交通服务团队之最。

4.3.2.2　赛时运行组织

T3 交通服务分为即时和预订两类。即时服务为根据确定的 T3 即时服务地点，客人可以在该地点在规定的时间范围内享受 T3 交通服务。预订服务为通过 T3 交通服务中心、官方驻地交通服务台、场馆交通服务台提前 6h 进行在规定时间范围内前往指定地点的交通服务资源情况，确定能否满足需求而定。

T3 车辆并非指定专属车辆，其仅提供单程服务且不会为客人提供等候，单次任务完成后，车辆立即空车返回所属场站，等待车队分派下一个任务。客人需要返程交通服务时，需自行乘坐现场的即时服务车辆或再次预订。

奥运会期间，T3 团队在坚持原则的同时妥善应对了客人的超服务范围运行要求。当较多客人提出前往一些著名的购物、娱乐场所时，现场调度及时向团队反映问题，团队灵活处理，在未对正常运行造成任何影响的前提下，满足客人的交通需求。

（1）即时交通服务。

奥运会期间，提供即时交通服务的场所及时间：竞赛场馆 32 处（当日第一场比赛开赛前 1h 到最后一场比赛结束后 1h）、机场（24h）、奥林匹克大家庭酒店 5 处（24h）、媒体中心（08:00 ～ 24:00）、奥林匹克接待中心（10:30 ～次日 01:00）、奥运村（08:30 ～ 21:30）。奥运会期间，共有 42 处可提供即时交通服务的场所。

残奥会期间，提供预订交通服务的场所及时间：竞赛场馆 18 处（当日第一场比赛开赛前 1h 到最后一场比赛结束后 1h）、总部饭店（24h）、机场（24h）、残奥村（08:30 ～ 21:30）、IPC 接待中心（09:30 ～次日 01:00）、媒体中心（08:00 ～ 24:00）、IPC 委员住地（06:30 ～ 21:00）。残奥会期间，共有 24 处可提供即时交通服务的场所。

场馆 T3 即时服务流程：在提供 T3 即时交通服务的场所设置有 T3 上下车区及屯车区。奥运会期间，T3 车辆上下车区设在场所安保线外、交通控制区内，距离安检口 $10m^2$ 左右；残奥会期间，T3 车辆上下车区设置在安保线内，以方便客户群上下车。在上下车区设置有一些停车位，T3 车辆被预置在这里等候客人，由于多数场所上下车区的停车位有限，所以在距离上下车区不远、停车方便的地方设置屯车区，以方便临时屯放车辆，随时向上下车区调派。

每一处即时服务场所均设有组委会配备的 T3 站牌作为交通标志标识使用，同时服务台工作人员负责引导客人前往上下车点，并且在服务开放时间安排有调度和调度助理当场协助车辆调度工作，并帮助客人上下车。根据本地所需 T3 车辆数，各场所调度向本场馆上线 T3 车队调度要车，根据赛事进程和比赛热门程度相应调整需求，比赛过程中可保留部分 T3 空车在本场所上下车区的停车位，其他空车安排在屯车区，并根据客流情况随时与屯车区调度联络以补充车辆。

由于 T3 即时服务上下车区位于服务场所安保线外，现场人流、车流混杂，且客人往往会集中抵离，形成瞬时高峰，为确保即时服务的安全优质，T3 团队协同场馆 T3 调度研究制订了多种优化方案，如在上下车区与距离较远的服务场所间设置摆渡车、加强客流引导标志标线的施画等。同时，对于国家体育场、国家游泳中心等客流非常集中的场所，采取 T3 调度和调度助理现场为客人发号顺序上车的方式，以保持秩序。

车队 T3 即时服务流程：T3 车辆在不执行任务时，停放在所属车队所在的场站，在执行、预备执行任务时，停放在服务范围内的场站上下车区停车位或屯车区。按照现场调度的指挥，车辆按顺序从场站、屯车区开往上下车区，上下车区调度及调度助理根据客人目的地决定合乘与否，坐满即发，前往规定范围内的目的地。随着车辆不断驶离，屯车区、场站的车辆接受车队指挥，不断依次补充。如果当时车辆紧张，上下车区现场没有车或不能为少数几位前往同一目的地的客人安排车辆，则安排客人稍作等候，但时间不应超过 15min。

（2）预定交通服务。

奥运会期间，提供预订交通服务的场所及时间：竞赛场馆 32 处（除即时交通服务以外夜间时间）、机场（离京时）、媒体中心（除即时交通服务以外夜间时间）、奥林匹克接待中心（除即时交通服务以外夜间时间）、奥运村（除即时交通服务以外夜间时间）、训练场馆 68 处（24h）、国际体育单项联合会饭店 29 家（24h）、赞助商饭店 15 家（24h）、媒体村（24h）、其他官方驻地 4 家（24h）、北京奥组委总部（24h）。奥运会期间，共有 155 处可提供预订交通服务的场所。

残奥会期间，提供预订交通服务的场所及时间：竞赛场馆 18 处（除即时交通服务以外夜间时间）、训练场馆 21 处（24h）、残奥村（除即时交通服务以外夜间时间）、IPC 接待中心（除即时交通服务以外夜间时间）、媒体中心（除即时交通服务以外夜间时间）、IPC 委员住地（除即时交通服务以外夜间时间）、北京奥组委（24h）、官方驻地 23 处（24h）。残奥会期间，共有 68 处可提供预订交通服务的场所。

赛时，客人可以通过赛事交通服务分中心下设的呼叫中心或设在场馆大家庭成员休息区、驻地前台的交通服务台进行 T3 车辆的预订，预定服务时间没有限制，随时可提供预订。预订交通服务的乘车地点、目的地和时间范围必须符合北京奥组委确定的 T3 车辆预订服务范围。客人在进行预定时，需提供详细的身份信息及乘车信息，信息得到确认，预订结束后，工作人员将会给客人提供一个订单号码，以便客人查询订单处理情况。赛时，为了最大限度地满足预订需求，团队将预订服务时间从提前 6h 预约缩短到提前 2h，最快的一次是客人从首都体育学院（训练场馆之一）提前 40min 提出预订需求，团队仅用时 30min 即完成了处理订单、派车、出车、到位的过程，顺利执行了任务，获得了客人的好评。

团队调度在赛时随时与呼叫中心保持沟通，接受预订后，负责分派任务至服务地点对应的车队、提示车队派车、消单等业务。T3 团队在奥运会及残奥会期间，共接受预订 4753 个；车队调度接受用车指令后编制车辆运行计划，指派驾驶员按客人预订需求出车，并将印有客人姓名和证件编号的预订单打印出来交给驾驶员；驾驶员按客人预订时间提前到达指定服务地点，到达后做到向所属分队、呼叫中心、服务台“三汇报”，并在上下车区或酒店大堂手举预订单，以便于客人查找，同时考虑到客人也许存在对上下车区位置不熟悉、遇到临时事件等问题，增加了车辆的等待时间，即当车辆抵达预订场所后，如果客人没有如约出现，驾驶员需在预定上车时间的基础上再等候 15min，如客人仍未出现，驾驶员则需请示车队批准后，方可空车驶回。顺利执行完当次预订交通服务后，驾驶员空车驶回所属场站，等待下次任务。

在整个赛时交通运行期间，T3 团队克服了车辆跨队跨区域调度频繁的困难，顺利应对了热点赛事和集中客流的交通客流高峰。奥运公园中心区、五棵松场馆群、首都体育馆、顺义水上公园、北京科技大学等场馆形成高度集中的客流时，虽然这些场馆分别为不同的 T3 车队负责“保点”，但是一旦某一个场所出现车辆紧张的现象或某一个车队出车强度过大时，车队之间会在团队指挥下相互支援、平衡运力，以确保任何一个服务地点都不发生断车情况。另外，在重点赛事和偏远服务场所的车辆安排上，T3 团队的 30 辆大客车作为一支机动队伍，发挥了重大作用，在客户数量超出“保点”小客车运力时解了燃眉之急。

4.3.2.3　赛时运行小结

奥运会期间，T3 交通服务团队共运行小客车 960 辆，大客车 30 辆。自 7 月 12 日 ~ 8 月 27 日，实际运行 47 天，运行 96596 车次，运送客人 65305 人次，累计行驶里程达 206.9 万 km。残奥会期间，T3 交通服务团队共运行小客车 432 辆（其中无障碍车辆 42 辆），大客车 15 辆（其中无障碍车辆 5 辆），自 9 月 1 日 ~ 9 月 20 日，赛时运行 20 天，运行 25790 车次（其中无障碍车辆运行 2018 车次），运送客人 22186 人次（含轮椅客人 674 人次），累计行驶里程达 52.6 万 km。

T3 交通服务团队的奥运会运行场所涉及 161 处、残奥会运行场所涉及 69 处，遍布全市，T3 交通服务的服务水平高于赛前制订的服务标准，据国际奥委会反馈的意见，2008 年北京奥运会及残奥会 T3 服务与往届奥运会相比，其运行水平是最高的。

4.3.3　国家（地区）奥委会/残奥委会交通服务运行

国家（地区）奥委会（简称 NOC）、国家（地区）残奥委会（简称 NPC）这一客户群体是奥运会及残奥会赛事的直接参与者，是最为重要的客户群体，其涵盖了享受 T1/T2、T3 交通服务的客人，因而这一客户群体交通服务方式较为多样。赛时，专门为运动员及随队官员提供了运动员大客车班车系统，以保证运动员安全、准点地到达目的地；其他部分享受 T1/T2、T3 交通服务的客人，如国际贵宾，在前面内容中已经提及，此处不再赘述。

各 NOC/NPC 以运动员和随队官员为主体，除参赛运动员、代表团团长及副团长、奥林匹克专员、教练员、医疗人员、技术人员、行政管理人员、超编官员、新闻专员等以外，还包括各 NOC/NPC 邀请的所在国家的政府首脑、王室成员等国际贵宾及其陪客、各 NOC/NPC 的主席和秘书长及其陪客、各国家（地区）的体育部长及其陪客、下届奥运会正式申办城市或候选城市的执行官员、下届奥运会正式申办城市或候选城市的观察员、各国家（地区）奥委会协会（简称 ANOC）的执委会成员、未在其他类别注册的各大洲国家（地区）奥委会协会的执委会成员等。

4.3.3.1 团队结构及人员配备

为参加奥运会的各代表团共准备了 890 辆专用车，其中可乘 4 人的速腾有 340 辆，可乘 6 人的途安有 550 辆；为残奥会各代表团共准备了 537 辆专用车，其中速腾 335 辆，途安 100 辆，可乘 3 辆轮椅和 1 名随行人员的无障碍旅行车 102 辆。奥运会期间，NOC 交通运行团队下设办公室和 9 个车队，共有管理层工作人员 251 人，驾驶员 2448 人。

9 个车队规模划分较为均匀，根据代表人数确定配车数量。

（1）代表人数少于等于 10 人的代表团配备车辆两辆；

（2）代表人数少于等于 50 人的代表团配备车辆 3 辆；

（3）代表人数少于等于 100 人的代表团配备车辆 5 辆；

（4）代表人数少于等于 200 人的代表团配备车辆 7 辆；

（5）代表人数少于等于 300 人的代表团配备车辆 8 辆；

（6）代表人数少于等于 400 人的代表团配备车辆 9 辆；

（7）代表人数少于等于 500 人的代表团配备车辆 11 辆；

（8）代表人数大于 500 人的代表团配备车辆 13 辆。

根据上述分配原则，虽然各车队所负责的代表团数量和代表人数不尽相同，差异较大，但各车队车辆数量均控制在 86 ~ 110 辆之间，以便于停放和管理。其中，承担美国、英国、澳大利亚、日本等 14 个代表团交通服务任务的第 5 车队和承担中国、德国、巴西等 20 个代表团交通服务任务的第 6 车队规模相对最大，车队车辆数均为 110 辆，代表人数超过 3000 人。残奥会期间，NPC 团队下设车队减少为 6 个，包括 5 个常规车队和 1 个由 100 辆无障碍旅行车组成的无障碍车队，管理层工作人员及驾驶员数量也相应有所减少。

NOC/NPC 交通团队办公室的办公地点在奥运村东办公区，其职责总体上分为运行服务、交通安全、技术支持、后勤保障和人员管理 5 个部分。赛时，团队接受赛事交通服务分中心的领导，当运行服务中出现突发情况时，接受分中心总调度室的直接指挥和调度；运行服务过程中产生的需求可通过与奥运村交通团队和奥组委国际联络部加强协调和沟通解决；交通安全和技术支持工作接受赛事交通服务分中心运行保障组统一领导；后勤保障工作通过与北五环路场站和奥体中心场站加强协调和沟通解决。

NOC/NPC 团队的管理人员和驾驶员分别来自近 200 个单位，且办公地点分散，给团队的管理工作带来了很大困难。经过团队的认真研究，制订出了充分发挥体制优势、明确职责分工合作的管理原则，同时根据各代表团的规模，安排每 1 ~ 3 个代表团在管理层面设立 1 个小队，每小队设 1 名小队长，小队长除负责日常服务工作的落实外，还负责了解本队驾驶员运行情况和思想动态，发现问题及时向车队及来源单位反映。小队长由来源单位任命的驾驶员兼任，由于其在一线工作，对运行情况非常了解，能够及时掌握一手情况，同时还能起到行政管理与来源单位管理的协调作用。通过以上的管理原则和办法，再借助高科技通信手段，对 NOC/NPC 团队进行有效的整合，使其在运行服务期间发挥整体优势。

4.3.3.2　赛时运行组织

在奥运村预开村期间（2008 年 7 月 20 日 ~ 7 月 26 日），各国代表团团长率先派工作人员抵达北京参加奥运会代表团团长注册会议（以下简称 DRM 会议），以安排赛时代表团的衣食住行等事宜。由于代表团团队的服务车辆是根据代表团的规模配备的，代表团规模的确切信息需要在首次 DRM 会后才能最后确定，而代表团交通团队需要在 2008 年 6 月提前制订出车辆分配方案。为了不影响车队的组建及相关工作的推进，团队多次与奥组委国际联络部进行沟通，先期了解、预测了各代表团可能参加的人数，并参考雅典、悉尼奥运会的数据，在 6 月下旬初步制订出了各代表团车辆的分配方案。通过赛时实际运行检验，车辆分配的准确率达到 95% 以上，保证了交通服务的有序运行。

各 NOC/NPC 所配发的车辆需经"激活"后，方可提供服务，所谓"激活"就是在各代表团团长参加 DRM 会议后，持车辆文件到奥运村交通咨询台对车辆进行激活，咨询台工作人员对车辆进行核对后将核对无误的车辆交于相关车队。各代表团车辆主要是提供给代表团自由支配使用，以满足其赛事、行政事务、后勤保障等出行活动的交通需求，但驾驶员必须由 NOC/NPC 团队提供，车队主要负责对驾驶员进行调派和管理。

（1）车辆停放。

奥运会期间，NOC 团队服务车辆共 890 辆，分别停放在奥运村东、西两个停车场。其中奥运村东停车场面积为 30000m^2，停车位有 720 个，用于停放第 1 ～ 7 车队的车辆；奥运村西停车场面积为 10000m^2，停车位 300 个，用于停放第 8 ～ 9 车队的车辆。残奥会期间，停车情况类似。在停车场内，各代表团车位的划分采取尽量与服务对应代表团住宿地就近的原则，为此，团队在先期工作中将代表团住宿分配方案的摸底工作作为一项重点工作，及时掌握各代表团住宿分配方案，在此基础上合理地分配车位，为客人的出行方便和团队管理打下了良好的基础。对于个别代表团住宿地距离停车场较远的，团队采取了在就近停车场设立准用上车位的方法，妥善解决了该问题。同时，为了方便代表团辨认车辆，各车队给所有车辆印制了车辆标识，即“NOC”或“NPC”团队缩写、代表团中英文简称、本团专用车顺序号和车位号等内容，在实际运行中起到了很大作用。

（2）车辆调度。

NOC/NPC 车辆的主要调度方式为：车辆的使用权和调度权归代表团，代表团指定本团 1 ～ 2 名工作人员作为与对应车队的联络人，负责车辆调度，车队受理代表团调派车业务后指派驾驶员完成任务，驾驶员平时可在代表团办公室或车队休息室待命。在运行方案中，派车有三种方式：

① 代表团联络人通过电话向车队要求派车。

② 代表团联络人通过团队配备的手机直接向驾驶员要求派车。

③ 安排驾驶员随时在代表团办公地待命，直接指派驾驶员出车。

在实际运行情况中，因为驾驶员外语水平较为有限，大部分联络员不倾向于通过手机直接与驾驶员联系。另外，代表团客人只能在停车场上、下车区上、下车，驾驶员在代表团办公地待命的意义不大，因此有 80% 的业务需要以第一种方式即通过车队派车来完成。在车队调度电话繁忙的情况下，可请 1 ～ 2 名驾驶员充当代表团临时联络人，灵活地解决联络问题。

4.3.3.3　赛时运行小结

（1）奥运村预开村阶段。

2008 年 7 月 20 日 ~ 7 月 26 日为奥运村预开村阶段，在此期间，各国代表团团长率先遣工作人员参加奥运会DRM会议，按交通服务标准，各代表团开完DRM会议后持交通服务协议书到NOC交通咨询台激活分配车辆，并可立即获得分配给本代表团的其中1辆车的交通服务。在此期间，团队严格按照承诺的服务标准提供交通服务，同时，因为运行情况的变化，又增加了如下几项工作：

① 承担了参加DRM会议代表的接机交通任务。由于在奥运村预开村时期，负责接、送机交通任务的机场抵离交通团队尚未正式启动，在此情况下，NOC团队临时承接了该项任务。接机用车的申请方为奥组委国际联络部，由其派工作人员跟车到机场迎接代表团先遣人员。团队自7月20日~7月23日共接机36车次。

② 增加了欢迎中心摆渡车。由于参加DRM会议的代表身份证件在此时尚未激活，导致其无法进入欢迎中心，因此必须使用奥运会专用车辆摆渡方能进入。在请示有关部门获得同意后，NOC团队每天准备5辆车作为参加会议人员的摆渡车，自7月20日~7月30日，共摆渡42车次。

③ 增加首都机场值班车辆。至7月27日正式开村前，NOC团队每天为机场抵离团队提供10辆机场值班车辆，供接机使用。

④ 增加预开村车辆服务。由于规模在400人以上的大团在预开村期间活动较多，1辆车无法满足交通需求，应国联部要求，经总调度室同意，对提出增车需求的大团，每个代表团服务车辆增加至两辆。

⑤ 接送新闻发言人。应新闻中心要求，经总调度室调派，为新闻中心的2次新闻发布会接送新闻发言人出车4车次。

（2）奥运村正式开村阶段。

2008年7月27日~8月27日为奥运村正式开村阶段，共计32天。NOC团队在正式开村运行期间又可分为三个运行阶段。

① 第一阶段自7月27日~8月7日，为期12天，为代表团抵达和训练阶段。为了使NOC团队服务工作顺利展开，便于代表团使用车辆，团队开展了以车队为单位的代表团走访活动，主动与代表团电话联系，到代表团驻地或在电话中向客人介绍车辆使用的相关规定和服务内容，与代表团建立了信息沟通渠道。以上走访行动受到了代表团的欢迎和配合，在此期间，团队共到驻地走访了73个代表团，电话沟通了131个代表团。

② 第二阶段自8月8日~8月24日，为期17天，为赛时阶段，这一阶段团队的出车次数大幅度提升。由于经过第一阶段的磨合，赛时阶段团队运行平稳。为解决驾驶员的就餐和交接班困难问题，团队与代表团进行了多次沟通，请他们在车辆

的调派过程中合理安排驾驶员的就餐和交接班时间，并通过赛事交通服务分中心与场馆团队协商，为前往场馆执行交通服务任务的驾驶员在场馆解决用餐问题，同时为在就餐时间出车的驾驶员随车准备了方便食品。在解决驾驶员不能按时回车队交接班的问题时，代表团采用了分配车辆送驾驶员到出车现场交接班的方法，尽可能地保证了驾驶员按时下班。在整个赛事运行阶段，驾驶员克服困难，在遵循代表团交通调派的同时也接受车队指挥，统筹兼备，以良好的态度和优质的服务完成了交通任务。

③ 第三阶段自 8 月 25 日 ~ 8 月 27 日，为期 3 天，为返程阶段。这一部分内容将在“抵离交通服务运行”部分详细介绍。

（3）奥运会向残奥会转换阶段。

从奥运会闭幕到残奥村预开村只有 3 天时间，在这 3 天的时间内，团队除了要做好奥运会和残奥会车辆的转换工作、驾驶员撤离工作以外，还要受总调度室调派，完成部分代表团旅游、送机任务。为妥善完成车辆转换工作，团队在赛事交通服务分中心运行保障组和交通场站的业务支持下提前策划，采取撤离一个团、收一个团的车、上交一个团的车同时进行的办法，以最快的速度上交了 NOC 团队车辆及 465 辆组建 NPC 车队，同时组织已撤离 NOC 代表团的驾驶员接手 NPC 无障碍旅行车 102 辆、速腾小客车 10 辆。对于不需要再执行 NPC 驾驶任务的 1000 多名驾驶员，团队在各驾驶员来源单位的支持下，循序渐进、平稳有序地完成了撤离工作。

（4）残奥会阶段。

残奥会期间，NPC 团队的运行和组织管理工作吸取了 NOC 的成功经验，整体运行平稳，达到了安全、准时、舒适、便利的服务目标。自 2008 年 8 月 28 日残奥运动员村预开村至 9 月 20 日闭村，NPC 团队共运行 24 天，为参赛各国代表团提供了优质的交通服务。残奥会正式比赛期间，由于奥组委没有为在顺义水上公园参加公路自行车比赛的代表团准备赛场公务用车和赛场公务车驾驶员，最终决定使用 NPC 代表团分配用车代替，驾驶员则由代表团自行雇佣经赛事组织部门认定的有赛场驾驶资格的专业驾驶员，而不是 NPC 团队的驾驶员志愿者。车辆由团队驾驶员驾驶至赛场交给专业驾驶员，比赛后再由其返还。

奥运会期间，NOC 团队共运行小客车 890 辆，自 7 月 20 日 ~ 8 月 27 日，实际运行 39 天，为 204 个代表团的客人提供了交通服务，累计运行 84093 车次，运送 214045 人次，行驶里程达 253.5 万 km。残奥会期间，NPC 团队共运行小客车 537 辆（其中无障碍旅行车 102 辆），自 8 月 28 日 ~ 9 月 20 日，实际运行 24 天，为 147 个代表团的客人提供了交通服务，累计运行 33490 车次（其中无障碍车辆运行 2646 车次），运送 91658 人次（其中轮椅客人 5896 人次），行驶里程达 95.4 万 km。

4.3.4 运动员交通服务运行

北京奥运会、残奥会运动员及随队官员交通服务任务由赛事交通服务分中心下设的运动员交通服务运行团队执行，在赛时负责为其提供配有专业驾驶员的大客车班车交通服务。运动员及随队官员交通团队运行时使用 27 座及以上的公交车和 42 座及以上的旅游大客车作为服务车型。交通服务内容包括往返于运动员驻地与比赛场馆之间的比赛班车服务、往返于运动员驻地与官方指定训练场馆之间的训练班车服务、往返于运动员驻地与比赛场馆之间的观赛班车服务、运动员随身行李及体育器材的运输服务等。另有往返于运动员驻地与机场或其他抵离地点之间的抵离班车服务。

4.3.4.1 团队结构及人员配备

运动员交通团队接受赛事交通服务分中心的直接领导，以团队办公室为管理核心，下设集体比赛项目车队、非集体比赛项目车队以及运动员村内循环班车车队。

团队共有管理层工作人员 52 名，其中团队主任 1 名，副主任 9 名；车队共设置队长 5 名，副队长 20 名，车队调度 11 名。同时，每辆运行班车上均配备一名随车志愿者，以协助解决行程中的语言问题及负责安全信息工作。奥运会期间，运动员交通团队共有驾驶员 1382 名，志愿者 1234 名。残奥会期间，工作人员数量有所减少。

运动员交通团队采取三级调度指挥模式，第一级为团队调度，负责班车时刻表的制订及线路的分配；第二级为车队调度，负责根据班车时刻表制订详细的排班计划，并指派驾驶员；第三级为现场调度，负责根据排班计划发车，并进行现场交通运行指挥。赛时，现场调度划分到各个车队进行管理，一名车队调度对应一班现场调度小组，双方采用同时换班的模式，以始终保持这种一对一的关系，便于沟通和管理。同时，为了完成好调度工作，团队和车队分别对调度人员进行了培训，使调度人员在了解运动员交通服务整体运行方式与特点的基础上再详细了解各目的地场馆的具体运行方法，提高业务熟悉程度，以便在赛时提供完善的交通服务。经过此番周密的安排和培训，调度体系在整个赛时运行期间保持了高效、畅通。

集体比赛项目车队主要负责参加集体比赛项目的运动员在赛时的交通服务。运动员可在运动员驻地班车站直接搭乘专用大客车前往对应的比赛场馆。奥运会期间，团队为参加集体比赛项目的运动队配备了专用大客车 142 辆，全部为旅游大客车。

交通服务整体运行时间为2008年7月27日～8月24日。集体项目车队划分为8个班组，分别为足球班组、篮球班组、排球班组、曲棍球班组、棒球班组、垒球班组、手球班组和水球班组；残奥会期间，团队为参加集体比赛项目的运动队配备了专用大客车126辆，为了方便使用轮椅的运动员，其中有旅游大客车34辆，无障碍低底盘公交车92辆。交通服务运行时间为2008年8月30日～9月17日。集体项目车队划分为5个班组，分别为篮球班组、盲人门球班组、坐式排球班组、轮椅橄榄球班组、五人制足球及七人制排球班组。

非集体比赛项目车队所负责的交通服务是运动员交通服务系统中最为庞大的，总体可分为以下几个部分：

（1）为参加非集体比赛项目的运动员提供赛时交通服务。

（2）为参赛运动员在比赛期间提供训练、观赛班车的交通服务。

（3）为超编官员、运动员及随队官员旅游、购物、交流提供班车的交通服务。

（4）为运动员及随队官员提供抵、离京班车的交通服务。

（5）协同抵离交通团队为参赛运动员提供行李及体育器材的运输服务。

非集体项目班车在奥运会期间共有固定线路62条；在残奥会期间共有固定线路35条。为便于运动员记忆，以提供便捷快速的交通服务，团队为每条线路都进行了编号，采取用字母表示含义、用数字表示序号的编号方式：各线路首字母都为“A”，代表运动员团队班车，中间数字代表本条线路在全部非集体项目班车序列中的线路序号，结尾字母代表线路类型。其中“C”表示比赛班车；“T”表示训练班车；“C & T”代表比赛、训练合并线路班车；“S”代表观赛班车；没有结尾字母的代表超编官员、旅游购物班车。在奥运会期间，非集体项目班车线路中共有比赛班车线路8条，例如承担前往国家游泳中心参加游泳、跳水、花样游泳等比赛项目的运动员交通服务的A03C线；训练班车线路13条，如承担前往北京体育大学场馆群参加现代五项训练的运动员交通服务的A31T线；比赛、训练合并班车线路12条，如承担前往国家体育场及热身场参加田径比赛、训练的运动员交通任务的A01C & T线；观赛班车线路22条，如承担前往首都体育馆观看排球比赛的运动员交通服务的A38S线；其他班车线路7条，如前往八达岭的旅游班车A60线、前往天安门广场的购物班车A61线。在残奥会期间，非集体项目班车线路中共有比赛班车线路两条，训练班车线路4条，比赛、训练合并班车线路11条，观赛班车线路13条，其他班车线路5条。

为便于调度和管理，非集体比赛项目车队共分为4个。要把以上的班车线路整齐划分到各个车队中难度很大，因为既要考虑线路从运动员驻地到目的地的方向大致相同，方便车队运行，又不能把热点赛事场馆过分积压于一个车队，造成运行时车队间的不平衡。为此，此次在车队划分上与以往不同，本着“管理方便、运行高效”的原则，尽量将目的地位置相对靠近的线路安排在同一车队，而不是主要考虑方向的一致性。同时，结合运动员驻地运动员班车站站位情况统筹兼顾，综合赛事、线路、站位三方面情况，最终确定了车队的划分。

运动员村内循环班车车队主要负责运动员及随队官员在运动员村内的交通服务。奥运会及残奥会期间，为方便运动员在村内的出行，村内循环班车在运动员村主餐厅、运动员班车站、NOC/NPC 服务中心、体育信息中心、欢迎中心、NOC/NPC 东、西停车场等主要设施入口附近均设有上下车点。村内循环班车车队共分为 3 个，对应 3 条线路，分别为围绕东、西居住区及各主要功能场所行驶的 A、B 线，以及在科荟路循环行驶的 E 线。村内循环班车在运动员村预开村至闭村期间，为村内所有持证人员及客人提供交通服务，其中 A、B 两条线路 24h 运行，E 线 07:00 ~ 22:00 运行。村内循环班车全部采用零排放、低噪声的电动大客车，高峰时间每 5 ~ 7min 一班，平时每 10 ~ 15min 一班，夜间每 20min 一班。

4.3.4.2　赛时运行组织

在赛时运行期间，团队班车系统有三项基本运行原则，即严格按照时刻表发车；乘客“即满即走”；在繁忙线路高峰期同时发送多辆班车。

在遵循基本运行原则的前提下，遇到突发紧急情况应灵活变通，并借助各种行之有效的管理措施以确保运动员团队向运动员及随队官员提供“安全、准点、可靠、便利”的班车交通服务。

（1）集体项目班车运行组织。

集体项目班车交通服务自参加集体比赛项目的代表队抵京后即开始，在该比赛项目结束或代表队完成比赛离京后终止。在赛时，其承担代表队参加比赛、训练、本项目观赛及出席国际单项体育组织联合会官方会议等交通任务，乘车地点为运动员村运动员班车站。

集体项目班车的具体运行时间需要由代表队指定专人到运动员村体育信息中心交通服务台申请预订，在赛前制订的服务标准中规定：第二天班车按照前一天下午 17:00 前参加集体项目比赛的代表队所提供的发车时间运行。但在实际运行中，为方便代表团出行，预定截止时间经过多次调整，分别调整到 21:00、23:00，甚至第二天凌晨 2:00。另外，对抵达运动员村当日就要训练的代表队、事先未预定的代表队以及当日更改了发车时间、目的地的代表队所提出的交通需求，团队也排除种种困难，均给予满足；交通服务台统计预订申请后将《车辆预定单》通过传真的方式告知团队调度室，为防止漏单现象的发生，团队将每张《车辆预定单》和临时变更的预订单按照接收的时间顺序进行编号，预定单的编号格式为“日期 + 接收时间顺序”，临时变更单的编号格式为“临时 + 接收时间顺序”，同时每一张预定单都要经过代表队负责人、赛事信息台负责人、交通服务台接收人员和团队调度的签字，做到四方确认；预订信息确认后，团队调度室将信息进行分类汇总后派发给车队，车队按照预订信息编排车辆，并填制路单，并由车队调度通知驾驶员及随车助理上岗时间。对于热点比赛或热门场馆，驾驶员要优中选优，以确保服务质量；驾驶员执行交通任务当日需比规定发车时间早 10min 到达运动员班车站，运动员代表队负责人确认运动员已全部到达后，班车站现场调度指挥驾驶员发车，并在路单上签写发车时刻，若代表队未按预订时间到达班车站，车辆需等待至代表队发出书面通知取消预订后方可返回交通场站；车辆到达场馆后，通过免检通道进入场馆运动员专用上下车区落客，场馆现场调度在路单上签写到达时刻，并安排车辆在指定停车区域等候返回。

奥运会期间，团队共接受班车预定 3422 次，残奥会期间为 1808 次。

（2）非集体项目班车运行组织。

非集体项目车队依照前文已提到的班车线路和运行时间为不同服务对象提供赛时交通服务，当某个场馆的比赛项目全部结束后，该线路班车服务即结束。赛时，团队调度室根据各竞赛委员会的需求制订非集体比赛项目的班车时刻表，并下发至相关车队；车队制订详细的排班计划，并录入大客车调度系统，以便现场调度掌握车辆的运行信息；车队调度根据排班计划打印路单交给车队，并指派执行当次交通任务的驾驶员；驾驶员在规定发车时间前 10min 到达运动员村运动员班车站，乘坐比赛班车、训练班车、观赛班车、比赛与训练合并班车的运动员及随队官员在乘车前需向现场调度出示身份注册卡，以便识别和管理；现场调度根据“按点发车、坐满即发、高峰期同时发多辆车”的原则指挥车辆发车，并在路单上签写发车时刻；车辆到达场馆后，通过免检通道进入场馆，比赛班车、训练班车及观赛班车进入场馆后，在运动员上下车区落客，比赛与训练合并班车进入场馆后，若比赛场馆和训练场馆的落客区不同，则班车首先停靠在比赛场馆落客区，然后再开往训练场馆落客区；运动员及随队官员全部下车后，现场调度在路单上签写到达时刻，班车听从指挥进入缓冲区，等待运动员回程或直接驶回运动员村。

非集体项目班车中还包含数条负责运动员及随队官员到指定地点旅游、购物任务的线路。奥运会期间，旅游、购物线路各有 1 条，分别为前往八达岭的“A60”

和前往天安门广场的"A61"，发车地点均为运动员村班车站。八达岭线路每日 1 班，发车时间为早 8:00 ~ 8:30 之间，返回时间为中午 11:00 ~ 11:30 之间，具体根据运动员上车情况而定；天安门广场线路每日 5 班，发车时间为 9:00、11:00、13:00、15:00、17:00，返回时间依次为 11:30、13:30、15:30、17:30、19:30。残奥会期间，旅游、购物线路与奥运会相比有了大幅度的增加，并加开了到残疾人社区等的交流游览线路。

除以上交通服务外，运动员及随队官员交通团队在赛时还与抵离交通团队一起承担了运动员行李及体育器材的运输工作。奥运会和残奥会期间，运动员如果需要运输行李（或体育器材）必须先到奥运村体育信息中心交通服务台预订，否则行李只能随运动员班车前往目的地。如果运动员只预订了行李车，则交由抵离交通团队负责；如果运动员在预订行李车的同时还需乘坐运动员班车，则具体行李运输事宜交由抵离交通团队交责，运动员团队除安排运动员班车运行外还将在排班计划上注明该班次有行李车。在具体运行过程中，对于如自行车、皮划艇等行李运输量较大的非集体比赛项目，在该项目的运动员班车线路的固定站位附近安排有行李车站位，运动员班车与行李车统一听从现场调度指挥，同时发车；对于没有固定站位的集体项目运动员班车线路，行李车先停靠在运动员班车站缓冲区等待，然后听从现场调度指挥，跟随运动员班车一同出发前往目的地。

（3）运动员村班车站运行组织。

运动员村班车站是赛时运动员和随队官员从运动员村前往各比赛、训练、观赛场馆和其他奥运会残奥会设施的交通枢纽，担负了运动员团队 90% 以上的交通任务，其人员往来密集，十分繁忙。班车站按照各条线路目的地场馆的位置指定上车站位，并设置上车站牌，同时在上车区域配备交通助理人员协助运动员和随队官员乘车，下车站位则为各线路共用，配有交通助理人员进行服务。运动员村班车站在奥运会期间共有 74 个车辆站位，其中上车站位 64 个，下车站位 10 个。在站位分配上尽量让属于同一车队的线路位置相对靠近，以方便现场调度的指挥，同时又要让热点项目或场馆的线路尽量靠近车辆通道的出口，以方便车辆出站，减少站位人员拥堵。赛时根据实际运行情况，最终确定班车站站位分配图。残奥会期间，班车站站位减少为 45 个，不设专门下车站位。

运动员村班车站总长 270m，宽 80m，共设置有 74 个站位，布局十分紧凑。因为运动员村每日往来交通十分繁忙，为避免班车大客车在倒车、反复调整车位时给其他车辆的运行带来影响，同时也为了人员安全考虑，运动员村运动员班车站采用凸起式站位与港湾式站位相结合的锯齿形站位设计，以方便车辆迅速就位，同时在站位竖列间的 A、B、C、D 四个车辆通道末端设置有车辆掉头区，掉头处采取圆弧顶端设计，直径达 25m，确保了车辆能够方便地转换方向。

在赛时运行期间，为解决班车站瞬时压力过大的难题，运动员交通团队多次结合赛事进展情况对班车运行时刻表进行了优化调整，以减少单点发车数量，争取做到班车“多进多出”，避免车辆流线过度交汇造成运行阻碍。同时，为了确保站内的交通安全，要求在班车进入港湾式站位时，随车志愿者需到车尾部协助驾驶员看护车辆后方情况。另外，车队调度与现场调度应随时保持沟通，及时将暂时没有任务的车辆调至缓冲区或场站等待任务，以减小班车站的压力。在运行高峰期间，运动员班车站单日进出车辆近 3000 次，未发生一起事故，安全、有效地完成了交通运行工作。

4.3.4.3　赛时运行小结

奥运会期间，团队共运行大客车 629 辆（含 25 辆奥林匹克青年营大客车），自 2008 年 7 月 20 日 ~ 8 月 29 日，实际运行 41 天，累计运送客人 572359 人次，运行 65584 车次，行驶里程达 129.4 万 km。

残奥会期间，团队共运行大客车 552 辆（其中无障碍大客车 432 辆），自 2008 年 8 月 30 日 ~ 9 月 25 日，实际运行 27 天，累计运行 31024 车次（其中无障碍车辆运行 21819 车次），运送客人 228746 人次（含轮椅客人 28381 人次），行驶里程达 46.6 万 km。从数据中可以看出，在残奥会期间，运动员团队无障碍大客车运行比例较高，这是对交通服务是否完善的一大考验。

4.3.5　技术官员交通服务运行

国际单项体育联合会（IF）/ 国际残疾人单项体育联合会（IPSF）部分成员及技术官员的交通服务由技术官员交通服务团队负责。其中，技术官员包括国际技术官员、国内技术官员、分级师（残奥会特有）和单项组织工作人员，其享受配有专业驾驶员的大客车班车交通服务；技术代表享受 T2（奥运会）、T1（残奥会）交通服务。赛时，根据交通服务标准，为技术官员提供往返于首都国际机场、官方驻地、比赛场馆、训练场馆、官方会议场所等地的交通服务。同时，为每个 IF 提供两辆车，为每个 IPSF 提供 1 辆车，由其自行安排使用，交通服务范围与 T1/T2 交通服务范围一致。

北京奥运会参赛 IF 共有 26 个，包含团队客人 2661 人，其中技术代表 71 人、国际技术官员 1564 人、国内技术官员 1031 人；残奥会参赛 IPSF 共有 20 个，包含团队客人 1056 人，其中技术代表 29 人、国际技术官员 385 人、国内技术官员 575 人、分级师 67 人。

4.3.5.1　团队结构及人员配备

技术官员交通服务团队下设交通调度指挥室和 6 个车队。团队核心管理成员由 1 名主任、1 名主任助理和 10 名副主任组成。

交通调度指挥室的办公地点设在奥体中心场站，设调度主管 4 名，交通运行期间负责根据赛事交通服务分中心的指令和要求以及各 IF/IPSF 提出的合理需求制订交通服务运行计划和班车运行时刻表。

6 个车队负责根据班车运行时刻表制订详细的排班计划，并执行具体的交通运行任务，队部分别设在奥体中心场站（4 个）、西郊机场场站（1 个）和石景山场站（1 个），每个车队各设队长兼调度长 1 名、副队长 3 ~ 5 名、调度员 7 ~ 15 名。团队共有驾驶员 425 人，其中小客车驾驶员 260 人，主要由北汽集团、首汽集团的专业驾驶员以及来自海淀区、宣武区、崇文区的志愿者担任；大客车驾驶员 165 人，主要由首汽集团、巴士公司提供。团队共有专业调度 78 人，其中团队指挥室调度 5 人、车队调度 73 人；另有场馆调度 54 人，这部分调度工作人员在行政上隶属于场馆交通团队管理，但业务上服从于技术官员交通团队调派。

除此以外，通过技术官员团队与各竞赛场馆交通团队的多次联系沟通，场馆团队确定了技术官员团队的班车在各场馆上下车点位置、停车位置、驾驶员休息室位置，并协调解决了驾驶员在场馆的就餐问题等。可见，赛时技术官员团队与各竞赛场馆交通团队的密切配合是做好技术官员交通保障运行组织工作的必要条件。

技术官员团队的 6 个车队所对应的 IF 及配车数量（不包含备用车辆）情况为：

第 1 车队：赛艇、皮划艇；大客车 9 辆，小客车 7 辆。

第 2 车队：田径、手球、射箭、现代五项；大客车 21 辆，小客车 13 辆。

第 3 车队：羽毛球、棒球、篮球、自行车、足球、垒球、射击；大客车 38 辆，小客车 32 辆。

第 4 车队：拳击、体操、排球；大客车 24 辆，小客车 21 辆。

第 5 车队：举重、曲棍球、柔道、摔跤、跆拳道、乒乓球、铁人三项；大客车 34 辆，小客车 24 辆。

第 6 车队：击剑、网球、游泳；大客车 18 辆，小客车 24 辆。

4.3.5.2　赛时运行组织

技术官员交通团队在运行组织中的重点是技术官员所享受的是大客车班车交通

服务，对于技术代表所享受的T1/T2交通服务的详细内容已包含在“T1/T2交通服务运行”中。奥运会期间，根据各个IF项目比赛场馆的位置，就近选择符合条件的29家签约酒店作为各IF驻地。

赛时运行期间，团队的大客车班车每日按照班车时刻表从各IF驻地出发前往比赛场馆。其中，以1家签约酒店作为驻地的IF有6个，以两家签约酒店作为驻地的IF有7个，以3家及以上签约酒店作为驻地的IF有13个。做好技术官员人数较多或驻地、比赛场馆较分散的IF在赛时的交通运行保障工作是团队任务的重中之重。

残奥会期间的运行情况则有所不同，技术代表、国际技术官员、部分国内技术官员、分级师和IPSF工作人员均住在运动员村内，另有部分国内技术官员住在胜利饭店，赛艇、射击和自行车单项体育组织驻地则分别为怡生园和海特饭店。所有国内技术官员、国际技术官员和工作人员均需在运动员村班车站内专门设置的技术官员班车站乘车前往各自的比赛场馆，因此特别为住在胜利饭店的国内技术官员安排了从驻地前往运动员村班车站的班车，高峰期每半小时发车一趟。运动员村班车站内各条线路按照班车时刻表发车前往比赛场馆。其中特别需要注意的是，运动员村班车发出时刻还要与胜利饭店发来的班车相匹配，以防先由胜利饭店乘坐班车到达运动员村的部分国内技术官员等待时间过长。赛艇、射击和自行车单项体育组织运行模式与奥运会时相同，班车从驻地出发直接前往比赛场馆，无需先前往运动员村。

根据各IF/IPSF在赛时的交通需求、驻地至比赛场馆的交通流线等实际情况，奥运会期间共设置了54条大客车班车线路提供往返交通服务，整体运行时间为每日07:00 ~ 24:00。其中有9个单项的IF从驻地到场馆有1条线路、有14个单项的IF从驻地到场馆有两条线路、有3个单项的IF从驻地到场馆有3条及以上的线路。另有部分IF驻地与场馆间距离很近，因此未配备班车线路，例如射击项目驻地之一为北京射击宾馆，比赛场馆为北京射击馆，技术官员可步行前往；还有部分签约酒店内所居住的为技术代表而非技术官员，例如长城饭店和亮马河大厦，其注册交通类别为T1/T2，因此没有设置从这些驻地往返于场馆的团队班车线路。残奥会期间共设置了20条大客车班车线路提供往返的交通服务，其中从运动员村发车的线路有16条，整体运行时间与奥运会时相同。

团队在赛时具体运行时，整体模式为：比赛前一个半小时左右将技术官员由驻地送至比赛场馆，中午接其回酒店用餐，下午或晚上再将其送至比赛场馆，赛事结束后一小时内返回；如果遇到比赛期间发生争议等问题，需在技术官员参加仲裁等会议结束后返回；对于起、终点不一致的和多比赛场馆（场地）的比赛项目，如马拉松和公路自行车、现代五项等，团队为其提供起、终点间或各场馆间的班车交通服务；为前往京外赛区的技术官员，如足球项目等，提供需要提前24h预订的前往火车站 / 机场的班车交通服务。

在各车队交通场站、各IF/IPSF驻地、各比赛场馆均安排有调度工作人员，每日、每辆团队班车驾驶员在出发点和终点都要将路单交由调度签写时刻。

由于技术官员与其他客户群的运行方式有所不同，在赛时其每天的出行情况基本都有临时变化，因此奥运会期间团队要求车队每天都要与所负责的IF/IPSF进行信息核时，确定次日班车时刻表及其他需求，保证及时、准确地安排车辆；残奥会时，因为有大部分团队客人住在运动员村，为此在运动员村设有技术官员交通咨询台，每天每班安排两名值班调度员负责统计信息，并将确认后的信息告知各相应IPSF的调度人员，以按照最新需求安排和使用车辆。同时，考虑到可能发生的突发情况，在所有签约酒店都停放了一定数量的备用车辆，以保证第二天早班车均可准时出发。在赛时运行期间，考虑到部分技术官员驻地距离团队交通场站较远，如赛艇项目驻地在顺义宾馆和怡生园会议中心、铁人三项项目驻地在昌平区军都度假村，为确保赛时用车，团队安排负责这些项目的驾驶员、调度人员以及车辆全部驻扎在该项目所在驻地，调度人员每日与车队、团队负责人确认次日班车时刻表，做到有情况第一时间知道、第一时间解决。而在残奥会服务过程中，团队要求所有驾驶员在车辆停靠站台时，将车门对准盲道、由工作人员协助残疾客人上、下车，以解决他们行动不便的问题，特别是举重项目中有一名技术官员体重超过125kg，且身坐轮椅，每次都需要几名工作人员将他推上无障碍车并将其轮椅固定好，以保证运行过程中他的人身安全，而对于部分不愿意借助外人帮助的残疾客人，工作人员也给予其充分的尊重。

4.3.5.3　赛时运行小结

奥运会期间，技术官员交通团队共运行小客车155辆、大客车150辆，自2008年7月20日~8月28日，实际运行40天，累计运行17059车次，运送77505人次，行驶里程达31.5万km。

残奥会期间，共运行小客车45辆（其中无障碍伊斯坦纳1辆）、大客车50辆（其中无障碍公交车10辆），自2008年9月1日~9月18日，实际运行18天，累计运行4125车次（其中无障碍车辆运行445车次），运送19118人次（含轮椅客人436人次），行驶里程达4.85万km。

4.3.6 注册媒体交通服务运行

注册媒体（以下简称媒体）在赛时的交通服务由注册媒体交通服务团队（以下简称媒体团队）提供。注册媒体主要包括注册的文字媒体工作人员、摄影记者、国际摄影队和国家摄影队（IOPP，NOPP）、电子信息采集人员、主转播商（北京奥林匹克转播公司即 BOB）和持权转播商（RHB）。

赛时提供的交通服务以配有驾驶员的大客车班车为主，另外专门为 BOB 提供从驻地前往比赛场馆的直达专线班车 DDS。同时，根据《主办城市合同》的要求，分别为 5 个 IOPP、NOPP 各提供两辆配有专业驾驶员的专用车辆，在其抵达北京 24h 内启用，服务时间为每日 7:00 ~ 24:00，驾驶员交接班在主新闻中心或事先约定的场馆完成。参加本届奥运会的有来自世界各地的媒体约 2.5 万人，参加本届残奥会的媒体有近 6000 人。

4.3.6.1 团队结构及人员配备

媒体团队是实现媒体交通服务、指挥媒体交通系统运行的组织机构，有调度指挥和日常管理的双重职能。团队下辖车队，构成两级调度管理体系。赛时交通服务期间，媒体团队建立以团队为协调中枢、以车队为运行主体的管理结构，使运行中心下移、调度指挥得力。团队在奥运会时共有工作人员 4023 人，残奥会时减至 1702 人。

奥运会期间，团队管理层由团队主任 1 名、协调副主任 2 名、安全副主任 1 名、志愿者副主任 4 名、运行副主任 5 名和负责团队与奥组委各部门沟通协调工作的常务副主任若干名组成。团队调度室设调度 12 人，24h 值班完成团队总体调度指挥工作，并直接接受、执行赛事交通服务分中心的指令，审核、调整班车运行计划，指挥、监控车队的日常运行。

运行车队是团队交通任务的执行层，媒体团队在奥运会时下设 9 个车队，配车 881 辆，班车线路 123 条；残奥会期间，车队减少为 7 个，配车 257 辆，班车线路 24 条。

奥运会期间的 9 个车队建制情况如下：

第一车队：负责汇园公寓媒体村及昌平居庸关地区的班车运行任务，配车 60 辆，班车线路 17 条，车队驻地为奥林匹克公园交通场站。

第二车队：配车 110 辆，班车线路 12 条，车队驻地为奥林匹克公园交通场站。

第三车队：负责绿色家园媒体村往返 IBC/MPC 的班车运行任务，配车 130 辆，班车线路 13 条，车队驻地为奥林匹克公园交通场站，承担部分 DDS 专线。

第四车队：负责西部地区场馆、媒体酒店的班车运行任务，配车125辆，班车线路16条，车队驻地为石景山交通场站。

第五车队：配车95辆，班车线路8条，车队驻地为奥体中心交通场站，残奥会时取消建制。

第六车队：负责大学区场馆、媒体酒店的班车运行任务。配车120辆，班车线路15条，车队驻地为海淀交通场站，承担部分DDS专线任务和电动车备车任务。

第七车队：配车110辆，班车线路10条，并负责接、送机任务，车队驻地为奥林匹克公园交通场站，残奥会时取消建制。

第八车队：负责奥林匹克公园和媒体村的班车运行任务，配车26辆，班车线路8条，车队驻地为奥体中心交通场站。

第九车队：负责京外班车、接送机班车和顺义竞赛场馆班车运行任务，配车105辆，班车线路49条，车队驻地为奥林匹克公园交通场站，承担部分DDS专线任务。

每个车队配有车队长兼调度负责人1名、副队长4名、车队调度3名、安全员3名，其中车队调度负责协助车队长进行调度管理工作，根据所掌握的车队所辖班车线路、车辆实时运行情况，随时按照客户群提出的在合理范围内的最新需求制订和调整所辖线路行车计划及配车、配班计划。除车队调度外，在IBC/MPC、媒体驻地、竞赛场馆等工作地点均安排有调度人员，这些调度人员在行政上隶属于各工作地点的场馆交通团队，但在业务上服从媒体团队的指挥，在交通服务期间负责控制线路运行、督促驾驶员执行行车计划，遇到临时变化或突发情况时灵活合理地调动运力或及时向上级请示解决。专门为BOB提供交通服务的DDS专线在分管其运行的车队调度室设置有DDS专线运行分中心，在发车现场不设专职线路调度员，由班车系统调度员代为发车。团队所有驾驶员整建制来自公交集团，在选拔过程中要求实际驾龄在3年以上，且2年内不得有不良记录。

赛时媒体人员需要经常出入各竞赛、非竞赛场馆，且交通需求变化较为频繁，因此，媒体团队与各相关组织建立了完善的沟通机制，以提供更高质量的交通服务。为合理满足客户群在赛时不断提出的交通需求变化，团队专门设置了工作人员与奥组委媒体运行部、BOB等客户群的主责部门保持沟通联系，并协调媒体运行部派专人参与到设置在IBC/MPC内的交通咨询台的媒体交通需求信息收集工作中去，以便直接快速地进行需求协调工作。同时，团队与主责部门应积极沟通，对过于频繁的需求变化进行时间上的限制，以提高整体交通服务运行的准确性；团队与IBC/MPC场馆运行团队在业务上联系密切；团队在赛时接受总调度室的调度指令，对于客户群微小的信息或需求变化，媒体团队可自行协调解决，对于较大的信息或需求变化，需上报总调度室予以确认。

4.3.6.2　赛时运行组织

媒体团队在赛时的交通服务任务是将全部的竞赛场馆、媒体酒店、两个媒体村、主新闻中心（MPC）、国际广播中心（IBC）、首都国际机场全部用班车连接起来。

根据媒体运行的需要，设定了如下交通运行模式：

首先设定 IBC/MPC 为媒体班车交通枢纽，作为连接媒体驻地到各竞赛、非竞赛场馆和其他奥运设施的交通周转中心。媒体人员从酒店、媒体村出发首先要乘班车前往 IBC/MPC，在 IBC/MPC 再换乘前往各竞赛场馆的班车，返回时同样要回到 IBC/MPC 换乘，以此形成一个运行系统。其次，为了方便媒体从驻地到达就近场馆，适当开辟了部分媒体驻地到就近竞赛场馆的班车线路，以免驻地距离 IBC/MPC 较远的媒体在时间上的浪费。第三，为尽量满足媒体人员需求，在就近场馆（群）之间开设了班车线路。

媒体团队经过赛前多次现场踏勘，获得了交通运行所需的基础数据，并按照交通服务标准制订了班车运行的详细计划。计划中，对班车在运行中可能发生的人、车、线路情况和问题都一一制订了应对预案，其中尤为重要的是提出了“骨架车，削尖车，机动车”的概念。“骨架车”就是指固定班车，是班车运行时的基础与骨架，在交通服务期间团队严格按照交通服务标准，保证每条班车线路按 20min 间隔发车的基本配车数，以确保至少按照班车时刻表准点发车；“削尖车”就是在固定班车基础上配备的高峰用车，是班车在运行高峰时的补充运力，在运行低峰时用来替换其他车辆完成人员休息和车辆保养作业。“削尖车”在高峰时停放在大客流发生的站点，当“骨架车”运力不足时作为同一地点、同一发车时刻的补充运力，并做到坐满即发；“机动车”是指备用车辆，负责执行班车时刻表以外的临时任务，同时在 IBC/MPC 交通枢纽、车队驻地、各主要的节点站屯放，作为应急运力。在实际运行过程中，部分线路因客流少、车次少，只安排了“骨架车”以及部分机动车运力，一点发多车的情况没有发生；而客流大、车次多的线路在班车运行高峰时（主要集中在早 8:00 ~ 11:00 和晚上 21:00 ~ 次日凌晨 2:00）“削尖车”、“机动车”使用非常频繁，靠着运行组织工作的到位，做到了有备无患、忙而不乱。

（1）IBC/MPC 往返媒体驻地的班车运行。

对赛时各阶段发车时间范围及发车间隔情况制订了详细计划，但需要注意的是，虽然部分班车起始站点为 IBC/MPC，到达站点为各媒体驻地，但在实际运行中班车线路均为往返，只是在发车时间范围上有所区别。媒体人员根据班车时刻表，在媒体驻地接受安检后可乘坐班车到达 IBC/MPC。

（2）IBC/MPC 往返竞赛场馆的班车运行。

根据竞赛日程安排，制订赛时各阶段发车时间范围及发车间隔的详细情况表，前往公路赛事如马拉松、公路自行车的班车服务只在赛事举行当天提供。IBC/MPC 往返竞赛场馆的班车主要是为媒体赛时采访提供的班车服务，除此以外在可对媒体开放的竞赛场馆的非比赛日，也在当日 8:00 ~ 21:00 之间提供每小时发车一趟的往返班车服务。

由于部分媒体驻地距离一些竞赛场馆较近，如果同样采用先到 IBC/MPC 换乘班车前往的方法不利于他们的方便出行，因此为方便这部分媒体人员，专门开辟了 5 条从媒体驻地往返就近场馆的班车线路。这 5 条班车线路在赛前 2 ~ 3h 从媒体驻地发往竞赛场馆，在赛后 1 ~ 2h 从竞赛场馆返回媒体驻地，每日各发车一趟。需要注意的是，本部分班车线路的服务范围，所包括的媒体驻地和竞赛场馆都是指定的，而不是所有的。

（3）相邻竞赛场馆间的班车运行。

在赛时，根据比赛项目和场馆分布情况，部分媒体的采访需求不仅局限于某一个竞赛场馆，为了方便媒体串场采访的交通需求，避免这一部分媒体频繁来往于 IBC/MPC 换乘造成不必要的时间、精力和运力上的浪费，专门开辟了 5 条相邻竞赛场馆间的班车线路，以串接起两个或多个竞赛场馆的交通运行。这些线路每天运行 2 ~ 3 趟。

（4）奥林匹克公园环线班车运行。

奥林匹克公园内包含 IBC/MPC 以及 10 个竞赛场馆，为方便媒体在这个大区域内的出行，专门开辟了奥林匹克公园环线班车，共设置有北区、中区和南区三条环线，起、终点皆为 IBC/MPC，途经相应的竞赛场馆，由第七车队负责班车运行。其中 2008 年 8 月 4 日 ~ 8 月 7 日提前服务期间，班车运行时段为每日 8:00 ~ 20:00，2008 年 8 月 9 日 ~ 8 月 23 日核心服务阶段，班车运行时段分别为各条环线途经范围内竞赛场馆首场比赛前 3 h 至最后一场比赛结束后 3 h。

（5）其他线路班车运行。

由于部分媒体有到运动员村进行采访的需求，因此专门开辟了 IBC/MPC 与运动员村间的往返班车线路，服务时间为 2008 年 7 月 27 日 ~ 8 月 27 日每日 8:30 ~ 21:30。另外，媒体人员如有采访运行员训练的交通需求，可根据对媒体开放的训练时间表在需要交通服务的前一天的17:00前，到IBC/MPC的交通服务台申请预订。采访训练的班车服务发车地点仅为IBC/MPC，且只向非独立训练场馆提供。同样需要提前一天预订的交通服务还包括在比赛当日提供的由IBC/MPC往返天津或秦皇岛足球比赛场馆的京外班车服务，京外班车在赛前3h抵达竞赛场馆，赛后2h返回北京，各发车一趟，除接运客人的班车以外，同行的还有一部应急车辆，并随车配备抢修工作人员，以备遇到紧急情况及时换车。除以上班车服务以外，在开、闭幕式当天，以及在比赛期间媒体人员参加国际奥委会、协调委员会所组织的官方会议和活动时，团队也将根据相应日程和安排提供从媒体驻地或IBC/MPC前往目的地的班车服务。

（6）DDS专线班车运行。

DDS班车是专门为北京奥林匹克转播有限公司（BOB）提供的从驻地往返于竞赛场馆的直达专线班车，BOB无需前往IBC/MPC进行班车换乘，每日只运行一班，赛前2.5 ~ 3.5h从驻地发往竞赛场馆，赛后1.5 ~ 2h从竞赛场馆返回驻地。该班车的运行管理主要由BOB负责，团队负责提供班车和驾驶员，并协助BOB进行运行管理和调度。

以上各类班车在运行时，严格按照班车时刻表准点发车，坐满即走，当运力不足时，可同时发多辆车。对于途经两处及以上场所的线路，如果在发车首站时就已经满座，则与其同时再发一辆空车到第二站接运客人，如果两站相距较远，则通知第二站现场调度调用机动车等待；而当其中某一场所在某一时段无服务需求的情况下，驾驶员可根据调度指令采取两种办法：通过不停车或绕道行驶；如果是首站出现无服务需求情况，班车驾驶员可在调度处签注后到第二站按班车时刻表顺序时间发车。在所有班车的发车站均设置有班车站牌，上面标有该班车线路名称、起点、中途站点、终点、运行时间及发车间隔，并采用中英文对照的形式，以便媒体识认。在交通服务过程中，为保证媒体班车运行的便捷、高效，IBC/MPC与竞赛场馆之间、竞赛场馆与竞赛场馆之间均为从一个安保封闭区进入另一个安保封闭区，班车可免检进入安保线；而自驻地乘坐班车前往IBC/MPC或竞赛场馆的媒体则需在上车前接受安检，进行安检所需时间由客人自行预留出。

（7）IBC/MPC的交通运行。

IBC/MPC和北辰绿色家园媒体村是赛时重要的交通运行枢纽，另外还有汇园公寓媒体村，下面详细介绍媒体交通枢纽的运行组织情况。

位于奥林匹克公园的IBC/MPC班车站是媒体班车系统的核心，绝大多数媒体班车线路在 IBC/MPC 班车站内发车或进行衔接。该班车站内班车线路复杂且人、车混行，因此班车站内的运行管理工作尤为重要。IBC/MPC 班车站地处大屯路北侧，划分有南门、西北门、东北门三个出入口、两处落客区、两处屯车场、8 条发车站道和 1 条人行步道，并在班车站北部安置有 240m^2 的办公用房。

不同线路班车发车时，按照行车计划驶入事先划分好的相应发车位，车辆开门待客期间由站台志愿者负责维持秩序，驾驶员到现场调度处签注路单后上车待命，听从调度指令准点发车。削尖车、机动车停放在屯车场内，随时听候调度命令。

在同一地点多车同时发车时，班车需顺序行驶出站：自东向西 3 条发车站道的车辆从东北门出站、其余 5 条发车站道的车辆从西北门出站；班车返回时，免检进入 IBC/MPC 门前的落客区，原则上停车位置应尽量靠东，部分客人下车后班车到 8 条发车站道的最南端以及班车站东、西两侧道路的最南端二次落客，以方便换乘的客人转乘其他班车，客人全部下车后车辆再次驶入发车站或屯车区。

在运行时，IBC/MPC 班车站南门为进站口，西北、东北两门为出站口；8 条发车站道和西侧道路内只允许车辆由南向北行驶，东侧道路为调车通道，可供车辆由北向南穿行，从而使班车站内形成场站内循环流线，供调车、屯车时使用。班车站内所有车辆行驶时限速 5km/h，乘客站台为班车禁行区，严禁班车穿越站台行驶。同时，班车不得在人行步道上顺向行驶，以确保客人在班车站内步行时的人身安全。与此同时，驾驶员和志愿者在班车站内也要按照人员流线步行，不得在车辆间穿行，以保障自身安全，同时也可起到模范带头作用。

（8）北辰绿色家园媒体村的交通运行。

奥运会赛时，有 6000 多名媒体人员入住北辰绿色家园媒体村，该媒体村是最大的媒体驻地。从此处出发的班车主要是往返 IBC/MPC，另有往返顺义水上公园和昌平铁人三项赛场的班车以及 DDS 专线 8 条。

由于媒体村的楼座分布狭长，因此特别使用电动车开通了村内循环班车，以便入住的媒体人员出行。在媒体村开通期间，针对媒体村人数多、活动频繁的特点，团队及时调整了班车发车间隔，由最初的 1.5min 发 1 班车调整至每分钟发两班车，满足了媒体人员的出行需求。同时，在媒体村北部安排了屯车场和调度工作用房，用 30 名调度工作人员将屯车场和发车站串连起来，及时沟通，以确保车辆在高峰时的正常发出。

4.3.6.3　赛时运行小结

奥运会期间，媒体团队共运行大客车 881 辆，自 2008 年 7 月 7 日 ~ 8 月 29 日，实际运行 54 天，累计运行 111637 车次，运送 706382 人次，行驶里程达 286.7 万 km。残奥会期间，媒体团队共运行大客车 257 辆（其中，大容量无障碍大客车 6 辆，无障碍公交车 211 辆），自 2008 年 8 月 30 日 ~ 9 月 20 日，实际运行 22 天，累计运行 13956 车次（其中无障碍车辆运行 11203 车次），运送 71489 人次（含轮椅客人 28 人次），行驶里程达 29.2 万 km。

因媒体这一客户群的职业性质，其在赛时几乎要前往所有的竞赛及非竞赛场馆进行采访、报道。相比其他客户群，他们具有鲜明且复杂多样的交通出行特点。

（1）由于媒体工作持续时间长、强度高且讲求时效，媒体交通服务系统需要尽量简单易行。

（2）由于媒体来自世界各地不同时区，根据各自转播和截稿时间的要求采用 24h 换班制，所以昼夜均有出行需求，且出行机动灵活。

（3）电视转播人员一般会固定于某一个或几个竞赛场馆工作，而文字 / 摄影记者则会辗转于多个竞赛、非竞赛场馆进行采访，出行特点不一。

（4）转播商通常需要提前 2 ~ 3h 抵达场馆，文字 / 摄影媒体则一般提前 0.5 ~ 1h 前往，抵达时间不一。

4.3.7 收费卡/赞助商交通服务运行

根据国际奥委会的规定和惯例，北京奥组委除了向参加奥运会和残奥会的各类注册客户群提供以上所述的各种形式的免费车辆服务外，还需向客户群提供收费卡项目的小客车（以下简称收费卡车辆）服务、向赞助商及其邀请的客人提供收费的大客车租赁（以下简称赞助商大客车）服务。为做好赞助商和收费卡车辆租赁的预订、提取、运行及保障服务，专门成立了赞助商及收费卡交通服务团队。

按照惯例，收费卡车辆和赞助商大客车预订情况需要在奥运会、残奥会开幕前几个月确定下来，以便奥组委统计信息、筹集车辆资源。本届赛事收费卡车辆的预订开始于 2007 年 7 月 1 日，至 2008 年 1 月 15 日截止，共收到各客户群奥运会预订需求 1531 辆，残奥会预订需求 94 辆；赞助商大客车的预订开始于 2007 年 9 月 1 日，至 2007 年 12 月 31 日截止，共收到各赞助商奥运会预订需求 1054 辆，残奥会预订需求 16 辆。

虽然赞助商大客车交通服务与收费卡车辆交通服务同属于一个团队负责管理，但两者在运行时各阶段的服务特点有所不同，因此下面将对赞助商大客车和收费卡车辆在赛事期间的运行分别进行介绍。

4.3.7.1　赞助商大客车交通运行

团队负责赞助商大客车交通运行部分的管理层共设置主任 1 名、副主任 1 名和工作人员 6 名。其主要职责是：负责制订和实施整体的交通服务运行计划、方案，协调相关部门、合同商、赞助商，掌握交通服务运行情况，做好管理工作。

执行具体交通服务任务的合同商的职责包括向团队提供审检合格驾驶员明细表、审检合格大客车明细表（含备班、替换车辆）、大客车与驾驶员配备明细表（含备班、替换驾驶员）、夜间具体停车位置和数量分配（需选择正规停车场或本企业停车场）；同时，合同商需向北京奥组委交通部提交关于大客车维修、保养、夜间停车、救援、车辆替换等工作的承诺书。

赞助商大客车交通服务流程如下所述。

（1）2007 年 9 月 1 日 ~ 2007 年 12 月 31 日，本届赛事的赞助商依照《赞助商客车租赁指南》，填写《赞助商客车租赁预订单》提交给北京奥组委，提交后经确认的《赞助商客车租赁预订单》被视为最终订单，团队在筹集车辆、提供交通服务的过程中将以其中内容为服务标准。

（2）收集《赞助商客车租赁预订单》完毕后，团队对赞助商预订的用车信息进行整合汇总，根据所需的车型、车数情况将各赞助商的租赁业务分配到经过精心选择的北京知名客运企业（以下简称合同企业或合同商）。本届奥运会期间，共由首汽集团、北汽集团、巴士公司、新月公司、银建公司等 7 家合同企业为 53 家赞助商提供了总计 1054 辆的大客车租赁服务，其中 10 ~ 15 座的车辆和 30 ~ 45 座的车辆各 200 余辆，45 座以上的车辆近 600 辆，并备有 10% 的备用替换车辆。按要求，所有车辆均为 2005 年以后投入使用的，且租赁期开始前的行驶里程数不得超过 10 万 km，以此保证在赛时交通服务期间车辆外观的整洁和性能的安全可靠。同时，合同企业负责根据提供车辆的情况配备相应数量的驾驶员及备班驾驶员，要求驾驶员必须为年龄不超过 60 周岁的北京市居民，且应具有良好的驾驶记录并通过安保背景审查。驾驶员在服务期间所对应的赞助商是相对固定的，如果由于某些原因其不能服务于整个租赁期，则由备班驾驶员接替其工作。

（3）确认合同商提供的车辆车型、车数与赞助商预订情况匹配后，奥组委组织赞助商与合同商在确定的价格范围内进行商务谈判，双方意向确定后，奥组委与合同商与赞助商依据《赞助商租赁车辆企业标志装饰规范》等文件签订具有法律效力的《赞助商客车租赁合同》（以下简称《合同》），该合同中包括大客车租赁的细节、付款进度以及其他与大客车租赁有关的条款。大客车租赁服务以三种不同服务时长的标准套餐形式供赞助商自行选择，赞助商在签署《合同》当日，需支付全部合同款项的50%，其余款项在服务进程中按《合同》中的相关条款支付。所有款项均以人民币计价，支付到北京奥组委指定的账户，在中国境外付款的赞助商需按汇款当日中国银行网站公布的现汇买入价，将人民币价款折算为相应外币后支付。

（4）签订《合同》后至2008年3月底这一阶段，团队协调赞助商与合同商就客车租赁运行过程中的具体实施予以商谈，包括提供车辆的查看、组织驾驶员对运行路线的勘察等。尤为重要的是，合同企业需要在团队的协助和监督下为其服务的每家赞助商安排一名固定的联络人和一名语言支持人员，以配合赞助商接待团队的工作，在交通服务期间随时掌握租赁大客车、驾驶员运行情况和赞助商的需求，出现问题时应及时上报解决。与此同时，各赞助商企业和赞助商接待团队也需各确定一名固定联络人。将以上各方固定联络员的个人信息与联系方式上报团队备案，在交通运行期间使他们与团队管理人员形成一个通信网络，以方便各种交通服务信息的准确、及时传递。赞助商如需对所租赁车辆进行企业标志的装饰，应依照《赞助商租赁车辆企业标志装饰规范》在2008年6月30日前确认装饰方案，上报奥组委审核并取得许可后方可进行，合同期结束后依照《车辆企业标志装饰意向书》相关条款恢复车辆初始状态。

（5）赞助商大客车在奥运会期间的服务时间为2008年7月1日～8月31日，在残奥会期间的服务时间为2008年9月1日～9月28日。每辆赞助商大客车均配发车辆证件，凭此证件车辆可以通行于奥林匹克专用车道及在场馆外围赞助商专用停车区域停车或上下车。驾驶员每天按照前一天合同商下达的路单行驶，提前20min驾驶大客车到达赞助商指定的用车起点，在工作时需穿着赞助商提供的服装或所属合同企业的统一服装。如赞助商临时变更出行需求，驾驶员需立即上报合同商并在路单上做好记录。赞助商每日用车发生超时、超公里运行时，驾驶员应在路单相应位置上填写数额后由赞助商签字确认，以作为日后结算租赁费用的依据。如果赞助商在赛时要改变整个大客车租赁套餐的内容，需提前3天向奥组委提交变更告知信函，并与合同商达成书面协议后交由合同商安排相关事宜。赞助商大客车到达竞赛场馆、非竞赛场馆后的接待工作纳入各竞赛场馆、非竞赛场馆交通团队的相关运行计划。

4.3.7.2　收费卡车辆交通服务运行

该团队负责收费卡车辆交通运行部分，在奥运会期间，以石景山交通场站为工作基地，停车场设置有停车泊位1200个。奥运会赛时，收费卡车辆的提取和归还均发生在石景山交通场站。

团队中设管理办公室，由 1 名主任、2 名副主任组成，协调办公室由 1 名副主任、1 名调度、1 名调度助理组成。

赛时收费卡车辆客户来自于 5 个客户群：IOC（IPC）、NOC（NPC）、IF（IPSF）、媒体和赞助商。客户在奥运会前的 2007 年 7 月 1 日 ~ 2008 年 1 月 15 日，依照收费卡车辆租赁指南预订用车型号和数量，信息收集和整理工作由北京奥组委完成，在随后几个月的时间里，由赞助商和收费卡交通服务团队对收费卡客户用车信息进行汇总，根据实际情况制订出车辆分配方案后，向供车企业发出车辆分配任务书。

大众汽车公司是北京奥运会、残奥会小客车赞助商，因此收费卡车辆（均为小客车）只提供大众或奥迪品牌车辆。由于收费卡车辆在预订过程中一直有所变动，直到2008年6月中旬分配方案才基本确定，奥运会赛时预订收费卡车辆共计1531辆，其中 836 辆由大众公司提供，另有 695 辆由北京市 15 家汽车租赁企业提供。2008 年 6 月下旬，团队完成了供车企业提供车辆与收费卡客户需求车辆的对接，经过对赛时相关数据信息的研究和预测，明确了车辆发放以及回收的高、低峰期，并以此为依据制订了详细的发放、回收车辆工作计划。

收费卡车辆提取、归还流程如下：

（1）根据赛前所收集的收费卡车辆预订信息所发出的《收车、发车通知单》，各收、发车小组接受协调办公室调度，并按照内容要求，将相应车辆停到场站指定停车位，检查车辆技术状况为一级标准，所有车辆证件、设备完全有效，使车辆处于待租状态。

（2）客户按照预订情况前往服务台提车时，服务台需审验客户的提车文件并相应存档保存，包括：《注册机构授权书》原件（留存服务台）、奥组委开具的《临时电子发票》、中华人民共和国机动车驾驶证（原件）或临时机动车驾驶许可证（原件）和客户本人身份证明（以上两项复印后留存服务台）。审验通过上述文件后，核准客户文件中的准驾车型与租用车型相符、车数相符，全部审验工作通过后，将客户提车信息打印成《派车单》交予客户，同时交予客户的还有《车辆交接单》。服务台也可根据已掌握信息将《派车单》提前打印出来，审验完毕后直接交予客户，以在高峰期尽量节省客户等待的时间。

（3）客户按照《派车单》上注明的窗口号办理提车手续，提车手续办理完毕后，由工作人员带领其前往停车场验车提车，客户与对应收、发车小组工作人员双方在《车辆交接单》上确认后各持一份留存，收、发车小组按《派车单》上的客户名称、车型、车数如实发放车辆。如客户需要增加保险保额、保险项目，再次由工作人员引导其到保险业务室办理相关手续。

（4）租赁期满后，各收、发车小组接受协调办公室发出的《收、发车通知单》，按照客户具体还车时间收回车辆，客户在归还车辆时向收、发车小组提交《车辆交接单》，工作人员依照其中内容对客户所租用车辆情况及随车工具和车辆证件等物品进行逐项检验，检验完毕后双方签字确认，客户将《车辆交接单》交由服务台核准，服务台核实情况后发还客户《注册机构授权书》原件。经检验产生问题的车辆，必须在《车辆交接单》上注明情况，产生费用的车辆要在《其他费用单》上写明发生损失的具体情况和所需要的费用。

在整个收费卡车辆赛时服务阶段，实际共发车 1500 辆，其中 2008 年 7 月 25 日单日提车数量达到了 843 辆，7 月 28 日 ~ 8 月 4 日各国代表团抵京高峰时段内日均提车数量也很高。为应对高峰日的发车需求，团队将每天 10h 的正常发车服务时间调整为 24h 发车服务。

2008 年 8 月 21 日收费卡车辆收车工作开始时，团队借鉴收费卡车辆发车过程中的经验，有针对性地制订了收车高峰日服务方案，主要包括：团队工作人员和志愿者全部到岗，提前做好各项收车准备工作；增加回收车辆通道，以保障通道畅通；安排供车企业的车辆移动人员到达现场，经检验无问题的属于供车企业的车辆，在企业接车授权人办理完毕车辆交接手续后，由车辆移动人员将车直接开回本企业等。经过团队此番准备工作，在 2008 年 8 月 25 日当天收车达 1023 辆、8 月 26 日 ~ 8 月 28 日期间日均收车超过百辆。

4.3.8 抵离交通服务运行

抵离交通服务是指在奥运会和残奥会期间，为各类注册客户及其客户所携带的行李提供的接、送机交通服务。抵离交通服务任务是由隶属于首都机场场馆团队的首都机场交通团队、直属于赛事交通服务分中心的抵离交通服务团队和各相应客户群交通服务团队三方共同配合完成的。

奥运会和残奥会整体抵离交通服务时间自 2008 年 7 月 7 日 ~ 2008 年 9 月 22 日，历时 78 天，期间提供接、送机交通服务总计近 9 万车次。其中，奥运会抵达交通服务从 2008 年 7 月 7 日媒体班车开始运行起，根据抵达交通服务的密集程度分为三个运行时段，即前期抵达服务期（7 月 7 日 ~ 7 月 24 日）、抵达高峰服务期（7 月 25 日 ~ 8 月 8 日）及赛时抵达服务期（8 月 9 日 ~ 8 月 24 日）；奥运会送离服务期为 2008 年 8 月 9 日 ~ 8 月 27 日，其中送离高峰服务发生于 8 月 25 日 ~ 8 月 27 日。残奥会抵达交通服务从2008年8月27日媒体班车运行起始，抵达服务高峰期自8月28日～9月4日；送离交通服务为9月18日～9月22日。

抵离交通服务在运行时对各方信息衔接和行动交接上的要求极高。抵离交通服务运行时，除行李车队服务车辆由抵离交通团队提供外，接、送客户群的车辆均由各相应客户群交通服务团队提供。北京奥运会赛事期间共配备了80辆封闭式货车专门提供行李运输服务，其中载质量3t的厢式货车70辆、载质量8t的厢式货车10辆，整体服务时间为2008年7月20日～9月20日。在提供抵离交通服务时，客户抵离信息的确认和车辆及工作人员的调度、管理工作等具体工作需由抵离交通团队、机场交通团队、客户群交通服务团队协同完成。

4.3.8.1　团队结构及人员配备

在赛时提供抵离交通服务期间，首都机场交通团队虽然在行政上隶属于首都机场场馆团队，但在业务上与抵离交通团队、各客户群交通团队一起接受赛事交通服务分中心的指挥和领导。各客户群交通团队的情况已在前文中介绍，以下将对抵离交通团队、机场交通团队的人员构成及其职责情况进行说明。

抵离交通团队是抵离交通服务组织管理的中心，其主要负责与机场交通团队和各客户群交通服务团队密切合作，收集、分析客户信息后制订严谨的抵离交通服务运行计划，并在赛时负责向各客户群交通服务团队提供抵离信息，在首都机场组织、调度各客户群交通服务团队派到机场接送客人的车辆和工作人员，同时担负相关客户群行李物品及随身运动器械的运输。

团队下设6个调度组（信息组、大家庭车辆调度组、运动员车辆调度组、媒体班车调度组、技术官员车辆调度组、包机组）和行李车队。

其中，行李车队由80辆封闭式行李货车和400余名交通服务人员组成，抵离交通团队直接对其进行管理，服务范围涉及首都机场各航站楼、奥运村（残奥村）、媒体村及各竞赛场馆等，服务对象为奥林匹克大家庭成员、残奥大家庭成员、国际贵宾等客户群。在赛时实际运行阶段，行李车队的服务范围甚至超越了抵离服务范围，为自行车、水上等比赛项目提供了从奥运村至相关竞赛场馆的专业、安全的器械运输服务，获得了各参赛代表团和运动员的好评。

信息组负责接收奥组委抵离中心提供的注册人员到达（离开）航班信息及目的地信息，并负责将信息提供给各相关交通服务团队和内设的各调度组。

大家庭车辆调度组等5个调度组分别负责与相关客户群交通团队进行业务协调，指挥调度相关客户群交通团队按照抵离服务要求派遣车辆。

抵离交通团队的工作人员由奥组委工作人员、志愿者及合同商组成，奥运会时共计 803 人。团队设置有主任岗、信息岗、调度岗、驾驶员及行李员 5 类工作岗位，在奥运会赛时共设有团队主任 1 名，调度管理、场站管理、志愿者管理、行李车队管理副主任各 1 名、信息组主管 1 名、行李车队调度 2 名、交通调度 18 名和行李车现场调度 11 名，各岗位工作人员与志愿者、合同商一起各司其职，负责组织、落实、监督、协调、上报各项抵离交通服务相关工作和情况。

机场交通服务团队配合抵离交通团队的工作，完成机场范围内的交通接待任务，其主要职责为根据各客户群接待计划，为到达机场的各客户群提供交通运行保障服务，负责机场现场的交通组织管理、接待服务和通行控制。具体包括机场交通规划、流线设计、航站楼内的引导标识和航站楼外指示标牌的设置，以及在各航站楼前进行交通引导、咨询、车辆调派、秩序维护、组织客人上下车、特殊情况处理和团队人员的日常管理等工作。

4.3.8.2 赛时运行组织及赛时运行小结

抵离交通运行组织大体可以分为两个步骤：抵离信息的收集和车辆的调派，其中车辆调派又可分为客运车辆调派和行李车辆调派。

抵离信息主要由抵离交通团队负责收集和传达，具体流程为：

① 抵离交通团队每日 17:00 左右通过奥组委抵离信息系统收集整理次日的客户群抵离信息，与机场交通团队核实次日航班信息后将经过分类统计的信息发布给各相关客户群交通服务团队。

② 各客户群交通团队根据其客户群抵离信息制订车辆服务计划，并于每日 20:00 前将次日提供抵离交通服务的车辆和工作人员信息报送抵离交通团队，同时向总调度室备案，在此过程中如遇紧急情况需请示总调度室协调。

③ 再由抵离交通团队负责将相应信息提供给机场交通团队，以便其安排次日工作，如在抵离交通服务当天发生航班变更、抵离客户无预订信息等情况，机场交通团队现场调度负责及时与抵离交通团队协调解决，安排车辆。

④ 根据抵离信息，客运车辆由各客户群交通服务团队按运行计划派往机场。提供抵达交通服务的车辆和工作人员需在航班抵港前半小时到首都机场交通场站报道，车辆在进入机场交通场站时将接受安保检查，同时由机场交通团队工作人员根据抵离交通团队前一日提供的信息对其进行信息核对，检查工作完毕后车辆听从机场交通团队调度指挥，将车停放在场站相应位置等候任务，服务车辆一经进入机场交通场站，将接受抵离交通团队的管理调度。

⑤ 客户群抵达机场后，机场交通团队现场调度及时从机场场馆团队获取客户状态信息，根据客流情况随时通报抵离交通团队从交通场站调度相关车辆到上下车区等候，客户办理完出入境等相关手续后经工作人员和机场标识指引到达上下车区，机场交通团队现场调度根据“到点即发、人满即发”的原则发车。

⑥ 当上、下车区车辆不足时，抵离交通团队调度可灵活调派场站内备用车辆进行补充，或立即与相关客户群交通团队沟通增派车辆。而当乘客较少、运力过剩时，则可灵活采用在几个航站楼间串线服务的方式。在客户离开时，交通服务运行流程与客户抵达时类似，运行流线相反。

行李车由抵离交通团队直接管理，统一停放在机场交通场站，根据抵离信息及抵离交通团队站前调度指令随时前往各航站楼前提供服务。运行期间，行李车队在各航站楼前及奥运村欢迎中心、班车站等重要服务区域设有 24h 值守的行李车调度，负责依据抵离交通团队提供的客户抵离信息及机场交通团队提供的航班到达信息与机场交通团队和各客户群交通服务团队调度进行信息对接，随机应变地对行李车辆进行现场调度;行李车的交通运行流程基本随同客运车辆,在发车前往目的地的同时，由行李车站前调度向目的地行李车调度通报行李车运行情况，以便目的地调度做好行李接收准备工作。在客户离开时，为缓解机场运行压力，同时减轻客户行李负担，所有行李可在客户驻地办理托运手续，称为值机柜台前移；行李装车完毕后，由值机柜台工作人员对行李车进行确认铅封，行李车到达机场指定停车区域后由客户群代表指定人员与机场交通团队的行李员进行交接，直接将行李装机。

在整个交通运行过程中，为抵离交通提供服务的各方交通团队通过奥组委抵离信息系统及 GPS 设备等交通服务系统对车辆的运行状态进行实时监控，为车辆的调度和管理工作提供参考。各方交通团队的调度人员之间主要通过无线对讲机进行沟通，而对于运力的临时增减、行车计划的变更以及突发情况的上报与处理等较重要的变动需要的通过电话及传真进行确认。

（1）国际奥委会、国际单项体育联合会等抵离交通服务。

抵达交通服务运行期间在首都国际机场的 1、2、3 号航站楼站前设置有 T1/T2、T3 上下车区，为国际奥委会、国际单项体育联合会等成员提供即时的 T3 交通服务，即此类客户的抵达交通服务均使用合乘车来完成。一般身份的客户在志愿者的协助下可自行前往上下车区乘车；级别高的客户由礼宾引导至贵宾休息室等待行李，在贵宾休息室门前的上下车区直接乘车。

注册类别为 T1/T2 的客户离京送机的交通服务由 T1/T2 交通团队的全部由专业

人员特别组成的送机专项工作小组承担，该小组共从各车队协调车辆 75 辆，并在自 2008 年 8 月 25 日 0:00 起至 8 月 27 日 24:00 奥运会离京高峰期间，全体成员 24h 保持工作状态，全力以赴地为服务对象提供 T1/T2 专车专人交通服务，累计运送客人 290 余人次。

注册类别为 T3 的客户在 2008 年 8 月 8 日 ~ 9 月 1 日离京时由 T3 交通团队提供预定小客车交通服务，在 8 月 25 日 ~ 8 月 27 日奥运会离京高峰期内还可享受每日 5:00 ~ 20:00 提供的每小时一班的由驻地开往机场的大客车专线班车服务。

（2）国际贵宾抵离交通服务。

国际贵宾赛时的交通服务由北京奥运国际贵宾接待中心统一组织，此客户群由专机楼和公务机楼抵达首都国际机场，由 T1/T2 团队的专车、T3 团队的小客车服从国际贵宾接待中心的指挥调度提供抵离交通服务。

（3）NOC/NPC 抵离交通服务。

代表团抵离交通服务的时间范围为 2008 年 7 月 7 日 ~ 9 月 20 日，服务时间为全天 24h。各 NOC/NPC 成员可乘坐小客车或租用的收费卡车辆抵离机场。首都国际机场在各个航站楼停车场根据代表团规模为每个 NOC/NPC 都配用一定数量的固定停车位，以方便车辆的停放。其中 1 号航站楼停车场共设停车位 20 个，2 号航站楼停车场共设停车位 40 个，3 号航站楼停车场共设停车位 100 个。NOC/NPC 客户群抵达后由志愿者引导至在 1、2、3 号航站楼站前设置的 NOC/NPC 车辆上下车区，乘车前需出示预注册卡或其他有效证件，经核实后方可上车。各 NOC/NPC 负责人确认所有人员和行李均已抵达后告知现场调度，驾驶员接收调度指挥发车。

（4）运动员及随队官员抵离交通服务。

运动员及随队官员抵达交通服务由运动员交通团队抵离班车线路（首都机场至运动员村）负责，奥运会期间其运行时间为 2008 年 7 月 27 日 ~ 8 月 27 日，残奥会期间运行时间为 2008 年 8 月 28 日 ~ 9 月 20 日。

当客户群抵达机场时，为乘坐包机到达的运动员及随队官员提供即时班车服务，为零散到达的客户提供合乘班车服务，合乘班车在抵离高峰期间及 06:00 ~ 24:00 每半小时一班，0:00 ~ 06:00 及低峰期间每一小时一班，实行“到点即发、坐满即发”的运行原则。

运动员离京时，需要提前 48h 将信息提供给机场交通服务台，以安排送机车辆并制订相关运行计划，同时在运动员村内提供值机柜台前移服务。

在送机交通服务具体运行过程中，运动员及随队官员抵离信息的不准确给团队工作带来了较大困难，有时计划内车辆长时间等待却没有乘客，有时又突然出现大批计划外乘客需要送机交通服务。面对这些情况，团队工作人员及时调度车辆，尽量保证了客户准点离开。例如，残奥会期间，澳大利亚代表团有300余人同时离开，但之前并未进行预订，团队紧急调派了10余辆无障碍大客车按时完成了送机任务。

（5）技术官员抵离交通服务。

IF/IPSF奥运会抵离交通服务时间为2008年7月25日～8月27日，残奥会抵离交通服务时间为2008年8月28日～9月20日，其中8月3日～5日、9月3日～5日分别为奥运会、残奥会的抵达高峰期。抵离交通服务期间，由技术官员交通团队为客户及其随身行李提供首都国际机场与签约酒店之间的往返交通服务。

（6）媒体抵离交通服务。

媒体抵离班车在奥运会期间整体服务时间为2008年7月7日～8月29日。

7月7日～7月24日，先期开通5条24h运行的接机线路，提供从首都国际机场到指定媒体酒店的单向交通服务。

7月25日～8月8日是媒体客户群抵达的高峰期，在此期间共开通13条24h运行的接机线路，提供从机场到指定媒体酒店的单向服务。

8月9日～8月24日，开通往返于首都国际机场与IBC/MPC的24h运行的班车线路，提供双向抵离交通服务。

离京送机班车服务时间为8月25日～8月27日，运行路线与接机线路相同，班车将客户送抵机场后直接返回。以上所有抵离交通服务班车的发车间隔均为半小时或1小时。

（7）其他客户群抵离交通服务。

2008年7月7日～9月20日，为国际奥委会观察员提供往返于首都国际机场与驻地的班车。

2008年8月4日～8月5日，为奥林匹克青年营提供往返于首都国际机场与指定驻地的班车，并为赞助商客户落实机场上下车区及停车场事宜。

在整个奥运会交通服务期间，共有12架次赞助商包机抵达T3包机楼，其中NBC包机4架次，其他包机的注册客户身份比较复杂，大部分前往奥运村的客户由T3航站楼直接乘车出发，其他注册客户前往相应航站楼前的上下车区，非注册客户由机场地面服务公司负责安排。机场交通服务团队负责组织接待包机客户群的车辆，办理进入飞行区的各种手续和安检工作。

（来源：北京市公交集团）

5 场馆交通运行

北京作为奥运会的主办城市，共有竞赛场馆 31 处，非竞赛场馆 17 处，独立训练馆 45 处，签约饭店 119 家，按照国际奥委会《交通技术手册》的要求，将奥运会涉及的竞赛场馆、非竞赛场馆和独立训练馆及签约饭店统称为场馆，赛时需要为每个场馆制订详细的运行方案。

场馆交通运行是赛时场馆整体运行的重要组成部分。北京奥运会及残奥会场馆交通运行方案按照“遵守惯例、标准统一、尊重个性、安全第一、和谐运转和注重效益”的原则，结合奥运会及残奥会场馆交通通行政策制订。每个场馆的交通运行方案都经历了四个阶段，每个阶段的工作内容如下。

（1）各群体交通运行方案规划设计阶段。按照竞赛日程安排及场馆规模，讨论坐席分配方案，确定各群体的人数。结合各场馆的布局特点及出入口设置，与安保部门、场馆运行团队共同讨论确定场馆安保封闭区、场馆区和交通控制区“三区”方案，按照交通服务标准及场馆交通通行政策规划各群体上下车点、停车位置及进出场馆流线的初步方案。

（2）交通运行方案整合阶段。对规划设计阶段提出的各群体交通运行方案进行汇总整合研究，通过需求预测确定各群体抵离时间分布，以制订详细的运输组织方案，对于存在时间或空间冲突的不同群体的运行方案，通过北京奥运会交通工作协调小组的专题协调会协商，重新规划调整各群体的上下车点、停车位置及进出流线组织，同时提出设施新建（如临时公交场站）及改造（如路口进出口等）调整方案，并制订各种突发事件的应急预案。

（3）交通运行方案测试阶段。通过各项专门的演练测试及“好运北京”各项赛事的实战测试，检验各种交通运行方案的合理性及可行性，检测交通运行各级调度指挥系统的快速反应及内外联动配合等相关工作，同时与场馆安保运行方案、物资运输方案等各种保障方案磨合协调，找出存在的各种问题。

（4）交通运行方案调整完善阶段。针对方案测试阶段找出的各种问题（如安检口能力不足），通过完善调整运行方案逐一研究解决，同时完善调整各种应急预案。

按照总体分工，T1 ~ T4 群体的相关工作由北京奥组委交通部门负责，T5 群体的相关工作由北京市交通部门负责。

本章阐述的场馆交通运行的主要内容，全部以五棵松场馆群为例，详细介绍场馆交通通行政策、场馆交通团队构成及工作机制、各客户群交通服务运行、外围交通保障工作、场馆运行保障和意外突发事件应急预案等内容。

5.1 场馆交通通行政策

5.1.1 五棵松场馆群概况

五棵松场馆群是北京西部重要的奥运比赛区域，位于西四环路与长安街沿线交汇处，西临西四环路，南临复兴路，东临西翠路，北临新建的五棵松北路。五棵松场馆群占地面积约为 52 万 m^2，规划建筑面积约为 35 万 m^2，包括北京奥林匹克篮球馆、五棵松棒球场及公共活动区。北京奥林匹克篮球馆是北京奥运会篮球预赛和决赛赛场，五棵松棒球场是北京奥运会棒球比赛场地，公共活动区是北京奥运会五棵松场馆群的重要活动区。五棵松场馆群距奥运村 16.5km，距奥林匹克大家庭总部饭店 12km，距 IBC/MPC 16km，距首都国际机场 38km。

五棵松场馆群将举办奥运会篮球和棒球比赛，共有 53 个训练日（包括篮球与棒球项目）和 27 个比赛日（包括篮球与棒球项目），具体坐席分配见表 5-1 ~ 表 5-3。

表5-1 五棵松篮球馆坐席分配表

客户群类别	人数（峰值）	分配坐席数	备注
大家庭	620	620	
运动员	P500 F600	P500 F600	P：预赛，F：决赛
观察员	75	75	

客户群类别	人数（峰值）	分配坐席数	备注
BOB带桌	64	64	
文字带桌	300	300	
文字不带桌	300	300	
摄影席	246	246	
观众	12621	12621	
技术官员	50	占50 大家庭坐席	
摄影记者	100	100	
文字记者工作间	300	300	

表5-2　五棵松棒球（土场地）坐席分配表

客户群类别	人数（峰值）	分配坐席数
大家庭	170	170
运动员	224	224
观察员	70	70
BOB带桌	15	164
文字带桌	78	300
文字不带桌	105	105
摄影席	119	119
观众	10840	10840
技术官员	30	占30大家庭坐席
摄影记者	34	34
文字	150	150

表5-3　五棵松棒球（2号场地）坐席分配表

客户群类别	人数（峰值）	分配坐席数
大家庭	72	72
运动员	90	90
观察员	66	66
BOB带桌	8	96
文字带桌	40	168
文字不带桌	40	40
摄影席	86	86
观众	2319	2319
技术官员	12	占12大家庭坐席
摄影记者	86	无坐席
文字	150	150

五棵松场馆群交通组织流线图如图 5-1 所示，其周边交通设施分布图如图 5-2 所示。

图5-1　五棵松场馆群交通组织流线图

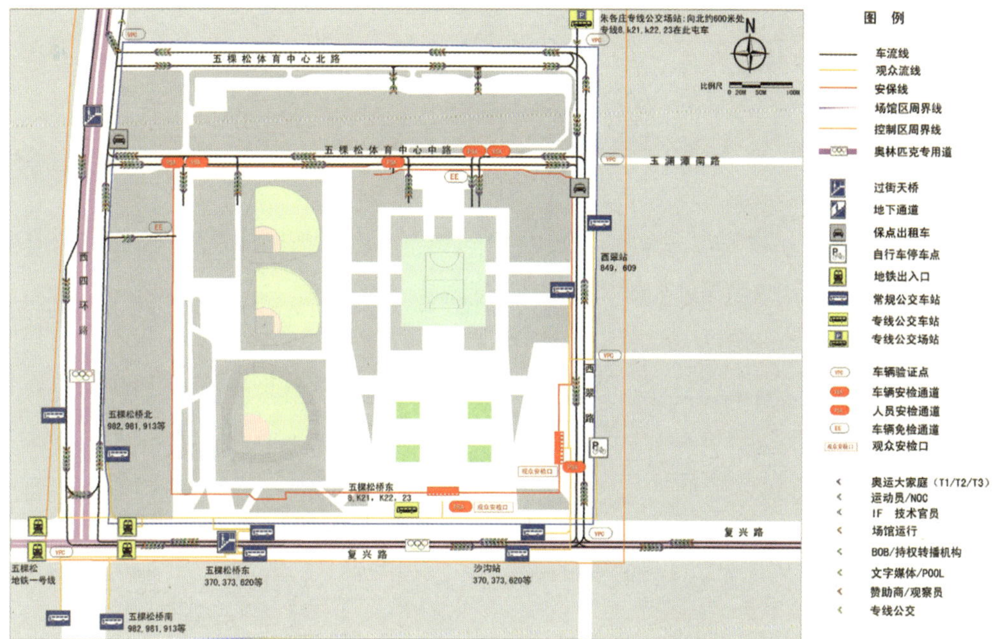

图5-2　五棵松场馆群周边交通设施分布图

5.1.2　“三区”划分及场馆通行政策

以五棵松场馆为例，按照国际奥委会《交通技术手册》的要求，将奥运会竞赛场馆由内向外划分为安保封闭区、场馆区和交通控制区（图 5-3），在不同区域实行不同的通行政策和交通管理措施。

5.1.2.1　安保封闭区

（1）区界范围。

为便于管理，安保封闭区一般以场馆围栏为界，也可作局部适当调整。北侧自五棵松场馆群中路西口向东，经五棵松场馆群中路南侧便道以南至西翠路五棵松场馆群中路东口。东侧自五棵松场馆群中路东口向南经西翠路西侧便道以西至五棵松场馆群南侧围栏东口。南侧自五棵松场馆群南侧围栏东口向西经南侧围栏至五棵松场馆群西侧围栏南口。西侧自五棵松场馆群西侧围栏南口向北经西侧围栏至五棵松场馆群中路西口。此一周区域内为安保封闭区。该区域以安保部门确定的安保封闭线为准。

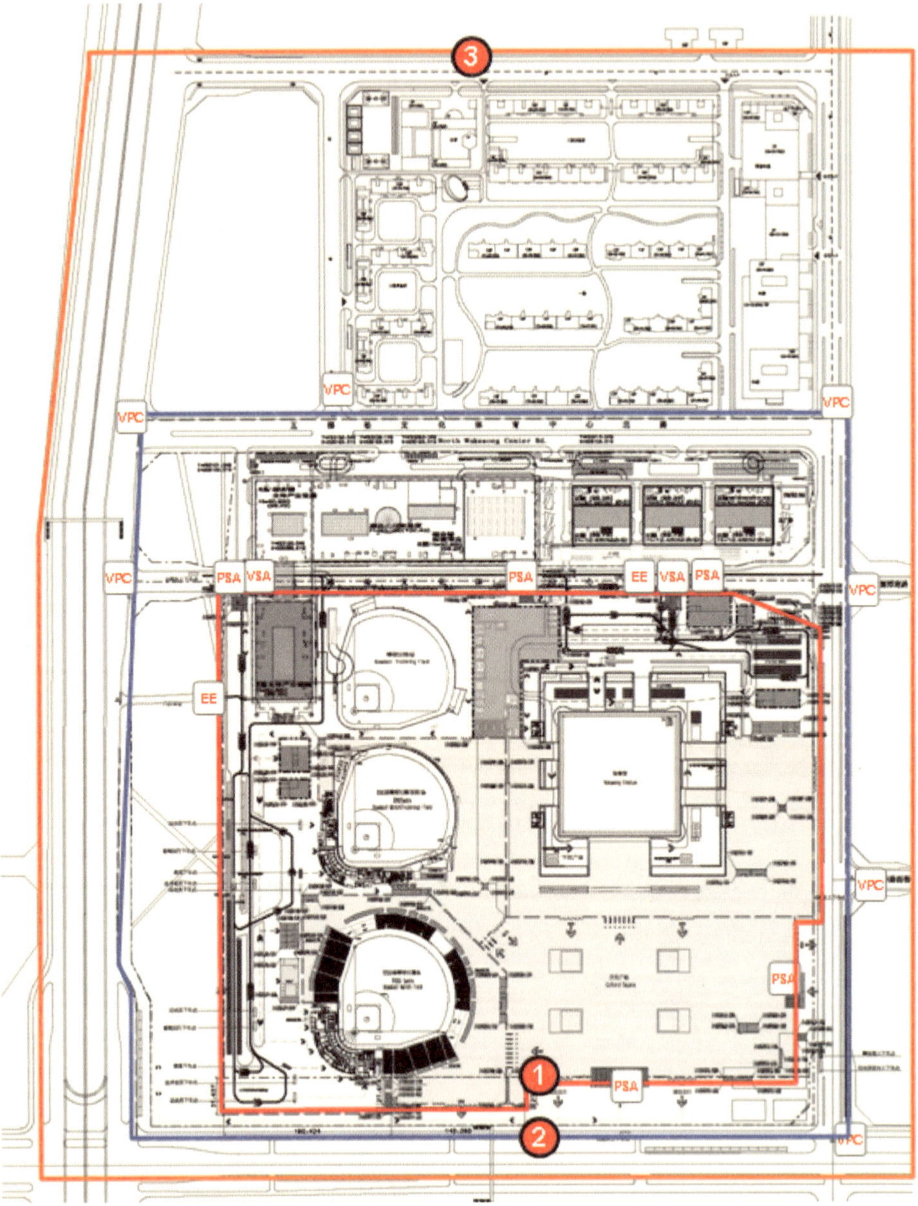

图5-3 五棵松场馆群交通区域划分及安检口、车辆验证点设置图

（2）通行政策。

比赛期间实施全封闭控制，进入安保封闭区的车辆、人员均需凭奥组委颁发的各种注册有效证件，从各自的安检口接受安全检查后进入。

5.1.2.2 场馆区

（1）区界范围。

北侧自西四环东侧辅路五棵松场馆群北路西口向东经五棵松场馆群北路（含）至西翠路五棵松场馆群北路东口。东侧自五棵松场馆群北路东口向南经西翠路（含）至复兴路沙沟路口。南侧自复兴路沙沟路口向西经复兴路北侧辅路至西四环五棵松桥下。西侧自西四环五棵松桥下向北经西四环东侧辅路至西四环东侧辅路五棵松场馆群北路西口。此区域内为场馆区。视情况分时、分段，对社会车辆采取交通管制、劝绕、分流措施。

（2）通行政策。

比赛期间，该区域实施交通管制，除公共汽车外，准许持有奥运会有效车辆证件的机动车和载有奥运会注册人员的出租汽车（在指定的位置落客，下完即走）在区域内通行。

5.1.2.3 交通控制区

（1）区界范围。

北侧自西四环路金沟河桥下向东经金沟河东路（含）至西翠路、金沟河东路东口。东侧自金沟河东路东口向南经西翠路（含）至复兴路沙沟路口。南侧自复兴路沙沟路口向西经复兴路（含）至西四环路五棵松桥下。西侧自西四环路五棵松桥下向北经西四环路主辅路（含）至西四环路金沟河桥下。此区域内为交通控制区。

（2）通行政策。

在区域内相关的主要路口实行交通疏导控制，适时分流社会车辆，确保交通畅通、秩序良好。

5.1.3 场馆安检口及车辆验证点设置

按照场馆“三区”设置方案，在场馆设置了两处车辆安检口，分别设在五棵松场馆群中路场馆西北门及五棵松场馆群中路东口场馆东北门安保封闭线上，所有进入安保封闭区的车辆均要经过这两处安检点进行安检。

车辆免检口共两处，设在五棵松场馆群西门及五棵松场馆群中路东口场馆东北门处，按奥组委车辆通行政策享受免检车辆，经过两处免检点进入安保封闭区。

人员安检口共5处，分别设在五棵松场馆群中路场馆西北门（为注册人员提供）、北门（为媒体人员提供）、东北门（为注册人员提供）、东南门（为持票观众和部分注册人员提供）、南门（为持票观众和部分注册人员提供），5处人员安检点共设24

台 X 光机、48 个安全门。

场馆区内共设验证点 8 处，分别是：五棵松文化体育中心中路西口、东口各 1 处，五棵松文化体育中心北路西口、西北口、东口各 1 处，西翠路、万寿路西街西口各 1 处，复兴路沙沟路口 1 处，按照奥组委车辆通行政策对前往场馆的车辆所持车辆证件进行查验，分别将持有不同通行和停放权限车证的车辆指引至不同的车辆进口和停车场地。

5.1.4 场馆停车场设置

遵循国际惯例，为了便于使用和管理，对奥运会各竞赛场馆的停车场采用了统一编号、统一设置和统一政策的原则，即同一客户群的车辆在不同竞赛场馆都停放在同一编号的停车场里面，或者同一群体的班车在同一编号的停靠区停靠（不进停车场）。北京奥运会共设置了 15 种编号的停车场和 4 种编号的停靠区，以五棵松场馆群为例，各种停车场和停靠区详细信息如表 5-4 所示。

表5-4 五棵松篮球馆各客户群停车场设置及车位分配表

客户名称	停车场代码	区域位置	停车位数量
要人及其护卫	P1	安保线内	20
国际单项体联（IF）	P2	安保线内	14
国家或地区奥委会（NOC）	P3	安保线内	25
文字/摄影媒体（篮球、棒球共用）	P4	安保线外	90
转播商（BOB/RHB和ENG）	P5	安保线外	20
T1/T2	P6	安保线内	60
场馆技术运行团队	P7	安保线内	30
场馆运行团队（篮球、棒球共用）	P8	安保线外	30
其他收费卡（篮球、棒球共用）	P9	安保线外	40
赞助商/青年营/观察员（篮球、棒球共用）	P10	安保线外	30
T3（篮球、棒球共用）	P11	安保线外	70

客户名称	停车场代码	区域位置	停车位数量
临时准入客户	P12	安保线内	10
包厢及非注册贵宾	P13	安保线外	—
赞助商超编人员	P14	安保线外	—
有组织观众	P15	安保线外	—
运动员及随队官员	TA	安保线内	4
观看本项目运动员及随队官员	(TA)	安保线外	6
国际/国家摄影队	POOL	安保线内	6
技术官员	TF	安保线内	6
注册媒体	TM/DDS	安保线内	4

5.1.5 场馆通行政策

5.1.5.1 通用政策

车辆通行与停车证件是用来约束车辆进入场馆周界和安保封闭区、场馆区及交通疏导区通行及停放权限的一种凭证。

持底色为红色车证的车辆，可以进入安保封闭区内，在指定停车场停车；持底色为绿色车证的车辆，可以进入场馆区内，在指定停车场停车；持底色为黄色车证的车辆，可以进入控制区内，在指定的区域通行或在指定的停车场停车。

按照先到先停的原则，在上述客户群停车场车位已满时，各客户群在指定上下车区落客，车辆停放在备用停车场，并由场馆交通服务团队进行管理。

5.1.5.2 单项通行政策

奥运车辆证件可划分为八个类别，即奥林匹克大家庭分配车辆（T 类）、媒体工作车辆（M 类）、收费卡车辆（R 类）、安全保卫车辆（S 类）、场馆工作保障车辆（V 类）、公路赛事车辆（Z 类）、场馆移入、移出期车辆（Y 类）、临时一日卡车辆（D 类），又可细分为 44 种。单项通行政策即规定每种不同车证在竞赛场馆“三区”范围内的通行和停车权限，详细通行政策可参阅 4.1。

5.1.5.3　公共交通车辆通行政策

公共交通是赛时观众、工作人员及志愿者的主要交通工具，分为地面常规公交、奥运专线公交、轨道交通。

（1）地面常规公交，可通行于竞赛场馆的场馆区，在各自的站点上下乘客，对于部分场馆的特殊活动（如开、闭幕式），可根据具体情况制订延时、甩站或停运方案，但需提前通过各种媒体告知市民。

（2）奥运专线公交，可通行于竞赛场馆的场馆区，在指定的站点上下乘客，车辆可停放在周边的专线公交停车场。

（3）轨道交通，除奥运支线外，均处在竞赛场馆的交通控制区内或交通控制区之外，可正常运营。对于部分场馆的特殊活动（如开、闭幕式），可根据具体情况制订延时、甩站或停运方案，但需提前通过各种媒体告知市民。对于奥运支线，由于处在奥运公园的安保封闭区内，入场乘客必须凭有效证件或门票在指定安检口经过安检后方能乘坐，散场乘客可按秩序乘坐。

5.1.5.4　出租汽车通行政策

对于场馆“保点”出租汽车，可凭有效车证“场馆外围 1（V-SPE）”通行于竞赛场馆场馆区，在安保封闭区外指定位置上下客和停车；对于载有持奥运会有效注册证件乘客的其他出租汽车，可通行于场馆区，在指定位置落客，下完即走，不能停车。对于其他出租汽车，只能通行于竞赛场馆交通控制区，根据道路条件落客或停车。

5.2　场馆交通团队构成及工作机制

5.2.1　人员构成及岗位设置

场馆交通团队的主要职责是为到达场馆的各客户群提供交通运行保障服务。五棵松场馆交通团队由奥组委付薪人员、交通民警、合同商、志愿者组成，按照 3 班配置，共由 366 人组成。其中包括：交通经理 1 名，现场指挥、交通服务副经理、交通服务协调副经理各 1 名，付薪人员（P2）4 人，交通民警（S）31 人，合同商（C）52 人，志愿者（V）263 人。

交通团队共设置 9 个工作岗位，见表 5-5。

表5-5　五棵松场馆交通团队岗位设置、岗位职责及人员配备表

序号	岗位名称	岗位职责	人员岗位及来源
1	交通经理	负责组织场馆交通运行规划和交通运行方案的制订； 在交通运行中心指挥中心的领导下，组织开展场馆交通服务与管理工作； 负责场馆交通团队工作人员的培训和管理工作； 对发生的突发事件及时报告，按权限及时果断处理； 落实和监督赛时交通工作任务的具体执行； 在场馆安保和服务副主任的领导下，协调场馆团队相关部门和场馆外围保障部门开展工作	1 (P2)
2	现场指挥	协助交通经理确保交通管理达到预定目标； 负责向交通经理汇报交通管理组织运行的状况，同时执行交通经理下达的指令； 负责交通指挥室日常管理和场馆交通管理运行指挥； 负责交通管理人员的管理； 向交通组织安全保障分中心汇报相关交通信息	1 (P2)
3	交通服务副经理	负责场馆交通服务运行设计； 组织制订交通服务实施方案； 负责培训和管理场馆交通服务团队工作人员及志愿者； 协调场馆团队相关部门，确保奥运会赛时交通服务各项工作任务在场馆的有效实施； 执行交通运行服务团队、场馆团队的指令，负责交通服务信息的汇总和上报； 负责场馆内各种交通服务设备、设施的配置与管理； 负责对场馆交通服务出现的紧急情况，在第一时间作出应急处理，并及时上报交通服务运行团队和场馆交通经理	1 (P2)
4	交通服务协调副经理	协助经理负责场馆观众及工作人员交通计划编制和交通组织工作； 负责场馆有组织观众和购票观众群体的公共交通协调工作； 负责向城市交通设施保障与运输服务分中心汇报相关交通信息	1 (P2)
5	交通管理	负责查验车辆证件，指挥疏导场馆内车辆有序行驶和停放	31（S）
6	交通调度	接受各客户群交通运行团队的指令，负责调度各客户群上下车区车辆	28（C）
7	交通管理助理	协助交通管理人员工作，并负责停车场的车辆排放	137（V）
8	交通服务助理	协助交通调度工作，并向客户群提供咨询和引导服务	126（V）
9	电瓶车驾驶员	负责按服务标准为服务对象提供交通运输服务	24（C）

同时，对交通管理、交通调度、交通管理助理、交通服务助理和电瓶车驾驶员等不同岗位的工作地点、岗位任务、联络机制、通信方式及单班人员安排等进行详细的安排。以交通调度岗位（C）设置为例，相关信息如表 5-6 所示。

表5-6　交通调度岗位设置详细信息表

岗位序号	工作地点	岗位任务	联络机制	通信方式	单班人数
1	交通调度值班室（服务经理兼）棒球	监督各类客户群车辆运行计划的实行情况；汇总当日交通信息，向交通服务运行团队、场馆团队汇报	接受场馆各业务口的临时需求，向相应交通运行团队汇报	电台、电话	1
2	T3上下车区（棒球）	统计T3客户群到体育场的车辆数量，根据客户需求及时调度车辆；向场馆交通服务经理汇报工作；车辆不足时，向T3交通服务运行团队提出需求，组织合乘	接受T3交通服务运行团队指令；向场馆交通服务经理汇报	手持无线集群电话1部	1
3	TA上下车区（棒球主场地）	负责与竞赛业务部门确认运动员、观赛运动员用车事宜；负责确认车辆到达、发车时间，并向调度室值班员汇报；根据客户需求及时调度车辆；向场馆交通服务经理汇报工作	接受交通服务团队所属车队指令；向场馆交通服务经理汇报	手持无线集群电话1部	1
4	TA上下车区（棒球2号场地）	负责与竞赛业务部门确认运动员、观赛运动员用车事宜；负责确认车辆到达、发车时间，并向调度室值班员汇报；根据客户需求及时调度车辆；向场馆交通服务经理汇报工作	接受交通服务团队所属车队指令；向场馆交通服务经理汇报	手持无线集群电话1部	1
5	媒体上下车区（棒球主场地）	负责与媒体业务部门确认媒体用车事宜；负责确认车辆到达、发车时间，并向调度室值班员汇报；根据客户需求及时调度车辆；向场馆交通服务经理汇报工作	接受交通服务团队所属车队指令；向场馆交通服务经理汇报	手持无线集群电话1部	1
6	媒体上下车区（棒球2号场地）	负责与媒体业务部门确认媒体用车事宜；负责确认车辆到达、发车时间，并向调度室值班员汇报；根据客户需求及时调度车辆；向场馆交通服务经理汇报工作	接受交通服务团队所属车队指令；向场馆交通服务经理汇报	手持无线集群电话1部	1
7	TF上下车区（棒球主场地）	负责与竞赛业务部门确认技术官员用车事宜；负责确认车辆到达、发车时间，并向调度室值班员汇报；根据客户需求及时调度车辆；向场馆交通服务经理汇报工作	接受交通服务团队所属车队指令；向场馆交通服务经理汇报	手持无线集群电话1部	1

岗位序号	工作地点	岗位任务	联络机制	通信方式	单班人数
8	TF上下车区（棒球2号场地）	负责与竞赛业务部门确认技术官员用车事宜；负责确认车辆到达、发车时间，并向调度室值班员汇报；根据客户需求及时调度车辆；向场馆交通服务经理汇报工作	接受交通服务团队所属车队指令；向场馆交通服务经理汇报	手持无线集群电话1部	1
9	交通调度值班室（篮球）	监督各类客户群车辆运行计划实行；汇总当日交通信息，向交通服务运行团队、场馆团队汇报	接受场馆各业务口临时需求，向相应交通运行团队汇报	电台、电话	1
10	T3上下车区（篮球）	统计T3客户群到体育场车辆数量，根据客户需求及时调度车辆；向场馆交通服务经理汇报工作；车辆不足时，向T3交通服务运行团队提出需求，组织合乘	接受T3交通服务运行团队指令；向场馆交通服务经理汇报	手持无线集群电话1部	1
11	TA上下车区（篮球）	负责与竞赛业务部门确认运动员、观赛运动员用车事宜；负责确认车辆到达、发车时间，并向调度室值班员汇报；根据客户需求及时调度车辆；向场馆交通服务经理汇报工作	接受交通服务团队所属车队指令；向场馆交通服务经理汇报	手持无线集群电话1部	1
12	媒体上下车区（篮球）	负责与媒体业务部门确认媒体用车事宜；负责确认车辆到达、发车时间，并向调度室值班员汇报；根据客户需求及时调度车辆；向场馆交通服务经理汇报工作	接受交通服务团队所属车队指令；向场馆交通服务经理汇报	手持无线集群电话1部	1
13	TF上下车区（篮球）	负责与竞赛业务部门确认技术官员用车事宜；负责确认车辆到达、发车时间，并向调度室值班员汇报；根据客户需求及时调度车辆；向场馆交通服务经理汇报工作	接受交通服务团队所属车队指令；向场馆交通服务经理汇报	手持无线集群电话1部	1
14	非本项目观赛运动员上下车区（篮球、棒球）	负责确认车辆到达、发车时间，并向调度室值班员汇报；根据客户需求及时调度车辆；向场馆交通服务经理汇报工作	接受交通服务团队所属车队指令；向场馆交通服务经理汇报	手持无线集群电话1部	1

5.2.2 组织联络机制

交通团队在场馆主任的领导下，接受安保副主任、服务副主任的直接领导，与竞赛、贵宾、媒体以及外围保障等团队保持密切联系，进行信息沟通，如图 5-4 所示。

在客户群交通服务业务上，向赛事交通服务分中心汇报工作并接受其业务指导和运行指令；在场馆交通管理上，向交通组织安全保障分中心汇报工作并接受其业务指导和指令；在观众和工作人员交通服务上，向城市交通设施保障与运输服务分中心汇报工作并接受其业务指导和指令。

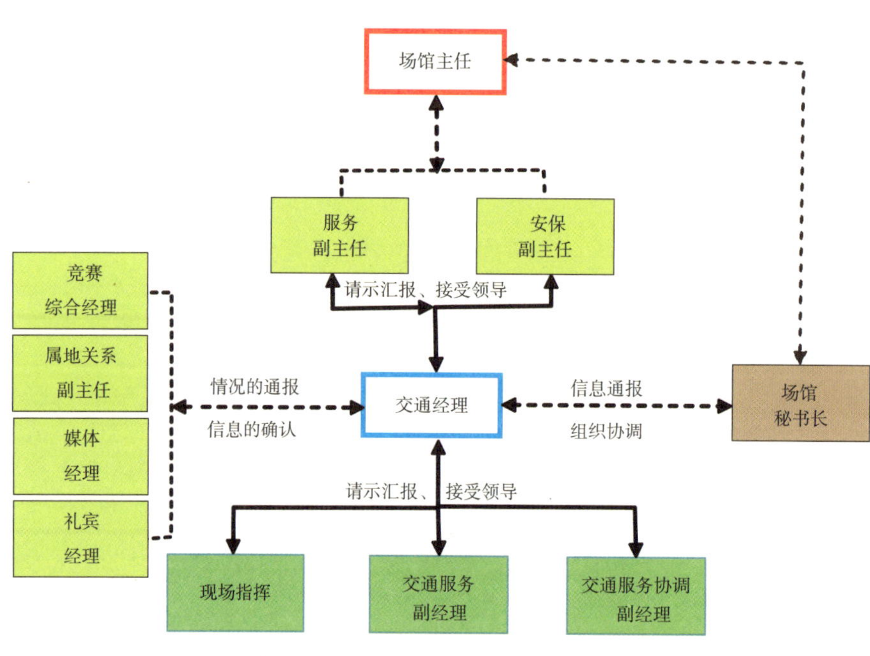

图5-4 场馆交通团队与场馆运行团队联络机制示意图

5.2.3 运行时间

场馆交通服务团队在篮球项目、棒球项目训练及正式比赛期间的相关人员提供交通运行服务。

场馆交通服务运行团队全部工作人员到达场馆时间安排如下。

（1）训练项目。训练项目开始前 60min 到达场馆，提前 15min 到达岗位，训练结束后 10min 撤岗。

（2）比赛项目。比赛开始前 4h 全体工作人员到达场馆。各客户群工作人员按各客户交通服务时间要求，提前 20min 到岗。撤岗时间按各客户群交通服务时间要求确定，全部工作人员于比赛结束后 3.5h 结束工作。

5.3 场馆各客户群交通运行

以五棵松场馆群中的篮球馆为例，对各客户群交通服务运行进行阐述。

5.3.1 奥林匹克大家庭客户群

5.3.1.1 持 T1 车证

车辆从复兴路经西翠路、五棵松文化体育中心中路，安检进入篮球馆东北门；沿下沉广场，在 T1 上下车区落客，客人进入奥林匹克大家庭休息室。车辆停放在 P6 停车场，驾驶员在车内或驾驶员休息室等候；如 P6 停车场车位已满，P6 停车场交通管理助理通知 T1 上下车区交通服务助理，驾驶员按照交通服务助理指引将车辆停放在综合停车场内 P6 停车场（地上）。客人离开场馆时，由奥林匹克大家庭助理与驾驶员联系，或与奥林匹克大家庭休息室交通咨询台联系，通知停车场交通管理助理或驾驶员休息室交通服务助理，驾驶员将车调至 T1 上下车区等候，客人乘车出场馆安保封闭区北门后经五棵松文化体育中心中路、西翠路离开。其中，T1、T2 上下车区和国际贵宾上下车区共用。

5.3.1.2 持 T2 车证

持 T2 车证（不含国际体育单项组织分配车辆）的车辆从复兴路经西翠路、五棵松文化体育中心中路，安检进入篮球馆东北门；沿下沉广场，在 T2 上下车区落客，客人进入奥林匹克大家庭休息室。车辆停放在 P6 停车场，驾驶员在车内或驾驶员休息室等候；如 P6 停车场车位已满，P6 停车场交通管理助理通知 T2 上下车区交通服务助理,驾驶员按照交通服务助理指引将车辆停放在综合停车场内 P6 停车场(地上)。客人离开场馆时，由奥林匹克大家庭助理与驾驶员联系，或与奥林匹克大家庭休息室交通咨询台联系，通知停车场交通管理助理或驾驶员休息室交通服务助理，驾驶员将车调至 T2 上下车区等候，客人乘车出场馆北门后经五棵松文化体育中心中路、西翠路离开。其中，T1、T2 上下车区和国际贵宾上下车区共用。

5.3.1.3 持 T3 车证

车辆由复兴路经西翠路、五棵松文化体育中心中路至篮球馆北门东侧 T3 上下车点落客（上下车点距安检口 57m），人员步行至安检口经安检进入场馆，换乘接驳车辆沿下沉广场至奥林匹克大家庭上下车点，车辆经五棵松文化体育中心中路、西四环东侧辅路、五棵松文化体育中心北路商业区地下 P11 停车场。客人离开时，车辆在篮球馆北门东侧 T3 上下车点等候，客人乘坐接驳车辆至接驳站，下车后步行出安保封闭线在 T3 上下车点上车，由五棵松文化体育中心中路，经西翠路、复兴路返回。

根据比赛场馆赛时奥林匹克大家庭成员坐席数量，场馆将在 P11 停车场每场比赛开始后屯放 5 部 T3 车辆，由交通服务副经理通过 T3 上下车区现场调度负责调配使用。交通服务副经理根据各比赛场次 T3 客户数量确定是否通过 T3 上下车区现场调度向 T3 交通服务团队申请增加或减少 T3 车辆。

具有 T1、T2 交通通行权限的客人离开场馆时，如需使用 T3 交通服务，通过 T1、T2 上下车区交通服务助理指引至 T3 上下车区乘坐车辆。

T3 在场馆交通服务时间截止到每日最后一场比赛结束后 3h。

5.3.2 国家（地区）奥委会代表团

5.3.2.1 持 TN 车证（含超编官员）

车辆由复兴路经西翠路、五棵松文化体育中心中路，由安检门安检进入五棵松文化体育中心篮球馆东北门，沿下沉广场在 NOC 上下车区落客。车辆在安保封闭线内 P3 停车场停放，驾驶员在车内或驾驶员休息室等候；如 P3 停车场车位已满，P3 停车场交通管理助理通知 NOC 上下车区交通服务助理，驾驶员按照交通服务助理的指引将车辆停放在安保封闭线外备用停车场。客户离开时，由 NOC 客户助理或客户直接联系驾驶员，或通过联系 NOC 上下车区交通服务助理，通知 P3 停车场或备用停车场交通管理助理，或通知驾驶员休息室交通服务助理，告知驾驶员将车辆开至 NOC 上下车区或在 P3 停车场等候，客人乘车出场馆北门后经五棵松文化体育中心中路、西翠路离开。

5.3.2.2 持收费卡（R-NOC）车证

车辆由复兴路、西翠路、五棵松文化体育中心中路，经安检进入五棵松文化体育中心篮球馆东北门，沿下沉广场在 NOC 上下车区落客。车辆出场馆北门停至安保封闭线外 P9 地下停车场。NOC 客户离开场馆时，由 NOC 客户直接联系驾驶员，或通过 NOC 上下车区交通服务助理通知 P9 地下停车场交通管理助理，告知驾驶员将车辆停放在 NOC 上下车区，客人乘车出场馆北门后经五棵松文化体育中心中路、西翠路离开。

5.3.3 运动员及随队官员

5.3.3.1 比赛运动员班车

持 TA 车证，车辆由西四环路五棵松桥下掉头，经西四环东侧辅路、五棵松文化体育中心中路由免检门免检进入五棵松篮球馆东北门，沿下沉广场，在篮球馆南侧运动员上下车点落客。训练期间，训练班车停放在 TA 停车场等候，驾驶员在车内或驾驶员休息室等候。运动员训练结束后，TA 上下车区现场调度通知驾驶员休息室交通服务助理，告知驾驶员返回停车场。比赛期间，比赛班车按班车时刻表运行。运动员班车在安保封闭线内 TA 停车场等候。运动员离开时，车辆沿下沉广场，出五棵松篮球馆北门，向西经五棵松文化体育中心中路、西四环东侧辅路、西四环路返回。

遇有兴奋剂检测、接受媒体采访等特殊需求时，不能乘坐最后一趟班车驶离的，将由交通服务副经理协调运动员班车团队安排车辆。

如班车未能按时抵达场馆，TA 上下车区现场调度需向运动员和随队官员交通服务运行团队所属相应车队联系沟通，并向场馆交通服务副经理汇报。如有特殊情况，场馆交通经理或交通服务副经理需立即向场馆服务副主任汇报。

5.3.3.2 观赛运动员班车

持 TA 车证的车辆由西四环路五棵松桥下掉头，经西四环东侧辅路、五棵松文化体育中心中路由免检门免检进入五棵松篮球馆东北门，沿下沉广场，在篮球馆南侧运动员上下车点落客。车辆在安保封闭线内篮球馆东侧 TA 停车场等候。运动员离开时，车辆沿下沉广场，出五棵松篮球馆北门，向西经五棵松文化体育中心中路、西四环东侧辅路、西四环路返回。

5.3.3.3 观看非本比赛项目运动员班车

持 TA1 车证的车辆在五棵松场馆群安保封闭线外东门上下车区落客，人员持票经观众安检口安检进入，车辆经复兴路、西四环东侧辅路、五棵松文化体育中心北路抵达 P10 停车场停放或驶离。观赛运动员离开前，班车在 TA1 上下车区等候，载客离开。遇有比赛提前结束，场馆交通服务副经理通知 TA1 上下车区现场调度，由 TA1 上下车区现场调度通知 P10 停车场交通管理助理，告知驾驶员将车辆调至 TA1 上下车区。

遇有比赛提前结束时，交通服务经理与上下车区调度联系，并联系 P10 停车场交通管理助理，确保车辆及时到达上下车区；观看非本比赛项目的运动员未能乘坐班车离开场馆时，TA1 上下车区交通服务助理协助指引公共交通乘车点位置。

5.3.4 国际单项体育组织

5.3.4.1 持 TF 车证

持 TF 车证的车辆由石景山路、经复兴路、五棵松桥下左转至西四环东侧辅路、五棵松文化体育中心中路，由安检门安检进入五棵松篮球馆东北门，沿下沉广场，在篮球馆东侧 TF 上下车区落客。车辆沿下沉广场，停在篮球馆东侧地上 TF 停车场，驾驶员在车内或驾驶员休息室休息。技术官员离开场馆时，到达 TF 上下车区等候上车，上下车区现场调度通知驾驶员休息室交通服务助理，告知驾驶员返回停车场。技术官员班车按班车时刻表准时发出，车辆沿下沉广场，出五棵松篮球馆北门，向西经五棵松文化体育中心中路、西四环东侧辅路，在金沟河桥下掉头、五棵松桥下右转，沿复兴路、石景山路返回。最后一趟班车由交通服务副经理通过竞赛主任确认场馆内无技术官员滞留后发车。

未能乘坐当日最后一趟班车的技术官员，在 TF 上下车区由 TF 上下车区服务助理协助指引公共交通乘车点。

如班车未能按时抵达场馆，TF 上下车区现场调度需向技术官员交通服务运行团队所属相应车队联系沟通，并向场馆交通服务副经理汇报。如有特殊情况，场馆交通经理或交通服务副经理需立即向场馆服务副主任汇报。

5.3.4.2 国际篮联分配的车辆

持 T2（IF）车证和 T2（TD）车证的车辆，从复兴路经西翠路、五棵松文化体育中心中路，安检进入篮球馆东北门，沿下沉广场，在贵宾上下车点区落客，车辆停放在 P2 车场，驾驶员在车内或驾驶员休息室等候；如 P2 停车场车位已满，P2 停车场交通管理助理通知 IF 上下车区现场调度，驾驶员按照 IF 上下车区现场调度指引将车辆停放在安保封闭线外备用停车场。客户离开场馆时，由 IF 上下车区现场调度通知 P2 停车场或备用停车场交通管理助理，或通知驾驶员休息室交通服务助理，告知驾驶员将车辆调至 IF 上下车区等候，客人乘车出场馆北门，向东经五棵松文化体育中心中路、西翠路、复兴路返回。

5.3.4.3 IF 收费卡车辆

持 TF 收费卡的车辆从复兴路经西翠路、五棵松文化体育中心中路，在东北门安检口附近落客，人员经安检口安检进入，车辆停放在 P9 停车场。客户离开场馆时，步行至 P9 停车场乘车，经西翠路、复兴路离开。

5.3.5 观察员、青年营、赞助商

5.3.5.1 观察员、青年营、赞助商车辆

持观察员（TOBS）车证、青年营（TOYC）车证、赞助商（TSPO）车证，车辆由西四环东侧辅路经五棵松文化体育中心中路、西翠路至五棵松场馆东门青年营 / 观察员 / 赞助商上下车区落客，人员持票经观众安检口安检进入，车辆落客后经复兴路、西四环东侧辅路、五棵松文化体育中心北路抵达 P10 停车场停放。人员离开时，在青年营 / 观察员 / 赞助商上下车区等候，载客离开。

进入后院的观察员车辆由西四环路东侧辅路经五棵松文化体育中心中路在篮球馆安检口附近观察员上下车区落客，人员经安检后步行前往各自区域，车辆落客后经西翠路、五棵松文化体育中心北路至 P10 停车场停放。离开时，在观察员上车区乘车，经五棵松文化体育中心中路、西四环路东侧辅路返回。

5.3.5.2 赞助商收费卡车辆

持五棵松文化体育中心场馆群赞助商收费卡（RC）的车辆在 P9 停车场落客并停车，持其他场馆赞助商收费卡（RC）的车辆在场馆东门外观众安检口附近青年营 / 观察员 / 赞助商上下车区落客后，车辆驶离。

5.3.6 媒体记者

5.3.6.1 持 TM 车证

持 TM 车证的车辆由西四环路五棵松桥下掉头，经西四环路东侧辅路，从西门免检通道免检进入五棵松棒球场，人员分别在主场地、2 号场地 TM 上下车区落客，车辆出场馆西北门，向东至篮球馆东北门，由免检门免检进入篮球馆，人员在 TM 上下车区落客，班车按班车时刻表运行。车辆在 TM 停车场停放。最后一趟班车经交通服务副经理通过媒体经理确认场馆内媒体运行中心无注册媒体滞留后发车。人员离开时，车辆在篮球 TM 上下车区等候，出场馆北门，经五棵松文化体育中心中路、西翠路、复兴路、西四环路东侧辅路，从西门免检通道免检进入五棵松棒球场，在主场地、2 号场地 TM 上下车区等候，车辆出场馆西北门，经五棵松文化体育中心中路、西四环路返回。

如班车未能按时抵达场馆，TM 上下车区现场调度需向媒体服务运行团队所属相应车队联系沟通，并向场馆交通服务副经理汇报。如有特殊情况，场馆交通经理或交通服务副经理需立即向场馆服务副主任汇报。

如有特殊情况，注册媒体不能乘坐最后一趟班车时，由交通服务副经理通过媒体经理统计留在场馆媒体运行中心人员，由交通服务副经理安排车辆离开。

5.3.6.2　持 M–PRS 车证

持 M–PRS 车证的车辆由西四环路东侧辅路、西翠路，经五棵松文化体育中心中路、五棵松文化体育中心北路至文字媒体安检口上下车点上下车，文字媒体自驾车辆在媒体 P4 停车场原地上下车后，步行或乘坐接驳车至文字媒体安检口，媒体人员安检后乘坐接驳车辆前往各自工作区域（每辆电瓶车可载客 15 人，场馆内发车频率不超过 5min，停车场下车点至安检口距离约为 180m）。客户离开时，步行或乘坐接驳车至 P4 停车场返回。

5.3.6.3　持 M–PHP 车证

持 M–DHP 车证的车辆由西四环路东侧辅路、西翠路经五棵松文化体育中心中路，由安检门安检进入五棵松篮球馆，人员在 POOL 上下车区落客，车辆在安保封闭线内 POOL 停车场停放。人员离开场馆时，到停车场乘车，车辆出场馆北门向西、向东经五棵松文化体育中心中路、西四环路东侧辅路、西翠路返回。

5.3.7　转播商

5.3.7.1　持 TM–DDS 车证

持 TM–DDS 车证的车辆由西四环路五棵松桥下掉头，经西四环路东侧辅路、五棵松文化体育中心中路，由免检门免检进入五棵松篮球馆东北门，车辆在电视转播综合区落客停放，如停放不下，放在媒体班车停车区停放。人员离开场馆时，到停车场乘车，车辆出五棵松篮球馆北门，向西经五棵松文化体育中心中路、西四环路东侧辅路、西四环路返回。

5.3.7.2　持 M–RHB1 车证

持 M–RHB1 车证的车辆由西四环路五棵松桥下调头经西四环路东侧辅路、五棵松文化体育中心中路，由安检门安检进入五棵松篮球馆，车辆在电视转播综合区落客停放。人员离开场馆时，到停车场乘车，车辆出场馆北门向西经五棵松文化体育中心中路、西四环路东侧辅路、西四环路原路返回。

5.3.7.3　持 M–RHB3 车证

持 M–RHB3 车证的车辆由西四环路五棵松桥下掉头，经西四环路东侧辅路、五棵松文化体育中心中路，由安检门安检进入五棵松篮球馆，人员在媒体上下车点落客，车辆停至 P5 停车场。人员离开场馆时，到停车场乘车，车辆出场馆北门向西经五棵松文化体育中心中路、西四环路东侧辅路、西四环路原路返回。

大多数情况下，P5 停车场设在场馆安保封闭线内和安保线外，按照“先来先停”的原则，当安保封闭区内 P5 停车场停满时，由安保封闭区内 P5 停车场交通管理助理报告现场交通民警，现场交通民警通知安检口查验车辆证件的交通民警，由交通民警将车辆引导至安保封闭区外 P5 停车场落客停放。

5.3.7.4　持 M-ENG1 车证

持 M-ENG1 车证的车辆由西四环路东侧辅路、西翠路经五棵松文化体育中心中路，由安检门安检进入五棵松篮球馆，人员在 ENG 上下车区落客，车辆停至 P5 停车场。人员离开场馆时，到停车场乘车，车辆出场馆北门向西、向东经五棵松文化体育中心中路、西四环路东侧辅路、西翠路返回。

5.3.8　要人

持“TG”车证的车辆可免检进入场馆安保封闭区后院区，在交通民警的指引下，在 DIG 上下车区落客后，车辆停放在 P1 停车场。离开时，在 DIG 上下车区上车后出场馆北门离开。DIG 上下车区与 T1、T2 上下车区、国际贵宾上下车区共用。

5.3.9　场馆运行技术支持团队

5.3.9.1　技术支持车辆

持“运行保障 1（VTS1）”和“五棵松文化体育中心五棵松场馆群运行保障 2（VTS2）”字样车证的车辆，应在比赛前 5h 到达场馆，经安检可进入安保封闭区内，在安保封闭线内 P7 停车场停放，如停车场车位已满，则车辆需停放在安保封闭线外备用停车场。

5.3.9.2　赛事兴奋剂检测专用车辆

持“检测（V-DOP）”车证的车辆经安检进入安保封闭线内，在 P7 停车场停放，如停车场车位已满，则车辆需停放在安保封闭线外的备用停车场。

5.3.9.3　场馆（VEN）部门工作用车

车辆经西四环路东侧辅路至五棵松文化体育中心北路，在 P8 停车场停放，人员步行至篮球馆人员安检口，经安检进入篮球馆其各自工作区域。

5.3.10　场馆服务团队车辆

场馆服务车辆持 VS 车证，共 3 种，用于为场馆医疗急救、公共卫生、工程保障、抢险、秩序维护、物流、清废、餐饮等提供后勤支持和服务保障的各类车辆。其车证客户群类别的代码分别为“场馆服务 1（VS1）”、“场馆服务 2（VS2）”和“场馆服务 3（VS3）”。

建议持“场馆服务 1（VS1）”和“五棵松文化体育中心五棵松场馆群场馆服务 2（VS2）”车证的车辆于赛前 3.5h 进入场馆，经安检进入安保封闭线内指定的停车位定点停放，如停车场车位已满，则车辆需停放在安保封闭线外的备用停车场。

持“五棵松文化体育中心五棵松场馆群场馆服务 3（VS3）”车证的车辆通行于安保封闭线外的区域，在安保封闭线外指定的停车场停放。

5.3.11 场馆内接驳车辆

篮球 T3 泊车区设在篮球安检门内，主要接驳篮球 T3 人员，T3 人员由安检门经安检进入接驳车区，乘车沿贵宾流线至篮球馆地下竞赛层北门贵宾上下车点下车，进入贵宾通道，返回时由贵宾上下车点上车，原路返回至出口下车，步行至 T3 上下车点离开。

篮球、棒球媒体泊车区设在媒体安检口内，媒体人员由安检口安检进入到泊车区，由泊车区乘车一路沿棒球 1 号场与 2 号场之间流线至棒球主场地、2 号场地落客，沿流线返回泊车区，另一路由泊车区沿 BOB 北侧至 BOB 东侧，至媒体上下车点落客后，原线返回。

安保封闭线外，泊车区设在北部商业区东侧商业楼前，主要接驳媒体自驾车人员，人员由次泊车区乘车沿商业楼西侧至五棵松文化体育中心中路媒体安检口落客，返回由篮球馆出口乘车，原路返回泊车区。

赛时接驳车辆约 5min1 班，每车约乘坐 15 人。

5.3.12 场馆保障团队

物流综合区内停放物流接泊车、物流叉车、餐饮配送、垃圾清运等车辆，使用 VS 车证，其流线为车辆自场馆东北门安检进入场馆安保封闭区内，返回时出北门，经五棵松文化体育中心中路离开。

持“移入期 1（Y-VEN1）、移入期 2（Y-VEN2）”车证的车辆和“五棵松文化体育中心五棵松场馆群移出期 1（Y-VEN1）、五棵松文化体育中心五棵松场馆群移出期 2（Y-VEN2）”车证的车辆可通行于五棵松文化体育中心五棵松场馆群，在指定的停车场停放。

5.3.13 场馆外围保障团队

“场馆外围 1（V-SPE）”用于指定场馆的团体观众的车辆和指定的出租汽车。持“场馆外围 1（V-SPE）”车证的车辆在安保封闭线外指定的停车场上下乘客。

“场馆外围 2（V-RES）”用于在指定场馆区内、安保封闭区外的单位、居民车辆。持“场馆外围 2（V-RES）”车证的车辆可通行于场馆区，但不能在场馆区内奥运会指定的停车场停放车辆。

5.3.14 场馆安保用车

持“场馆安保 1（S1）”和“场馆安保 2（S2）”车证的车辆，经场馆东北门安检口安检进入安保封闭线内，场馆安保 1（S1）按照指定的停车位定点停放，场馆安保 2（S2）在 P7 停车场停放。

持“五棵松文化体育中心五棵松场馆群安保 3（S3）”车证的车辆通行于安保封闭线外的区域，在安保封闭线外 P8 停车场停放。

5.3.15 临时准入客户

持“五棵松文化体育中心五棵松场馆群临时准入（D-A）”车证的车辆，可在安保封闭线内 P12 停车场停放。

持“五棵松文化体育中心五棵松场馆群临时准入 1（D-V1）”车证的车辆，可在五棵松文化体育中心五棵松场馆群安保封闭线外指定的停车场停放。

持“五棵松文化体育中心五棵松场馆群临时准入 2（D-V2）”车证的车辆可通行于五棵松文化体育中心五棵松场馆群安保封闭线外，即停即走。

五棵松棒球馆交通运行与篮球馆类似，此处不再赘述。

5.4 场馆外围交通保障运行工作

5.4.1 常规公交

五棵松场馆群周边公交站点共设 5 处，分别为五棵松桥东、五棵松桥北、五棵松桥南、沙沟、西翠站。公交线路共 26 条，具体站位及线路情况如表 5-7 所示。

表5-7　五棵松场馆群周边公交站点及线路表

序号	道路名称	站点名称	公交线路数	具体公交线路
1	西四环路（13）	五棵松桥北	9	982，981，983支，740，751，特9，913，952，996
2		五棵松桥南	13	982，967，981，983支，693，740，751，特9，运通115，913，952，689，996
3	复兴路（13）	五棵松桥东	13	436，64，运通120，337，620，212，370，728，817，373，952，689，996
4		沙沟站	11	212，337，620，28，817，373，609，624，711，747，605支
5	西翠路（2）	西翠站	2	849，609

5.4.2　奥运公交专线

五棵松场馆群周边专线公交分别为 8 路、k21 路、k22 路和 k23 路，分别在场馆南侧复兴路北辅路和东侧西翠路西辅路设置到发车站，车辆停放在场馆北侧临时公交场站内。

5.4.3　轨道交通

地铁 1 号线经过五棵松场馆，地铁五棵松站赛时可以为五棵松场馆提供服务。车站东北口为最近出入口，为缓解该出入口压力，退场高峰时，地铁东北口采用单向组织方式，即只允许进站，观众利用其他出入口出站。

5.4.4　“保点”出租汽车

五棵松场馆群共设有两处大家庭成员“保点”出租汽车点。大家庭“保点”出租汽车点设在场馆西门外西四环路辅路（中心路北侧）和东门外西翠路西侧辅路（中心路南侧），西门外出租汽车点接客后沿西四环路辅路北行或在金沟河桥调头后南行，东门外出租汽车点接客后沿西翠路南行右转（西行）或左转（东行）至复兴路。篮球馆和棒球馆大家庭“保点”出租汽车点之间的“保点”车辆通过复兴路和五棵松体育中心北路进行相互补充，并协同调度。

“保点”出租汽车每个运行日的服务时间为比赛开始前 1h 至比赛结束后 1h。

北京奥运会为赛事提供“保点”出租汽车服务是对奥运会交通服务标准的提升。

5.4.5 自行车

为了方便观众非机动车出行的需求，在西翠路东辅路设置了自行车停靠点，共可供停放约 300 辆自行车。

5.5 场馆运行保障及意外突发事件应急处理

5.5.1 交通运行专用物资配备

场馆交通运行专用物资配备是场馆交通运行的物质基础，同时直接关系着场馆运行的经费预算，主要包括交通管理室技术物资配备、交通服务技术物资配备、交通通用物资配备和交通专用物资配备等。

5.5.2 交通技术支持系统

场馆技术支持系统包括大客车系统、GPS 通信系统、电视监控系统、通信系统，设置在交通管理指挥室和车辆调度室。

大客车系统与 GPS 系统共用同一部机器，由奥组委委托专业公司开发建设，赛时安装在 ADMIN 网路中。各场馆可通过大客车系统了解有哪些车辆到达本场馆，GPS 系统用于定位监控奥运赛时运行车辆，便于各场馆及时了解相关车辆所处位置，同时具有防盗警报功能，增加了车辆运行的安全系数。

赛时为场馆交通经理、交通服务副经理、交通服务协调副经理、场馆交通调度、部分交通服务助理、部分交通管理助理配备了无线集群设备，以便交通工作人员之间可以及时沟通。

本场馆在车辆调度值班室配置一套大客车系统（包括 GPS 系统），配备 1 部电话及 1 部传真打印复印一体机。

5.5.3 场馆交通运行团队后勤保障

交通团队中的注册人员餐饮由场馆运行团队解决；驾驶员如工作需要在场馆就餐，由场馆团队负责解决。同时，场馆团队根据工作需要解决交通团队注册人员的住宿问题。免费公交系统提供场馆交通工作人员和志愿者的交通服务，场馆特殊需求由场馆团队自行解决。

5.5.4 意外突发事件应急处理

场馆交通运行可能出现的意外突发事件主要包括以下情形：

（1）指挥系统设备突然发生故障；

（2）场馆突然停电，指挥系统、监控系统无法使用；

（3）车辆安检口压力过大，造成车辆拥堵；

（4）场馆停车场不足；

（5）因人群聚集造成交通堵塞；

（6）发生交通拥堵，影响客户群车辆行驶；

（7）步行人流在场馆人检口附近发生交通事故；

（8）大家庭成员车辆在场馆内发生交通事故；

（9）遇暴雨，导致路面积水；

（10）运营车辆出现故障；

（11）车辆发生自燃；

（12）乘客使用不当语言或提出不当要求；

（13）语言不通。

在实际场馆交通运行中，如遇上述以外突发事件，将按事先制订好的应急预案启动相应的响应机制。

6 城市交通运行

6.1 城市公共交通

为兑现奥运承诺，保证 2008 年北京奥运会期间空气质量达标，满足赛事及社会交通需求，奥运会期间实行了机动车限行等交通需求管理政策。按照机动车停驶方案，考虑观众、工作人员及志愿者出行增加等因素，奥运会期间公共交通日客运量在常规出行需求的基础上约增加 465 万人次。

奥运会及残奥会赛时城市公共交通运行呈现以下特点。

（1）实行交通限行措施时间长，客流变化较大。

（2）服务对象广泛，包括外宾、外埠人员、中外媒体等，个性化需求差异大和服务要求高；各场馆观众集中抵离，与市民出行交叉，运营组织难度大。

（3）不确定因素多，如 8 月恰逢雨季、2008 年降雨量偏大等。

（4）三条地铁新线开通试运营后，设备、车辆、信号等稳定性还有待提高。

（5）残奥会期间，服务对象包括肢残、盲人等，对无障碍公共交通服务要求较高。

按照奥运赛时运行指挥体系和运行模式，交通运输管理部门建立了在奥运会交通运行中心领导下的城市运输服务保障分中心，总结测试赛经验，完善了工作体制架构，确立了全市运输系统“115 - 10”[1] 奥运服务保障工作指挥运行体系。

在总体工作方案的基础上，制订了完善的场馆外围运输服务、城市公共交通运

[1] 参考2.3.5中的有关内容。

输服务、运输环境秩序整治、城市货运保障等专项运行方案，将奥运运输保障任务逐项分解到责任部门和单位，明确了具体指标，强化了督查落实。做到了任务明确、职责清楚、运转有效，保证了各项工作的有序开展和有效落实。

奥运会及残奥会期间（2008 年 7 月 20 日 ~ 9 月 20 日）全市客运系统共计完成客运量 12.39 亿人次，其中城市公共交通完成客运量 10.88 亿人次（含公共汽（电）车客运量 8.57 亿人次，轨道交通客运量 2.31 亿人次）。

6.1.1 地面公交

6.1.1.1 奥运前期筹备工作

为满足赛时观众、工作人员、志愿者等交通出行需求，确保城市公交运行良好，自 2005 年起，北京市政府按照优先发展公共交通的总体思路，采取实施低票价政策、优化调整公交线网、改善换乘设施、施画公交专用道等一系列优先发展公共交通措施，逐步建立了以快线网为骨架、普线网为基础、支线网为补充的三级地面公共交通网络。至 2008 年初，奥运会、残奥会的所有竞赛场馆、非竞赛场馆和训练场馆均有地面公交线覆盖，为赛时城市公交运行奠定了坚实的基础。同时，考虑到赛时实施机动车单双号交通管理措施，为方便观众、志愿者、工作人员快速抵离各场馆，在常规公交的基础上，还规划了 34 条奥运会公交专线，残奥会时保留了 16 条残奥公交专线线路。

6.1.1.2 地面公交运行

根据预测，奥运会期间，全市地面公交除要做好常规客流运输外，还要做好日新增客流 280 万人次的交通运输工作准备。为此，公交运营部门提前制订了工作方案，加大常规地面公共交通运力投入，提高公交运行效率，在满足观众、志愿者交通运输需求的基础上，确保城市公交正常运行，实现了奥运交通与城市交通的和谐运转。

（1）调整车型结构，增加运送能力。

奥运会前，全市公共电汽车总数为 21712 辆，其中，单机车 16183 辆，占 74.5%，通道车 5529 辆，占 25.5%。用于常规公交线路的车辆为 18237 辆，奥运专线车 1500 辆，T4 媒体班车 1305 辆，开、闭幕式等比赛场馆演练人员用车 670 辆。

调整车型结构，通道车新增 2075 部，按单机 700 人次、通道车 1100 人次计算，2075 部通道车可多运送 83 万人次。

（2）提高运输效率，挖掘运营潜力。

实行交通限行措施后，车辆运行速度提高，常规公交每日增加 1.1 万车次，达到 16.5 万次，日客运量可增加 213 万人次。

（3）加强调度指挥，及时调整运营计划。

根据客流变化和交通管制措施，及时调整运营计划，采取发大站快车、区间车等方式，快速疏散乘客。

奥运会及残奥会期间（2008 年 7 月 20 日 ~ 9 月 20 日），公共汽（电）车共计完成客运量 8.57 亿人次，其中奥运公交专线客运量为 2236 万人次。

6.1.2 轨道交通运行

6.1.2.1 奥运前期筹备工作

2008 年 7 月 19 日，地铁 10 号线一期、奥运支线（8 号线一期）和机场线同时开通试运营，轨道运营线路达 8 条、总里程为 200km，网络化架构初步显现。其中，奥运支线直接服务于奥林匹克公园地区，为观看开、闭幕式和赛事的观众、志愿者、工作人员提供运输服务。

为满足奥运会期间观众、志愿者、工作人员以及城市日常的运输需求，轨道交通运营部门编制了轨道交通奥运赛时列车运行图，通过完善细化运营组织方案，缩小运营间隔，全面提高运力。其中，地铁 1、2 号线最小运行间隔缩短为 2.5min，地铁 13 号线、八通线、5 号线最小运行间隔均缩短为 3min；10 号线缩短为 3.5min；奥运支线缩短为 3min。同时，还制订完善了《奥运会轨道交通保障方案》、《奥运会期间地铁重大安全运营突发事件防范与处置工作方案》、《北京地铁突发事件应急处置办法突发事件应急保障预案》、《北京地铁无障碍设备设施保障工作实施方案》等，精心做好各项准备工作，以保证奥运轨道交通运行的安全、可靠。

6.1.2.2 轨道交通运行

奥运会期间，轨道交通约增加 110 万人次的日客运量，北京市地铁运营公司积极筹备，通过制订并落实有关方案，全面提高运力，完善运营服务。

面对奥运客流大的特点，应尽可能提高线网运力，使地铁 1 号线、2 号线、5 号线、13 号线和八通线的运力分别提高了 4.9%、60%、33%、4% 和 37.5%，为奥运交通提供了强大的运力保障。奥运赛事期间，地铁全路网最小运行间隔达到了 2.5min，单线最高运输能力提高了 75%。通过新线开通、既有线增加列车编组、缩小运行间隔，轨道交通运力得到全面提高，日均客运量达到 380 万人次。

为保障观众、志愿者和工作人员的出行需要，2008 年 8 月 10 日 ~ 23 日，北京市轨道交通全路网延长运营时间。全路网 8 条运营线路延长末班车时间从 60min 到 177min 不等，延时最长的是地铁八通线四惠到土桥方向，至次日凌晨 1:42。

同时，各项应急预案和措施落实到位。依据“客流服从安全”的原则，在全路网 123 个车站安排专人密切关注站内、外客流情况，增设导流围栏，适时采取分流措施。在此基础上，密切关注客流变化，遇客流骤增或发生突发情况时，及时调整列车运行计划，并加开临时客车。同时，运管、公安、交通执法等部门按照应急处置工作要求，协助引导客流，维护运营秩序。

6.1.3 出租汽车运行

6.1.3.1 前期准备

自 2001 年 7 月北京成功获得第 29 届奥运会主办权开始，北京交通运输部门先后制订了车辆和服务的地方标准，规范车辆设施、车身颜色、人员服装、服务行为，提升行业标准化水平；开展素质工程建设，组织社会信誉考评，以促进行业提升服务水平；完善电话调度中心，增加入网车辆，提供多语在线翻译，推广使用市政交通一卡通，提高行业科技水平；统一出租汽车租价，建立租价油价联动机制，保证出租汽车驾驶员的合理收入，稳定行业队伍；建立劳动关系三方协调机制，规范企业经营行为；组建无障碍出租汽车队，提高关爱弱势群体程度等方面，不断提升北京出租汽车行业整体服务水平和文明程度，为奥运会和残奥会交通服务做好了扎实的准备。

6.1.3.2 赛时出租汽车运行

奥运会期间，北京市全市有 6.6 万辆出租汽车投入运营，平均出车率超过 95%，出租汽车运行速度提高 16% ~ 20%，空驶率降低 14%，日均运量提升到 235 万人次，同比 2007 年提高 47 万人次。日均运次增加 5 次，里程利用率提高 2 个百分点。机场、火车站重点场所的出租汽车运力保障同步开展，共计发车 169 万车次，运送 325 万人次，同比 2007 年分别增长 33%、34%。

实施单双号限行交通措施后，为满足电话叫车业务的社会需求，出租汽车行业开通了 3 万辆车电话调度业务，奥运会期间累计受理电话叫车业务 28 万余次，相当于 2007 年同期的 353%。

为方便市民出行刷卡乘车，奥运会前，出租汽车行业全面开通了一卡通系统，6 万余辆车联入系统中，奥运会期间累计刷卡 6.5 万笔，日均达到 5000 笔以上，比奥运会前增加了 63 倍。

6.1.4 编制城市公共交通出行指南

6.1.4.1 奥运会、残奥会公共交通出行指南

为方便国内外持票观众和游客在奥运赛时能够及时、准确、顺畅地观看奥运比赛和游览奥运景点，北京市交通部门牵头编制了《北京奥运会残奥会比赛场馆公共交通出行指南》(以下简称《指南》)。

《指南》提供了31个奥运比赛场馆和主要交通枢纽等公共交通、轨道交通通达情况的示意图及无障碍设施情况。

《指南》(中、英文版)，累计印制2.5万册;《北京奥运会残奥会比赛场馆公共交通出行系列折页》(中、英文版)，累计印制中英文折页63种、329万份(折页不但包括单个场馆的交通信息，还包含了对场馆周边所有地铁线路、奥运公交专线的详细介绍，如图6–1和图6–2所示)。奥运会期间，按赛程安排，在25个城市志愿者服务站发放《指南》8000本，折页122.8万份、12个奥运公交专线首站发放折页89.33万份、13个地铁换乘站发放折页56.87万份。

6.1.4.2 北京城市无障碍交通服务指南

针对残奥会，北京市交通部门组织编写了《北京城市无障碍交通服务指南》(中英文合订版,以下简称《无障碍指南》)。《无障碍指南》中收录了16家残奥会签约酒店、24家定点医院以及35处观摩互动场所的名称及联系方式信息，并以图文对照的形式介绍了9处旅游景点、7处商业网点和3处休闲餐饮场所的交通及服务信息。

为满足残奥会运动员赛会之余的出行需求,《无障碍指南》中所列旅游、购物、餐饮等服务信息,都以奥运公交专线和轨道交通无障碍出行为基础,并以交通为连线,实现出行、旅游、购物、餐饮全过程无障碍。同时，为了更好地为盲人运动员服务，在《无障碍指南》重要信息页编写中加入了盲文。

《无障碍指南》共印制7500本，向各国代表团发放3000本，在国际残奥委大家庭总部饭店、主新闻中心、竞赛场馆、非竞赛场馆等地发放了2000本，在相关旅游景点、商业网点、文化场所、城市志愿者服务站以及公共交通运输企业发放了1500本。20万份的《残奥会公共交通出行指南折页》也在北京市区内25个城市志愿者服务站进行了发放。

6.1.5 赛会志愿者通勤交通运行

赛会志愿者为来自在京各高等院校的学生，他们作为各项赛事的辅助工作人员，

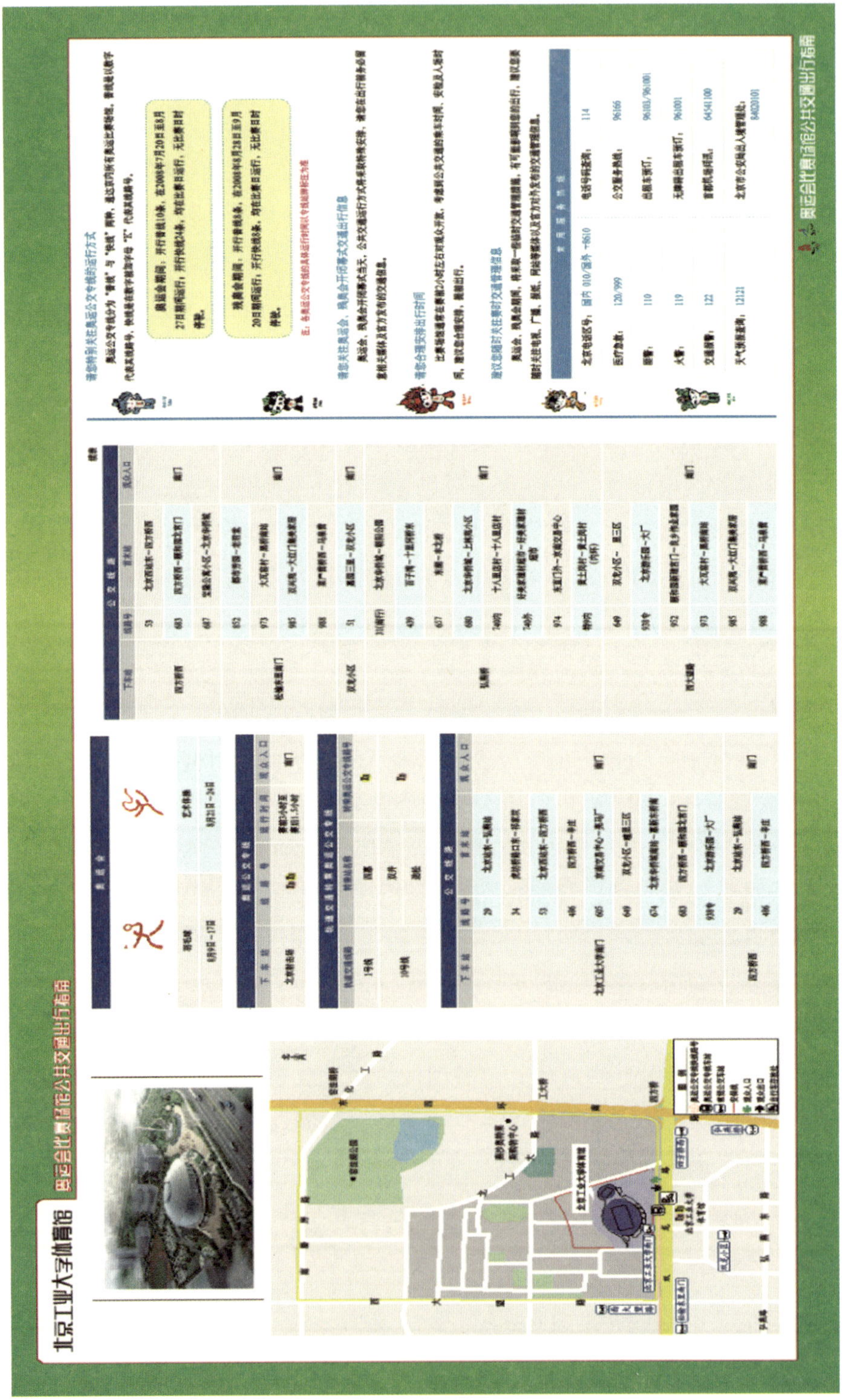

北京工业大学体育馆 奥运会比赛场馆公共交通出行指南

奥运会	
羽毛球	艺术体操
8月9日—17日	8月21日—24日

奥运公交专线			
下车站	线路号	运行时间	观众入口
北京射击场	[illegible]	赛前3小时至赛后1.5小时	南门

轨道交通转乘奥运公交专线		
轨道交通线路	转乘站名称	转乘奥运公交专线路号
1号线	四惠	[illegible]
10号线	双井	[illegible]
	劲松	

公交线路			
下车站	线路号	首末站	观众入口
北京工业大学南门	29	北京站东—弘燕站	南门
	34	虎坊桥路口东—杨家坟	
	53	北京西站东—四方桥西	
	406	四方桥西—辛庄	
	605	京南交易中心—奥马厂	
	649	双龙小区—红星三区	
	674	北京华侨城南站—慕新东桥南	
	683	四方桥西—颐和园北宫门	
	938专	北京游乐园—大厂	
四方桥西	29	北京站东—弘燕站	南门
	406	四方桥西—辛庄	

续表

公交线路			
下车站	线路号	首末站	观众入口
四方桥西	53	北京西站东—四方桥西	南门
	683	四方桥西—颐和园北宫门	
	687	宝隆公寓小区—北京华侨城	
松榆东里南门	852	都市芳园—老君堂	南门
	973	大瓦窑村—黑桥南站	
	985	双兴南—大红门服装城	
	988	紫竹桥西—马泉营	
双龙小区	51	惠园三里—双龙小区	南门
弘燕桥	31(南行)	北京华侨城—朝阳公园	南门
	439	百子湾—十里河桥东	
	657	东坝—丰北桥	
	680	北京华侨城—上林苑小区	
	740内	十八里店村—十八里店村	
	740外	好美家建材超市—好美家建材超市	
	974	东直门外—京南交易中心	
	特9内	黄土岗村—黄土岗村(内环)	
西大望路	649	双龙小区—里三区	南门
	938专	北京游乐园—大厂	
	952	颐和园新建宫门—良乡伟业家园	
	973	大瓦窑村—黑桥南站	
	985	双兴南—大红门服装城	
	988	紫竹桥西—马泉营	

请您特别关注奥运公交专线的运行方式

奥运公交专线分为"普线"与"快线"两种，通达京内所有奥运比赛场馆。普线是以数字代表其线路号，快线是在数字前加字母"K"代表其线路号。

奥运会期间：开行普线10条，在2008年7月20日至8月27日期间运行；开行快线24条，均在比赛日运行，无比赛日时停驶。

残奥会期间：开行普线8条，在2008年8月28日至9月20日期间运行；开行快线8条，均在比赛日运行，无比赛日时停驶。

注：各奥运公交专线的具体运行时间以专线站牌标注为准

请您关注奥运会、残奥会开闭幕式交通出行信息

奥运会、残奥会开闭幕式当天，公共交通运行方式将采取特殊安排，请您在出行前务必留意相关媒体及官方发布的交通信息。

请您合理安排出行时间

比赛场馆通常在赛前2小时左右对观众开放，考虑到公共交通的乘车时间、安检及入场时间，建议您合理安排，提前出行。

建议您随时关注赛时交通管理信息

奥运会、残奥会期间，将采取一些临时交通管理措施，有可能影响到您的出行，建议您要随时关注电视、广播、报纸、网站等媒体以及官方对外发布的交通管理信息。

常用服务热线			
北京电话区号：	国内 010/国外 +8610	电话号码查询：	114
医疗急救：	120/999	公交服务热线：	96166
匪警：	110	出租车预订：	96103/961001
火警：	119	无障碍出租车预订：	961001
交通报警：	122	首都机场问讯：	64541100
天气预报查询：	12121	北京市公安局出入境管理处：	84020101

奥运会比赛场馆公共交通出行指南

图6-1　北京工业大学体育馆折页信息情况（正面）

图6-2 北京工业大学体育馆折页信息情况（背面）

对每项赛事的正常举行起到了重要的作用。为确保赛会志愿者及时、安全地抵达各场馆，按照奥组委、交通运输部和北京市制订的工作方案，由交通运输部从全国 21 个省区市调集 590 辆（含备份车）旅游大客车、920 名服务人员，组建北京奥运会赛会志愿者通勤保障车队。具体工作由北京市交通运输部门负责组织实施。

北京市交通运输部门制订了奥运志愿者交通服务运行组织及保障工作总体方案，明确了各部门的职责分工、运行组织计划、运行组织流程、保障机制、应急预案以及相关服务政策等，细化了 16 项具体工作方案，并与 21 省区市运输管理机构和运输企业进行业务对接。从 2008 年 7 月 8 日开始运营至 8 月 29 日，通勤保障车队共开行 192 条通勤线路，涉及 64 所高校和观众呼叫中心、23 个竞赛场馆、16 个非竞赛场馆和 6 个交通场站，累计出车 40891 车次，运送赛会志愿者 184 万人次，安全行驶 75 万 km，为志愿者提供了安全、优质、便捷的交通运输服务。

6.2 城市交通设施运行

6.2.1 交通设施运行组织体系

在交通运行中心的统一领导下，组建交通设施保障分中心赛时运行指挥部，主要负责赛时全市城市道路、公路、铁路道口、轨道交通设施和交通临时设施等巡查、养护和应急抢险工作。重点是公路自行车赛、马拉松赛、铁人三项赛和奥运专用路线，以及奥运场馆、定点医院、驻地、旅游景点和商业中心区周边道路设施的巡查、养护和应急抢险工作。

交通设施保障分中心下设办公室、市管城市道路保障组、区管城市道路保障组、轨道设施保障组、公路保障、临时设施保障组、道路建设工程保障组、铁路道口安全保障组等 8 个工作部门。

6.2.2 保障运行机制

（1）检查制度。包括以下内容：

① 各保障组对每项赛事在两日前涉及的交通设施进行一次全面检查；

② 各保障组将检查结果及问题处理情况当日报办公室；

③ 对于自行车、马拉松、铁人三项赛事，分中心组织两次集中检查，各相关保障组组织成员单位每天检查一次。

（2）信息制度。信息制度包括各保障组单位赛时实行日报制度，每天 15:00 前报告交通设施保障运行情况；每周五 9:00 前报告下一周的工作安排遇突发事件及时上报制度等。

（3）应急抢险制度。各成员单位应急抢险联系电话和 800M 手持无线集群电话 24 小时开通，以保证信息畅通、有效运转，及时响应。各交通设施养护单位按照备勤工作要求，做好火炬传递、公路自行车赛、马拉松赛和铁人三项赛备勤工作。应急抢险队伍人员、设备、材料准备就绪，随时处理突发事件。

（4）值班制度。实行领导带班和赛时双岗值班制度，各分中心从 2008 年 7 月 20 日开始值班，各成员单位赛时实行 24h 值班，办公室负责对值班情况进行检查。

6.2.3 赛时运行情况

6.2.3.1 应急抢险人员配备及物资准备

为做好奥运交通设施赛时应急抢险工作，赛前组建了 153 支交通设施赛时应急抢险队伍，抢险人员 5703 人，抢险设备、车辆 3408 台套，应急抢险物资 16043.5t，为赛时交通设施应急保障奠定了坚实的基础。其中，城市道路抢险队伍 35 支，抢险人员 1208 人，抢险设备、车辆 839 台套，应急抢险物资 12355t；公路抢险队伍 66 支，抢险人员 2487 人，抢险设备、车辆 767 台套，应急抢险物资 1215.5t；奥运临时设施抢险队伍 13 支，抢险人员 187 人，抢险设备、车辆 63 台套，应急抢险物资 320t；轨道交通抢险队伍 39 支，抢险人员 1821 人，抢险设备、车辆 1739 台套，应急抢险物资 2153t。

6.2.3.2 交通设施保障应急预案运行

各保障成员单位修订完善了赛道保障、场馆周边道路保障等专项预案，并根据预案组织了道路塌陷、倒树、塌方、遗撒等 15 项演练，为赛时及时处理突发事件积累了经验。

城市道路应急处置了右安门外大街、大屯 2008 年路北侧、三里河东路、和平里、正义路等道路塌陷 24 处，修复塌陷面积 1250m^2。2008 年 8 月 20 日下午，北辰西路辅路因自来水破裂造成断行，21 日下午即抢修完毕，恢复了社会交通。

公路方面，共巡查发现并处理了各类问题 120 次，其中包括及时处理了房山 108 国道，密云密兴路、沙太路、胡关路，门头沟百花路，延庆泗宝路、滦赤路，房山涞宝路等公路塌方 4000 余立方米；快速清理了怀柔安四路、通州铺大路路树刮倒及京哈高速公路丁各庄桥出京方向入口挡墙倒塌事件；紧急处置了白马路与顺安路路口交通事故遗撒现场。

6.2.3.3 开闭幕式交通设施保障运行

开、闭幕式当天，各保障单位进入一级备勤状态，物资准备充足、巡查检查到位，城市道路、公路、轨道等交通设施运转正常；北京市公联公路联络线公司、市政处对中心区道路和临时设施进行了备勤；北京市公联公路联络线公司提前解决了北辰西路东辅路积水和大屯路路基松动等问题。

6.2.3.4 特殊活动及赛事道路交通设施运行

各保障单位认真做好火炬传递路线、马拉松赛、公路自行车赛保障备勤工作，以确保道路设施完好。赛时，保障成员单位对交通设施加强巡查，提高设施巡查频率，对马拉松、自行车、铁人三项比赛道路赛前过行一天24h巡查。共出动备勤人员340名、备勤设备170台，准备备勤材料85t。城市道路养护管理中心巡查大队沿赛道每1.5km安排一名巡查员，现场值守。解决了公路自行车赛道延庆路段上、下坡减速振荡标线问题；及时处理了新出现的永内大街车辙，修复道路150m^2；迅速采取应急措施，排除昌平沙河街赛道积水，确保了女子公路自行车赛、马拉松赛的顺利进行。

6.2.3.5 奥运车辆快速通行高速公路

制订了北京奥运会及残奥会交通服务车辆快速通行高速公路收费站工作实施方案，全市高速公路收费站均设置了“奥运专用通道”，印制35万张奥运赛事车辆专用通行券，奥运交通服务车辆凭奥运赛事车辆专用通行券可快速通行，各高速公路运营管理公司为奥运车辆提供了优质服务；同时顺利完成了北京地区奥运火炬转场、奥运开闭幕式物资运输所经高速公路的通行保障工作。

6.3 城市交通组织安全运行

交通组织安全保障分中心赛时在奥运安保指挥中心、交通与环境保障组交通运行中心的统一领导下，全面负责城市交通组织指挥、赛事交通安全保卫和交通应急处突保障工作。

6.3.1 总体情况

奥运会期间，公安交通管理部门通过强化源头、路面严格管理，以及采取削减机动车总量、外地进京车辆绕行等一系列交通管理措施，确保了全市交通安全畅通运行，使交通事故和交通拥堵大幅下降。交通拥堵和事故报警分别比奥运前下降86.6%、43.8%，进京机动车数下降74.8%，北京市区主干道交通流量下降20.3%，车辆通行速度提高了9.2%。从2008年8月8日奥运会开幕到9月17日残奥会闭幕，全市交通事故死亡比2007年同期减少52人，下降了51.5%。

6.3.2 勤务交通运行

奥运会和残奥会期间，开闭幕式、火炬传递、奥委会和残奥委会全会等多场大型活动相继举行，141个国家元首、政府首脑、王室代表等政要团组不间断抵离北京，奥林匹克大家庭成员、各国政要等分散在全市观看比赛，或参观、购物、游览，各项勤务规格之高、数量之多、路线之长、情况之复杂，前所未有。

公安交通管理部门共完成现场、路线勤务15267次，平均每天252次，共投入警力34.5万人次，现场共指挥机动车74.4万辆次。

特别是奥运会开幕式，800多位各国元首、政府首脑、王室代表等高级贵宾，1万多名奥委会官员、体育部长、合作伙伴、驻华大使、技术官员、裁判员等普通贵宾，加上嘉宾、记者、运动员、赞助商、观众和工作人员等共计20万人参加，通过采取"外围集结、远端安检、集中乘车、分时分路抵离"等交通集散组织措施，进场时各客户群分散集结、准点抵达，散场时要人贵宾27min内全部顺利返回，其他与会人员75min内疏散完毕，确保了交通绝对安全、万无一失。

6.3.3 赛事交通运行

为保障赛事运行，公安交通管理部门精心设计、精心组织、精心指挥，未发生因交通影响运动员训练比赛的事故，未发生涉及奥林匹克大家庭成员的重大敏感交通事故。奥运会期间，执行警车带路任务6179路次、行程45万km。奥委会和残奥委会各客户群班车交通运行便捷高效，保障了运动员、媒体记者全部准时到达比赛、训练场馆，无一晚点，体现了最高规格的交通管理水平，圆满实现"安全、准点、可靠、便利"的目标。

6.3.4 道路交通环境保障运行

以全市主要大街、交通枢纽和奥运场馆、驻地、路线周边为重点，坚持不懈地开展专项整治。严罚酒后驾驶、非司机驾驶、闯红灯、涉牌"四类"严重违法行为，严管大货车、大客车、校车、危化车等隐患车种，严打交通肇事逃逸，严整交通秩序环境，在全社会形成了严管严治、严防严控的高压态势。

不断完善交通安全组织网络，落实交通安全防范责任。建立“黑名单”数据库，对 10 类重点单位、车辆、驾驶员通过源头管、路面查、科技控，实施重点监管。对直接为奥运服务的驾驶员逐人建档，定期核查资质，严格教育管理。特别是其中 8000 名赛会驾驶员志愿者，涉及单位广，守法意识、驾驶技能参差不齐，安全风险突出，故对其采取逐一签订保证书、责任书，跟踪监管，层层落实管理责任，严把安全关。奥运会期间，全市 1.6 万奥运服务驾驶员未发生重大交通事故。

通过坚持不懈的严格执法、强化监管、治理隐患，道路交通事故预防水平显著提升，重大事故大幅下降，2008 年交通事故万车死亡率为 2.81，是历年来最低的，接近发达国家水平。

6.3.5 完善设施保障交通运行

奥运会前，施画了 480km 奥运常备路线，设置了约 286km 专用车道。编写了《奥林匹克专用车道标志和标线》标准，建设安装了奥运专用交通标识 1.4 万面，更新、清洗标志 2.7 万面，复画标线 2700km。大规模增设、改造中英文指路标志 6000 面，形成了人性化、国际化的指路系统。同时，奥运会期间，每天平均有 8.5 万奥运交通协管志愿者上路，在全市各个灯控路口和重点地区、重点路段、奥运场馆周边和社区、村镇、边境出入口，维护交通秩序，劝阻限行车辆，确保了交通秩序良好、奥运会交通运行畅通有序，为奥运交通和城市交通的和谐运行奠定了坚实的基础。

6.4 城市交通运输环境保障

北京市交通执法部门在奥运会期间负责交通运输环境秩序保障工作，按照“平安奥运行动”工作安排，将涉奥场所（比赛训练场馆、宾馆饭店）、涉奥路线、重点大街、繁华商业场所、主要交通枢纽和重点旅游景区等作为奥运会期间的工作重点，对出租汽车、省际长途客运、旅游客运、危险化学品运输等行业的非法营运行为进行了严厉打击，强化运输行业服务质量和运输安全监管，妥善处置突发事件，维护交通运输环境秩序，确保“平安奥运”目标的实现。

6.4.1 集中整治阶段

奥运村预开村（2008 年 7 月 20 日）前，全面加大对出租汽车、旅游客运、省际客运、危险化学品运输等四个重点行业的整治力度，打击机动车非法营运行为，进一步规范运输行业的经营行为，解决影响运输环境秩序的突出问题。其主要工作包括以下几个方面。

（1）出租汽车行业专项整治。交通执法部门召开行业大会，对行业违章情况进行通报，对奥运会期间行业工作进行动员和部署。组织暗查，重点针对拒载、多收费、私改计价器等严重违章行为进行整治。开展全市集中统一行动，对车辆卫生、驾驶员仪容仪表等开展检查；在首都机场、北京站、北京西站与运输管理部门、公安部门组成联合执法组，重点查处议价、私揽、扰序等痼疾顽症；这些措施全面提升了北京市出租汽车行业的服务质量，确保不出现社会关注的热点问题，2008年7月底前，出租汽车违规问题基本消除。

（2）旅游客运行业专项整治。交通执法部门在八达岭长城、十三陵等重点景区开展宣传日活动；交通执法部门会同运输管理部门、公安部门对前门地区旅游集散中心在发车早高峰时段开展联合检查；对故宫、颐和园等7处重点旅游景区（景点），采取巡查与设点相结合的方式，重点查处正规旅游车辆与“黑社”、“黑导”相勾结，从事非法“一日游”的行为；会同运管部门督促旅游客运企业加强管理，自觉维护旅游客运市场秩序，并强化捆绑执法和案件移交制度。进一步提升旅游客运行业的整体形象，提高从业人员的服务水平，堵住非法“一日游”用车渠道。

（3）省际客运行业专项整治。交通执法部门会同运输管理部门深入场站进行安全大检查，督促经营者落实各项管理制度，把好源头管理关，杜绝问题车上路；高峰时段，在进出京主要道路设置临时检查点，对省际长途客运行业存在的站外揽客、超越许可事项经营等问题开展检查；启动华北五省市交通行政执法联动机制，对外埠进京省际长途客运车辆的经营行为进行规范。

（4）危险化学品运输行业专项整治。交通执法部门会同安监、运管等部门对危险化学品运输企业安全生产情况进行清查，督促问题企业限期整改；加强对化学危险品生产、储存、运输和销售企业周边的巡视，及时查处安全措施不到位行为；进一步深化与相关执法部门的案件移交机制，并与交管部门对危险化学品运输主要线路开展联合执法行动；各公路检查站充分发挥关口作用，对存在安全隐患的进京危险化学品运输车辆进行劝返。形成整治声势，为奥运会期间营造了安全有序的危险化学品运输市场环境，严防安全事故的发生。

（5）打击机动车非法营运专项行动。交通执法部门会同公安部门在首都机场、北京站和北京西站开展打击机动车非法营运专项战役，重点对长期盘踞在场站的非法营运车辆进行打击；与公安部门联合加大对公交、地铁场站等重点地区“黑车”的整治力度；分别在进出京主要道路、重点旅游景区、危险品集散地周边严厉打击省际长途、旅游、化学危险品类非法营运车辆。

6.4.2 赛时运行阶段

奥运会及残奥会赛时运行阶段，对涉奥场所及重点交通枢纽、场站周边进行全天候防控，维持运输环境集中整治效果，做好区域监管、专项勤务、应急处置、安全防范、协调配合等方面的工作。

（1）奥运场馆和签约饭店周边运输市场环境的监管。

在加大监管力度的同时，交通执法部门与各场馆交通团队、场馆外围交通保障团队、签约饭店保卫部门和公安、城管等相关执法部门建立协调协作工作机制，全力维护好交通运输环境秩序，防范交通运输行业发生服务质量和运输安全等问题。积极配合相关部门做好运力保障、交通秩序维护、机动车非法营运治理等工作，如图 6-3 所示。

图6-3　开幕式当天对服务奥运大家庭成员的出租汽车进行安全检查

（2）社会面交通运输环境秩序的监管。

交通执法部门加强对火车站、机场、公共交通枢纽、旅游景区等重点地区的力量部署，并根据不同地区的特点采取固定岗与巡查岗相结合的方式，做到全方位、全时段监管；与运输管理部门建立协调协作工作机制，协助做好运力保障等工作；与公安、城管等部门联合，有效遏制机动车非法营运行为，坚决杜绝运输行业严重服务质量问题和机动车非法营运侵害乘客权益问题的发生；各郊区县交通执法部门重点加强对进出京主要路口、城郊主要联络线、重点旅游景区的看守和巡查，防范省际长途客运、旅游客运和危险化学品运输行业发生侵害乘客权益和安全事故等问题，如图 6-4 所示。

图6-4　奥运会期间对长途客运场站加强执法检查

（3）奥运会期间专项勤务运输环境保障。

围绕全市 241 个涉奥场所，本着“突出重点、兼顾一般、点面结合、责任到人”的原则，集中全市交通行政执法力量，动员和组织运输企业管理人员等社会力量，统一部署，采取固定岗和巡查岗相结合的方法，最大限度地发挥上述人员的作用，努力扩大管控范围，切实做到要害地区专人值守，重点区域全面巡控。

奥运专项勤务期间，全市每天组织不少于700多人、100多个执勤车组，对涉奥重点地区交通运输环境秩序进行全面维护。

6.5 城市道路货运交通运行

6.5.1 货运保障筹备

6.5.1.1 制订奥运会期间货运保障方案

为做好奥运会期间北京城市生产生活物资运输工作，确保首都城市运行正常，北京交通运输主管部门与公安交管、环保、安监、发改、工业、商业、农业等部门充分沟通协调，以了解北京市货运车辆的数量、分类、环保情况，调查各行业在奥运会期间的货运量及运力需求状况，研究制订了《奥运会残奥会期间北京城市货物运输保障措施》。

（1）社会化货运保障。

① 组建绿色车队。交通运输管理部门落实绿色车队企业、车辆，经批准后向社会公布，由北京市公安交通管理部门向经交通运输管理部门审核的4000余辆绿色车辆发放通行证，保障社会化运输和应急运输需求；绿色车队企业按照承诺，向社会提供安全、规范、高质量的运输服务；运输管理等部门加强对绿色车队企业的监督检查。

② 实行临时运价干预。由北京市发展改革部门牵头，建立奥运会期间道路货运临时价格干预机制，要求企业不得借机乱涨价，非法获取暴利。

（2）应急运输保障。

对特殊货运和特殊车型车种，货运需求单位将运输需求、承运单位、车辆、路线、日期等提前报各行业窗口审查，审查合格的，报联合窗口审核。

由北京市环境保护部门对车辆环保标志进行审查，联合窗口审定同意的，报政府实行特事特批，同意的，由北京市公安交通管理部门核发应急车辆通行证件。

若发生突发性生产生活物资市场供应紧张情况，由各行业主管或归口部门协调运力、组织解决；必要时，由北京市运输管理局根据市政府命令启动应急运输预案，组织应急运力储备单位进行应急抢运。

（3）危险化学品运输保障。

必须运输危险化学品和剧毒化学品的单位，要制订完善的危险化学品安全运输方案，向各归口行业窗口提出申请，审核合格后，报联合窗口审定。

由北京市安全生产监督管理部门审查运输需求，公安治安管理部门办理剧毒品购买证明，运输管理部门办理危险化学品运输企业、车辆和驾驶员、押运员的资质审查和备案，北京市公安交通管理部门办理危险品车辆通行证件，实行“联审联批”制度。

（4）“绿色通道”运输保障。

在北京市行政区域内开辟运输鲜活农产品的“绿色通道”。凡整车运输鲜活农产品的，提前将运输需求、承运单位、车辆、路线、日期等情况，报各行业窗口审查，审查合格的，报联合窗口审定，经审定同意的，由北京市公安局公安交通管理局向行业窗口核发“绿色通道”车辆通行证件。

（5）其他运输保障。

中央在京单位货运保障车辆参照北京市的规定及审核程序办理。

外省市进京运输重要生产生活物资保障车辆，由各归口行业窗口受理，对运输需求、车辆排放等进行初审，并报联合窗口审定。

经北京市环境保护部门对车辆环保标志进行审查后，由运输管理部门进行审核，审核合格的，由北京市公安交通管理部门核发通行证。

6.5.1.2　设立货运保障联合公共服务窗口

采取交通限行政策后，为了确保城市基本生活生产物资的正常供应，由交通运输部门牵头设立货物运输保障公共服务窗口，公共服务窗口自2008年6月27日～9月20日办理2008年7月1日～9月20日期间道路货物运输保障有关事项及政策咨询。

奥运会及残奥会期间，城市货运交通保障工作遵循以下原则：

① 控制总量、用足绿标、确保重点；

② 先申请、后发证、再运输；

③ 绿标车一车一证，按规定时间、路线行驶；

④ 在现有基础上绿标车运输效率至少提高一倍；

⑤ 开辟市内“绿色通道”；

⑥ 应急车辆实行特事特批。

公共服务窗口分为两个层次：

① 行业主管和归口部门货运保障公共服务窗口（以下简称“行业窗口”）。主要

负责本行业、本系统和归口企事业单位货运需求调查和汇总，制订运力配置方案，办理主管和归口单位普通货物运输、危险化学品运输、应急货物运输需求的受理、初审及政策咨询；报送相关报表和信息。

② 联合货运保障公共服务窗口（以下简称"联合窗口"）。由北京市交通委、北京市安全生产监督管理局、北京市环保局、北京市运输管理局、北京市公安局公安交通管理局、北京市公安局治安总队等部门组成，主要负责奥运会期间全市货物运输保障工作的统一协调、组织实施、信息收集和报送；负责办理普通货物运输、危险化学品运输、应急货物运输需求的审定及政策咨询。

6.5.1.3 组建货运"绿色车队"

为保障2008年奥运会期间大气环境质量达标，满足城市货运需要，交通运输部门研究提出了货运"绿色车队"资质条件及工作程序，与公安交管、环保部门多次磋商、协调后，在全市组建城市货运"绿色车队"，并于2008年6月30日完成组建工作，发布了《关于奥运会残奥会期间北京市城市保障道路货运"绿色车队"名单的通告》，向社会公示了货运"绿色车队"企业178家。号召有货运需求的单位使用"绿色车队"运输。

6.5.2 城市货运保障

6.5.2.1 总体情况

自2008年7月21日～8月24日，全市各行业主管及归口部门和"绿色车队"企业投入运输的1.9万辆持证货运车辆，共完成货运量366.7万t，平均每日10.5万t；完成货运周转量25568万t·km，平均每日729.7万t·km；平均每车每日运输1.86车次，平均每车每日货运量为5.54t。

"绿色车队"企业主要承担社会化货物运输保障任务。据统计，自2008年7月21日～8月24日，"绿色车队"企业所属4490辆货车，共完成货运量68.7万t，平均每日1.96万t；完成货运周转量6417万t·km，平均每日183.3万t·km；平均每车每日运输1.92车次，每车每日货运量为4.4t。据统计，"绿色车队"运输的货物直接为奥运服务的占16%，工业占22.2%、商业占42.3%、其他占19.5%。

6.5.2.2 货运运行监测

为及时了解和掌握货运车辆通行情况及城市基本生产生活物资供应情况，交通运输部门对北京市进京检查站、高速公路收费站、道路货运站场、主要农副产品批发市场、大型超市配送中心等进行了监测。监测表明，在奥运交通限行的情况下，货运车辆运行趋势平稳，鲜活农产品等“绿色通道”车辆行驶畅通，城市生产生活物资货运配送及时，城市运行正常。

6.5.2.3 货运保障公共服务窗口运行

自2008年7月4日～8月26日，联合服务窗口共审核货运保障车辆28250辆（其中，危险货物运输1750辆，“绿色车队”4577辆，农委系统鲜活农产品运输5149辆，商务系统配送运输6111辆），并转公安交通管理部门审批核发车辆通行证。在审核工作中，联合服务窗口优先办理商务、农委货运车辆，以保障首都商业配送、农副产品运输等基本生活物资的货运通行需求。

6.5.3 开闭幕式转场物资运输

6.5.3.1 转场运输简介

转换期是指作为奥运会及残奥会开、闭幕式主会场的国家体育场，由演出场地向竞赛场地的转换过程。这个过程表面上是场地功能的转换，实际上是一个十分复杂的物流过程，涉及物资运入、场地保护、设备拆装、物资运出、铺装草坪、设备调试、清洗保洁等一系列作业环节，运输几乎是贯穿始终的后勤保障工作。奥运会及残奥会开、闭幕式共有四次，由于开、闭幕式日期不可更改，体育赛事赛程已经确定，转换期物流对安全性和准时性的要求极高。因此，科学合理的运输计划、严谨周密的运输组织、安全高效的运输过程对于转换期的顺利实现至关重要。

转场运输的对象主要包括场地设备和演出物资两大部分。根据奥组委开、闭幕式的工作安排，由北京交通运输管理部门负责转场运输的组织协调，物流公司作为承运商承担运输任务。

北京交通运输管理部门根据转场运输的需求特征和时限要求，按照转换期整体实施方案，制订了分赛会、分阶段、分时段转场运输一体化运输流程，即开、闭幕式前，将场地设备和演出物资从存放地提前运至国家体育场，开、闭幕式后根据物资保管归属，将场地设备和演出物资从国家体育场运至相应的物流仓库存放。

6.5.3.2 转场运输组织模式与保障方式

根据奥运会及残奥会转换期转场运输特征，遵循服从转换期整体实施方案的运输保障原则和突出重点的运输保障策略，把握好转换期不同阶段的时间控制节点，对转场运输的运输组织模式与保障方式进行了周密的设计。

（1）组织模式。

奥运会及残奥会转换期转场运输工作在北京奥运会开闭幕式运营中心和国家体

育场运行团队的总体组织和协调下，由北京交通运输部门牵头，交通管理部门配合，承运商具体运作实施，各演出辅助部门和设备制作部门参与协作，形成了奥组委组织机构与政府职能部门融合、运输管理部门与交通管理部门联动、承运商与政府职能部门保障结合的运行组织模式。

交通运输部门就转换期不同阶段的各类物资运输需求，进行了深入细致的调研，对货物种类进行梳理、归类，分别确定运输需求的车型、时间、装卸地点等信息和货物种类、件数、总质量、规格、外廓尺寸等技术参数。

在细化运输需求的基础上，交通运输部门与物流公司一起先后组织编制了奥运会开幕式和闭幕式、残奥会开幕式和闭幕式的转场运输组织实施方案，明确运输任务，确定作业流程，配备车辆装备，设计运输流线，编制运行时序，制订安保措施和应急预案。

从转场运输的实际出发，选择了中转卸载场所，运用节点运输、多次往返、二次转运的运输组织技术，有效解决了转场物资拆装高峰期车辆周转困难的问题；运用牵引车与挂车甩挂运输技术，科学解决了转场物资一次场外卸载、二次转运进场效率低的问题，提高了转场运输效率。

（2）保障方式。

奥运会及残奥会转换期的转场运输是在赛会过程中的不同时段连续进行的，受到场内外人流、车流的影响。要在规定的时限里，安全、高效地完成转场运输，需要车辆运行、技术支持、生活后勤等诸多方面提供有力的运行保障。

① 车型适用、调度合理。转场运输是转换期物流项目的重要组成部分，直接影响着物流过程的整体进度。组织这样的运输项目，要选择适用的车型，进行科学合理的调度。根据转场运输物资的特点，承运商选择了栏板车、平板车、厢式货车、集装箱车、凹心板车、轴线车等 10 余种车型，载质量从 1.5~160t 不等的车辆，可以适应各类物资运输的要求。同时，根据转场运输中的不同需要，设立了 14 个项目调度组，分别采取了分时派车、分组派车、分段派车、接续派车、循环派车、压载驻车等调度措施，使适用的车辆在科学合理的调度下，发挥了最佳的效能。

② 流线清晰、保证秩序。根据国家体育场现场作业条件复杂的特点，保证转场运输车辆进出秩序的通畅，是提高转场运输效率的重中之重。为了避免不同作业部门人员及车辆流线交叉、重叠，形成妨碍运输通畅的瓶颈，统一设计了作业现场的车辆进出流线，确定了装卸设备摆放位置，根据实际需要铺垫了跑道保护材料，安排了现场指挥疏导人员，从而有效避免了多部门同时作业导致环境秩序混乱的弊端。

③ 流量控制、有效疏导。转场运输量比较集中的场外运输线路有三条，即国家体育场至顺义奥运物流中心仓库、国家体育场至大兴开幕式排练场仓库和通州演出设备制作基地。为了确保运输车辆安全、快速和无障碍通行，北京交通运输管理部门会同公安交通管理部门和物流公司，组成运输路线勘验小组，从场内道路、安检通道开始，对运输路线沿途的道路宽度、限高、桥涵承重、转弯半径等技术参数逐一进行测量，制作运输路线图，并提前进行了模拟运输。为减少转场运输对赛时交通和社会交通的影响，对连续作业的转场运输车辆采取了 5 ~ 10 辆车编组运行，避免车队过长；对超宽超高的转场物资除必须连续运输的以外，大都安排在夜间运输，由公安交通管理部门全程护送。

④ 预案完善，从容应对。针对转场高峰期车辆运转快、超限设备多的转场任务特点，选择汽车修理公司一厂等两个具备卸载条件的场地作为临时周转场地。在转场运输高峰期间、超长件和超宽件运输不畅时，及时调整卸车地点，在汽车修理公司一厂临时存放周转 61 车货物，保证了转场运输按时完成。针对运输过程中可能出现的各种突发情况，运输企业配备了车辆抢修设备、防雨设备、特种装卸设备和应急备用车辆，这些应急措施都在转场过程中发挥了有利作用。

⑤ 实时监控，应变及时。转场运输配备的运输车辆全部安装了 GPS 卫星定位系统，物流公司在公司运营指挥中心建立了监控室，实行远程动态监控；承运商自备的无线通信设备与转换期运行指挥中心的无线通信系统相互配合，使转场指挥系统及其各个作业现场，能够实时掌握场内、场外的运行动态，转场运输信息可以及时反馈，保证了快速反应、应变及时。

6.5.3.3　转场运输运行情况

（1）奥运会开幕式转场运输。

开幕式转场运输历来是奥运会运输中的难点，其难度主要体现在以下几个方面。

① 需求不确定。因开幕式演出节目调整频繁，需运输物资品种、数量也随之变化，转场运输计划随之反复修改、调整近 20 余次。

② 运输时间紧。往届奥运会转场工作所需时间均在 90 多个小时，而此次转场时间只有 56h，其中制约此次转场能否成功运输的关键则主要集中在 2008 年 8 月 9 日 4:00 至 8 月 10 日 4:00 这 24h 内，加上体育场作业场地有限，只有两个运输车通行出口。转场设备运出与闭幕式设备运入交叉进行，设备拆装难度大、用时多，卸车地点分散，加之安检所用时间，使车辆运输时间延长。

③ 天气情况不确定。转场运输期间正值雨季，有可能出现降雨、大风、雷电等

天气，对运输装卸影响较大，需要提前制订应对各种天气情况的运输方案。

④ 需协调部门多。运输工作涉及奥组委开闭幕式工作部、安保部、物流部、交通部、各有关场馆运行团队以及交通管理、路政等部门，同时还涉及多个企业，因此，需做好相关协调工作。

奥运会开幕式转场主要包括奥运会开幕式进场设备（记忆塔和中心子台）、开幕式技术设备、道具、仪式制作物、服装、化妆、灯光、音响、仪式前演出道具、跑道保护材料 10 大类总计 1.1 万余吨、3 万多件物资。整个运输工作于 2008 年 8 月 7 日 15:00 开始，至 12 日 6:00 圆满结束。共投入运输车辆 138 部、运输 502 车次。图 6-5 所示为奥运会开幕式国家体育场转场运输的现场情况。

图6-5　奥运会开幕式国家体育场转场运输现场情况

（2）奥运会闭幕式转场运输。

奥运会闭幕式设备转场（含部分残奥会开幕式设备进场）运输时间集中在 2008 年 8 月 23 日 23:00 ~ 8 月 29 日 16:00。主要包括奥运会闭幕式记忆塔和中心子台、仪式前演出道具，音响、服装、舞美道具、仪式制作物、伦敦奥组委 8min 演出服装道具和残奥会开幕式演出白玉盘舞台设备共计 8000 余件、3800 多吨物资。运输从 8 月 23 日 23:00 开始，至 8 月 28 日凌晨 3:00 结束，共投入车辆 138 部、运输 311 车次其现场情况如图 6-6 所示。

图6-6　奥运会闭幕式国家体育场转场运输基本结束时现场情况

（3）残奥会开幕式转场运输。

与奥运会开幕式转场运输相比，残奥会开幕式转场运输主要有以下特点。

① 时间更紧。从 2008 年 9 月 7 日 0:00 到 9 月 8 日 9:00 开始比赛，共有 33h，这其中还要留出 3h 进行设施安装、清扫卫生等工作，实际转场运输的时间只有 30h。

② 转场物资与奥运会开闭幕式不同，设备的场家、规格结构是全新的，需要重新进行车辆、车型的配备。

③ 由于时间紧，国家体育场现场为几家单位必须同时交叉或重叠作业，给运输增加了难度。

④ 残奥会开幕式的主设备厂家要进行回收，不能有丝毫的损坏，此设备进场运输时的时间较长，如图 6-7 所示。

残奥会开幕式转场运输物质主要包括白玉盘（图 6-8）、小舞台和跑道保护材料，共计 4000 余吨。运输从 2008 年 9 月 7 日 0:00 开始，至 9 月 8 日 8:00 结束，共投入车辆 110 部、运输 265 车次。

（4）残奥会闭幕式转场运输。

图6-7　残奥会开幕式国家体育场内转场运输设备进场前铺设跑道保护

图6-8　残奥会开幕式国家体育场内首块“白玉盘”撤场

残奥会闭幕式转场运输主要包括残奥会闭幕式智能草坪、演出道具、伦敦奥组委演出设备和跑道保护材料等，共计约1000余吨。运输从2008年9月16日23:00开始，至9月18日7:00结束。共投入运输车辆80部、运输175车次。

转场运输问题在奥运筹办初期往往容易被忽视，在制订奥运竞赛日程阶段很难考虑到这个问题,例如国家体育场在2008年8月9日上午就安排有相应的比赛项目。直到制订场馆运行方案阶段转场，运输时间短的问题才凸显出来，但是由于此阶段竞赛日程已经确定，给转场运输工作带来了很大的挑战。

6.6 铁路及民航赛时运行

6.6.1 民航机场运行

6.6.1.1 首都机场运行指挥体系

（1）赛前筹备协调组织体系。

为做好北京奥运会及残奥会的民航运输保障工作，国务院于2006年6月成立了2008北京奥运会首都国际机场协调委员会，国务院副秘书长为协调委员会主任，成员单位包括外交部、公安部、安全部、民航局、海关总署、质检总局、北京市人民政府、北京奥组委、总参作战部和武警部队，协调委办公室设在民航局。2008北京奥运会首都国际机场协调委员会是在北京奥组委的领导下，加强奥运会期间首都机场及相关机场运行和服务保障工作的组织领导，按照“方便快捷、确保安全、服务周到、符合国际惯例”的工作目标和要求，加强协调和配合，进一步落实工作责任，确保各项任务的完成。

协调委办公室内设空中交通管理组、航空安全保卫组、航空简化手续组、航空运输保障综合组4个工作小组，各专业小组工作人员分别由各相关成员单位派出。

（2）赛时指挥体系。

2008年2月，民航局决定调整民航奥运领导小组及其办公室，与首都国际机场协调委员会办公室及其组成单位共同组建民航奥运赛时指挥体系。民航赛时指挥体系组织结构如图6-9所示。在机场协调委员会办公室组成机构的基础上，增加了规划建设组、奥运宣传组和奥运信息组等部门，同时与民航东北、华北、华东地区奥运工作实施领导小组及首都国际机场场馆运行团队有效融合，以确保信息畅通及高效运行。

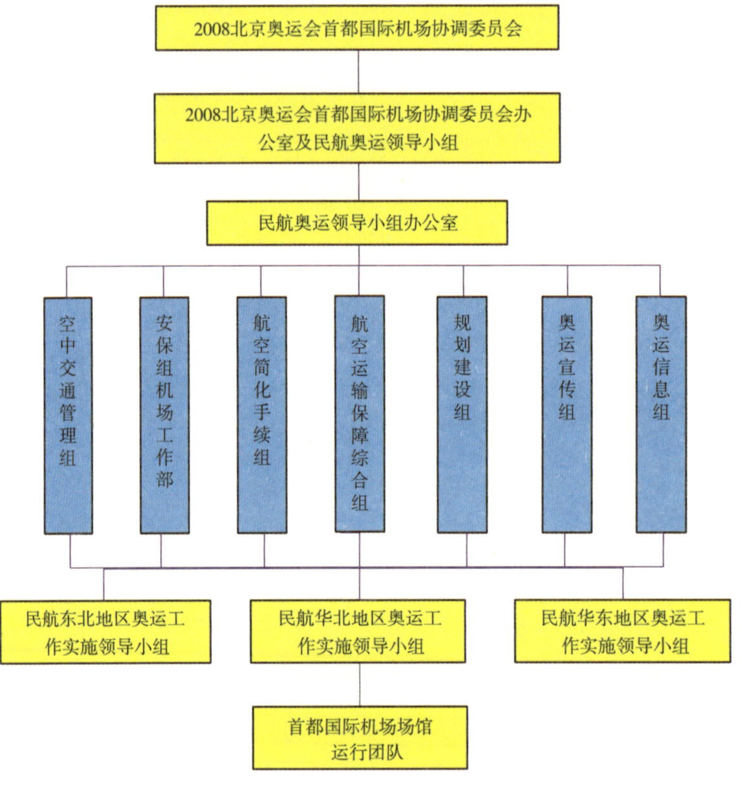

图6-9 民航奥运赛时指挥体系结构图

6.6.1.2 首都机场赛时运行

首都机场赛时运行与场馆交通运行是由场馆运行团队按照事先制订好的场馆运行方案组织运行，所不同的是服务的群体及其抵离特性，图 6-10 展示的是首都机场服务的注册客户群（不含国际贵宾）抵离交通服务时间的有关情况。

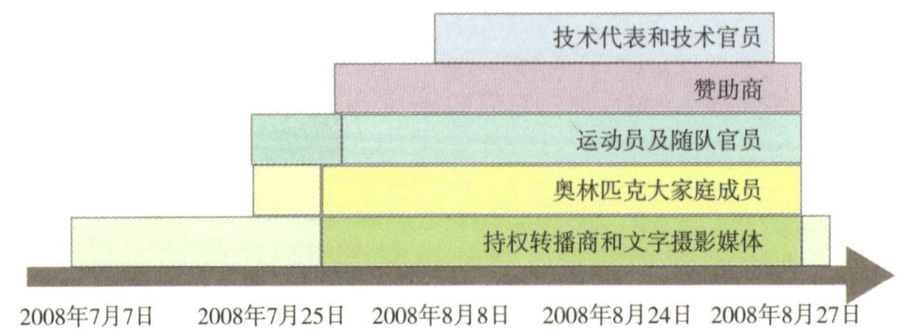

图6-10 首都机场奥运注册客户群（不含国际贵宾）抵离交通服务时间图

注：图中浅色阴影部分为提前服务期/延长服务期，主要颜色区域为核心服务期。

通过事先对各群体的抵港日期、抵港航班号、预计抵港时间、出发城市、注册类别、抵达航站楼、住宿地、人数、个人/团队、姓名/团队名称、客人（团队联络人）联系方式、其他要求（语言、随身器材、行李或其他）等信息的收集和汇总，确定每天到港的各类群体数量及驻地，为班车运行提供参考。具体运行时是由首都机场交通团队、抵离交通服务团队和各相应客户群交通服务团队三方共同配合完成的。具体运行方案在此不再赘述。

从2008年7月20日～9月20日，民航空管系统共保障国内外航班80余万架次，其中保障首都机场起降72590架次，专机248架次，要客689架次，涉奥飞行7420架次，圆满完成了奥运空管保障工作。其中，华北民航共保障国家元首及贵宾400余批次，专机、公务机1823架次；涉奥航班6558架次，保障涉奥人员95706人次；出入港轮椅客人2925人次；区内圣火传递飞行55架次，保障了大量的奥运奖牌、注册卡、兴奋剂检验尿样、场馆物资等紧急运输任务，协调解决了近万件行李超重等问题，实现了零投诉、零事件、零事故。

2008年8月6日～8月8日，是奥运航班进港高峰，其中8月7日为进港航班最高峰。8月7日全天，国航将要保障进港航班451架次，专包机及公务机52架次，超过30架次/h的进港高峰波，一天之内达到了4个，最高的一小时进港37架次。创造了中国民航有史以来单日保障专机数量的最高峰。

残奥会期间，首都机场根据奥运会保障经验，按照“安全第一、人文关怀、细节服务、团结配合”的原则，加大了残奥会期间值机柜台服务范围，减少了离港高峰期对现场保障资源的压力，避免了服务不到位等问题的发生。并协调做好残奥村内、代表团楼前办理登机手续、发放登机牌、收取托运行李、进行行李安检等延伸服务的相关工作，以方便残奥大家庭代表团离京。

奥运会及残奥会期间，民航系统共为来自200多个国家和地区的10万多名奥运大家庭成员，数10万观众、游客以及众多新闻媒体记者提供了安全、高效、便捷、优质的航空运输服务。在奥运会保障期间，全民航航班正常率达到85.71%，比2007年同期增长5.94%。

6.6.2 铁路赛时运行

6.6.2.1 奥运铁路运输保障重点

奥运会期间，铁路运输保障工作的内容主要包括以下几方面：

① 奥运火炬接力传递铁路转场运输；

② 奥运足球赛事参赛运动员、技术官员在不同城市间的运输；

③ 京外赛区备选运输，主要是由于自然灾害等原因，飞机不能正常起降时，转由铁路的运输；

④ 涉及口岸站的国际运动员、参观者团队运输；

⑤ 以中央政府、赛事主办地政府和港澳特区政府名义邀请的客人及其主办奥运有关活动的重点旅客运输；

⑥ 普通观赛旅客运输，重点是足球观众运输。

6.6.2.2 赛时铁路运输保障情况

第 29 届北京奥运会足球比赛和帆船比赛分别在北京、天津、上海、沈阳、秦皇岛和青岛等城市举行，为保障各参赛队及技术官员在赛时能根据赛程在各赛区间快速移动，确保为各比赛团队、技术官员提供安全、快捷、便利的铁路运输服务，奥运赛时，铁路部门在各赛区城市火车站开辟了"奥运绿色通道"，以方便赛时接送站运动员、技术官员的车辆能停靠在最近站台，确保安全、准时进出站。在车站站内为奥林匹克大家庭成员、运动员和技术官员的候车提供专用通道和贵宾休息室。北京铁路局还在北京市内各火车站站区附近开辟了奥运赛时专用停车场，设置了相应的指路标志标识，以方便接送运动员、技术官员的车辆停放。

赛时，铁路部门还在北京、天津、秦皇岛、沈阳等城市之间开通奥运专列，以方便足球比赛各参赛队伍及技术官员在比赛日后一天上午进行赛区间移动，也方便了球迷观赛。

铁路部门同时与城市交通运输管理部门积极配合，做好到站旅客疏散引导工作，特别是对奥运会期间因赛事安排出现的铁路特殊抵离高峰，第一时间通报城市交通运输管理部门，以便做好相应的集散运输准备，确保旅客安全、快速疏散。

7 开幕式闭幕式交通运行

7.1 奥运会开幕式彩排交通运行

奥运会开幕前，需要进行开幕式彩排。通过彩排对开幕式各个流程进行全方位演练，从而对场馆设施、技术系统、计划方案、运行规范和交通、安保等各种保障方案进行测试和检验，及时找出问题，确保开幕式按计划顺利进行。

北京奥运会开幕式分别在2008年7月30日、8月2日和8月5日，共举行了三次有观众的彩排，特别是8月2日的彩排，完全模拟开幕式当天的计划情况开展。其中，7月30日彩排观众总人数约3.5万人，8月5日彩排观众总人数约5.5万人，这两次彩排，观众均为18:00开始入场；8月2日彩排观众人数约3.5万人，16:00开始入场。

7.1.1 开幕式彩排公交运行

为确保北京奥运会开幕式观众公交运输保障工作方案的顺利实施，提高调度指挥和组织协调能力，测试开幕式公交运输保障方案、公交调度指挥系统指挥流程及对外协调组织机制，按照“统一指挥、明确责任、分级负责、调度有序”的原则，根据奥运会开幕式演练方案，公交运营部门制订了开幕式彩排公交运行方案，以检验奥运会开幕式专线、包专车及常规线路的人员集散运营组织、运输能力以及赛时指挥系统的组织协调能力，为奥运会开幕式公交运行积累经验。

7.1.1.1　开幕式公交专线

按照奥运会开幕式安保方案要求，奥运会开幕式当天各群体采用“远端集结”的方式入场，观众需要做到“远端集结，凭票上车”，为此交通运输部门研究确定了28条奥运会开幕式公交专线。

（1）开幕式公交专线概述。和奥运会公交专线相关的概念有“开幕式公交专线“和“奥运公交专线”两种。两种专线的区别主要有以下几个方面。

① 运行日期不同。“开幕式公交专线”只在开幕式当天或开幕式彩排当天运行(奥运会闭幕式、残奥会开幕式及残奥会闭幕式也沿用了“开幕式公交专线”，分别称为“闭幕式公交专线”、“残奥会开幕式公交专线”和“残奥会闭幕式公交专线”),而“奥运会公交专线”运行日期为奥运会赛事期间（北京奥运会共有34条奥运公交专线，7月20日开通了第一批共10条奥运公交专线，8月9日起陆续开通其他24条奥运公交专线，残奥会期间保留了16条“奥运公交专线”继续运营，称为“残奥会公交专线”)。

② 首末站设置不同。“开幕式公交专线”首末站比较单一，为国家体育场周边和28处外围观众集结点，入场时由28处外围观众集结点开往国家体育场，退场时由国家体育场开往28处外围观众集结点。而“奥运会公交专线”的首末站类型较多，有奥运场馆之间的线路，也有交通枢纽、火车站、地铁站或现有公交场站与场馆之间的线路。

③ 中途站设置方式不同。在三次彩排时，根据安保要求，“开幕式公交专线”最初采用“远端集结，一站直达”的运行方式。在开幕式当天，为了方便开幕式观众就近乘坐，提高线路的覆盖率，经与安保部门协商，在每条线路增设了1～2处中途站。而“奥运公交专线”与普通公交线路一样，设有较多的中间站，例如奥运公交专线1路共设有16处中间站。

④ 服务对象不同。“开幕式公交专线”只服务于开幕式持票观众和持开幕式专用证件的工作人员，且上车需要验票和出示证件，免费乘坐，无票无证件人员严禁上车。而“奥运会公交专线”和普通公交线路一样，除了持票观众及持证工作人员可以乘坐外，普通市民也可以乘坐。持当日观赛门票的观众和持证人员可以免费乘坐，而普通市民则需购票或刷卡乘坐。

（2）开幕式公交专线远端集结点设置。开幕式公交专线远端集结点设置充分考虑各个方向的需求，按照“覆盖城区、方便乘车、利用现状”的原则，在全市范围内共选择了28处外围集结点，包括火车站、枢纽站点、大型居住区、地铁站点等，分别发往奥林匹克公园东部场站和南部场站，具体分布情况如图 7-1 和表 7-1 所示。

专线发车点（发往奥林匹克南场站）
专线发车点（发往奥林匹克东场站）

图7-1　开幕式公交专线远端集结点分布图

表7-1　开幕式公交专线远端集结点及中间站一览表

路号	首站	中间站位置	散场发车站
开1	国际展览中心（18路）	安贞桥北（328路北行） 安慧桥北（328路北行）	G4场站
开2	北京游乐园（60路）	光明楼（8路东行） 地坛西门（328路北行）	G4场站
开3	四惠站（东）（322路）	朝阳公园桥北（740外）	G4场站
开4	东大桥（350路）	亮马桥（300外）	G4场站

路号	首站	中间站位置	散场发车站
开5	航天桥（631路）	四通桥西（300内） 蓟门桥西（300内）	G3场站
开6	玉泉路口南（389路）	玉泉路口东（620路东行） 五棵桥北（740内）	G3场站
开7	丰台体育场（351路）	郑常庄（740内）	G3场站
开8	望京西站（445路）	望和桥（408路西行）	G3场站
开9	左家庄（120路）	和平西桥（801路西行）	G3场站
开10	西站南广场（122路）	广安门北（620路北行）	G3场站
开11	地铁大屯路东站		G4场站
开12	二里庄（635路）		G4场站
开13	回龙观（699路）	北郊农场桥东（462路西行） 清河（490路南行）	G4场站
开14	左安路（800内）	双井桥北（300外） 惠新西街南口（119路北行）	G4场站
开15	辛庄（486路）	望京桥西（740外） 惠新东桥西（740外）	G4场站
开16	四惠站（西）（671路）	光华桥南（801路北行）	G4场站
开17	南菜园（10路）	北京儿童医院（44小） 阜成门北（44小）	民族大道西辅路
开18	西直门（360路）	明光桥北（21路北行） 北京航空航天大学（375路北行）	民族大道西辅路
开19	动物园（15路）	西直门外（105路东行） 蓟门桥北（21路北行）	民族大道西辅路
开20	南坞（425路）	万柳中路（394路北行）	民族大道西辅路

路号	首站	中间站位置	散场发车站
开21	红庙路口东（117路）	三元桥（300外） 西坝河（300外）	民族大道东辅路
开22	前门（箭楼西南）	宣武门东（44小环） 长椿街路口西（44小环）	民族大道东辅路
开23	一亩园（319路）	海淀公园（384路南行） 中关村西（740内）	民族大道西辅路
开24	古城南街（728路）	五棵松桥西（728路东行） 四季青桥南（740内）	民族大道西辅路
开25	北京南站（20路）	广渠门（800外） 雅宝路（800外）	民族大道东辅路
开26	木樨园（366路）	天坛南门（120路东行） 建国门南（800外）	民族大道东辅路
开27	北官厅（44小环）		民族大道东辅路
开28	新街口豁口（44大环）		民族大道西辅路
备注	合计：28条开幕式专线28个发车点，40个中间站		

28 条开幕式公交专线中，16 条专线的奥运公园端的场站设在奥林匹克公园区东公交场站（G3[1] 或 G4），12 条专线的奥运公园端的场站设在南部公交场站，上下客点设在北辰桥南东西两侧辅路。

（3）开幕式公交专线运行时间。

入场：首车时间 2008 年 7 月 30 日和 8 月 5 日为 16:00、8 月 2 日为 14:00，末车时间统一为 20:00（与奥运会开幕式当天一致）。从 28 个远端集结点乘车，在中间站点停靠后直达奥林匹克公园东公交场站和北辰桥南民族大道东西两侧辅路，观众可就近选择安检口进入奥林匹克公园。

退场：从散场开始至人员疏散完毕，开幕式公交专线在东公交场站和北辰桥南两侧辅路发车，沿入场路线返回远端集结点。与此同时，在 28 处远端集结点安排 90 条常规公交线路摆车，与开幕式公交专线接驳，以方便观众换乘。接驳线路情况见表 7–2。

[1] 注：本章中提到的开幕式公交停车场具体位置请参见图7–3，下同。

表7-2　开幕式公交专线远端集结点接驳公交线路表

序号	专线发车站	专线目的地	专线目的地可换乘线路			
			路号	单位	首站	末站
1	奥林匹克东公交场站	国际展览中心	18	客一	国际展览中心	惠新东桥南
2		北京游乐园	6	客三	六里桥东	北京游乐园
3			8	客一	北京游乐园	北京游乐园
4			60	客一	北京游乐园	黄寺总政大院
5		四惠站（东）	322	客五	四惠站	武夷花园
6			1	客六	四惠站	马官营
7			363	客五	四惠站	青青家园
8			397	客五	四惠站	大鲁店东街
9		东大桥	28	客五	东大桥	周家庄
10			350	客五	东大桥	曹各庄
11			440	客五	东大桥	石佛营西里东站
12			109	电车	东大桥	西客站南广场
13			快速2号线	客五	朝阳门	杨闸
14		航天桥	64	新奥	青塔小区	航天桥南
15			624	客六	航天桥南	槐树岭公交总站
16			631	客六	航天桥南	黄村火车站
17		玉泉路口南	338	客六	丰台北站	玉泉路口南
18			389	客六	玉泉路口南	八大处
19			617	客六	玉泉路口南	广安门内
20			452	客三	晓月苑小区	玉泉路口南

序号	专线发车站	专线目的地	专线目的地可换乘线路			
			路号	单位	首站	末站
21		丰台体育中心	310	客六	丰台体育中心	丰台区辛庄
22			351	客六	丰台体育中心	菜户营桥东
23		望京西站	470	客七	望京西站	望京西站
24			471	客七	望京西站	望京西站
25			420	客七	北京站东	望京北路东口
26			446	客七	望京北路东口	望京西站
27			623	客七	东直门	望京科技创业园
28		左家庄	120	客七	左家庄	天坛南门
29			659	客七	左家庄	黎各庄
30		北京西站南广场	72	客三	北京南站南广场	北京西站南广场
31			122	客七	北京站东	北京西站南广场
32			349	客三	丰台西站	北京西站
33			616	客三	北潞园	北京西站南广场
34		地铁大屯路东站	425区间	电车	南坞	地铁大屯路东站
35			464区间	新奥	回南家园	地铁大屯路东站
36			479区间	新奥	东小口村委会	地铁大屯路东站
37		二里庄	16	客四	二里庄	西直门外
38			26	客四	二里庄	西便门
39			635	新奥	二里庄	康家沟

序号	专线发车站	专线目的地	专线目的地可换乘线路			
			路号	单位	首站	末站
40		回龙观小区	460	新奥	马连店	马连店
41			461	新奥	马连店	马连店
42			428	客一	回龙观小区	天通苑北
43			618	客一	月坛体育场	回龙观小区
44			429	客一	城铁龙泽苑	东村家园东门
45		左安路	36	客二	左安路	左安路
46			802	专线	左安路	北京西站
47			800内	专线	左安路	左安路
48		辛庄	486	专线	辛庄	四方桥西
49		四惠站（西）	671	专线	四惠站	一亩园
50			455	专线	南花园	四惠站
51			496	专线	康静里小区	四惠站
52			506	双层	常营	四惠
53	奥林匹克南公交场站	南菜园	10	客四	南菜园	北京站东
54			423区间	电车	明春苑	南菜园
55		西直门	362	客四	城铁西二旗站	西直门
56			534	客四	西直门	中央党校北门
57		动物园	7	客四	动物园	五间楼
58			15	客四	动物园	天桥商场
59			65	客一	动物园	北京西站
60			332	客三	动物园	颐和园
61			19	客二	动物园	翠林小区
62		南坞	121	电车	南坞	阜成门内
63		红庙路口东	117	电车	红庙路口东	五路居
64			411	电车	红庙路口东	富力又一城
65			118	电车	红庙路口东	紫竹院南门

序号	专线发车站	专线目的地	专线目的地可换乘线路			
			路号	单位	首站	末站
66		前门	快速1号线	客二	前门	德茂庄
67			723	双层	马驹桥	前门
68			66	客二	嘉园三里	前门
69			特7	双层	世界公园	前门
70		一亩园	319	双层	西客站	西苑
71			320	客六	北京西站	西苑
72			432	新奥	天通北苑	一亩园
73			509	新奥	东北旺土井村	一亩园
74		古城南街	728区间	双层	西单	古城南街
75			472区间	双层	金安桥北	玉泉路口南
76		北京南站	377	客二	西红门西站	北京南站
77			381	客二	欣旺大街	北京南站
78			454	客二	北京南站	西红门西站
79			458	客三	云岗南宫	北京南站
80			102	电车	动物园	北京南站
81		木樨园	366	客二	木樨园	黄村火车站
82			679	双层	桂村	木樨园桥
83			497	专线	郭公庄	木樨园桥
84			504	双层	宣颐家园	木樨园
85		北官厅	44小	客三	北官厅	北官厅
86			606	客七	东湖	北官厅
87			688	专线	北官厅	蟹岛度假村东门
88		新街口豁口	44大	客三	新街口豁口	新街口豁口
89			331	客四	新街口豁口	香山
90			347	客四	新街口豁口	八大处

7.1.1.2　奥林匹克公园周边常规公交

奥林匹克公园周边共有 48 条常规公交线路途经，具体线路及站点如图 7–2 所示，除 8 月 2 日第二次彩排因交通管制部分公交线路甩站或停运外，其他线路均可乘坐。

其中，8 月 2 日第二次彩排期间，从 10:00 起，北四环路北辅路 14 条公交线路封闭西行北辰桥西站，510 路双向封闭健德门桥东、华严北里、北辰西桥南、北辰西桥北、国家体育馆、北辰西路、奥运村西、北辰西路北口站，839 路双向封闭北沙滩桥东、南沟泥河、中科院地理所、北辰西桥北、民族园路、中华民族园站，417 路双向封闭北辰东路、慧忠路西口、炎黄艺术馆站，观光 2 线停驶。

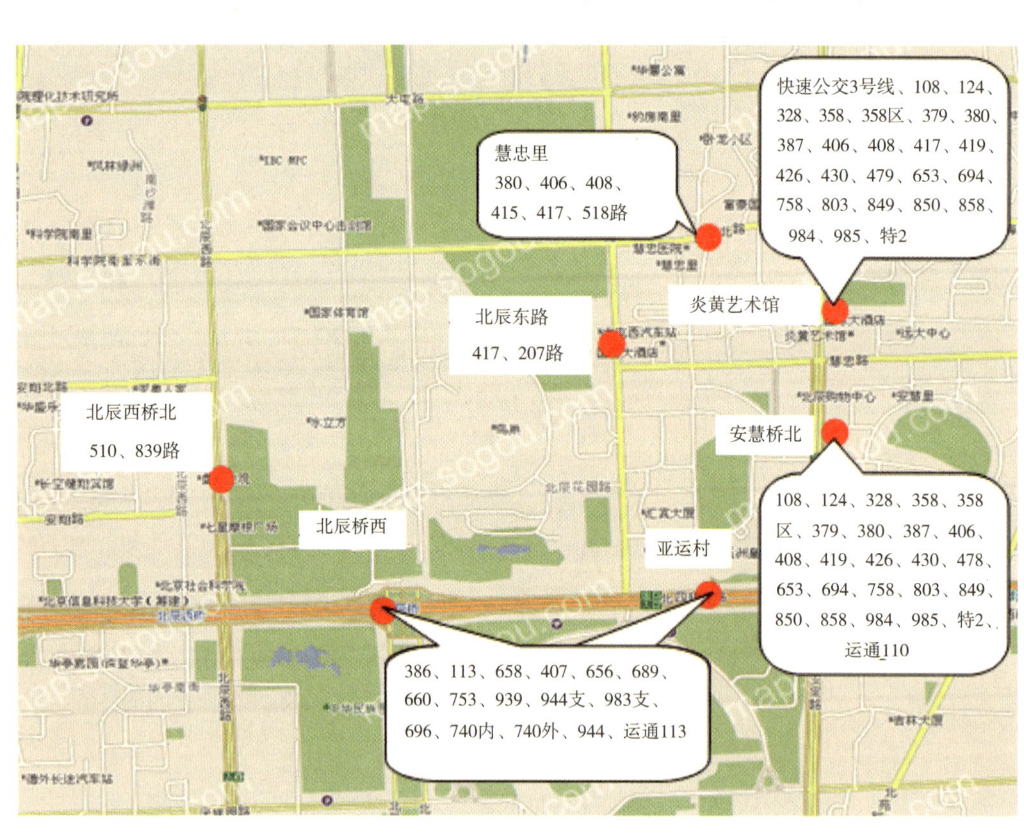

图7–2　奥运公园周边常规公交线路及站点分布图

7.1.2　开幕式彩排地铁运行

7.1.2.1　奥林匹克公园周边轨道交通概况

奥林匹克公园周边共涉及地铁 5 号线、地铁 10 号线和奥运支线（8 号线一期）三条线路，其中地铁 5 号线的大屯路东站、10 号线和奥运支线的换乘站——北土城路站和奥运支线的奥林匹克公园站（彩排期间奥运支线的奥体中心站和森林公园南门站封站）三个站点可为前往奥运公园观看开幕式彩排的观众提供地铁出行服务，线路及站点分布情况如图 7-11 所示。

7.1.2.2　入场退场观众流线组织

（1）入场流线。

① 乘坐地铁 10 号线在北土城站出站，经安检后换乘奥运支线（8 号线），直达奥林匹克公园。

② 乘坐地铁 5 号线至大屯路东站，换乘公交专线到达奥林匹克公园。

车站工作人员查验乘客有效证件或彩排门票，为其免费发放车票，引导乘客通过闸机进站乘车。免票乘客乘坐地铁到达 10 号线北土城站，持福利票通过闸机出站，经过地面安检进入奥运支线北土城站。车站无须查验票证和发放福利票，直接引导乘客进站乘车，同时记录乘客通过数量，用于统计数据。

（2）散场流线。

① 到下沉花园奥林匹克公园站乘坐奥运支线，在奥运会开幕式彩排散场期间，奥运支线各车站 AFC 系统设备的所有闸机闸门处于开放状态，乘客直接进入奥运支线车站乘车，以尽快疏散乘客。

② 沿民族大道向南步行至北土城站直接乘坐地铁 10 号线。

③ 到奥运公园东部公交场站乘坐公交专线至地铁大屯路东站换乘 5 号线。

为确保各地铁站人员安全、快速疏散，对地铁北土城站、奥林匹克公园站和大屯路东站事前进行了流线组织专门研究，制订了详细的疏散及应急方案。

在开幕式彩排当日，除机场线外，地铁其他各条线路延长运营时间 70 ~ 170min。同时在地铁 5 号线天通苑站、天通苑北站、宋家庄站和 10 号线巴沟站、知春路站、劲松站，安排有若干条普通公交线路摆车待客，进行二次接驳疏散。

7.1.2.3　运行组织保障

成立奥运会开幕式彩排地铁运输指挥部，全面负责开幕式彩排期间地铁运营组织工作，协调解决运营中出现的问题。总指挥部设在小营轨道交通安全指挥中心，同时在奥林匹克公园站、北土城站、大屯路东站等直接相邻站以及惠新西街南口站、东单站、国贸站、雍和宫站、西直门站、复兴门站等重点换乘车站设立现场指挥部。

建立场馆内、奥林匹克公园公共区与交通场站三级联动机制，确保奥林匹克公园下沉广场、地铁车站客流有序可控。奥林匹克公园公共区管委会负责下沉广场内外乘客疏导、限流组织工作，地铁公司负责奥林匹克公园车站内的乘客乘降组织工作。

公共区管委会奥林匹克公园现场指挥部地铁联络人负责利用手持无线集群电话与车站现场指挥联系，互通信息，掌握车站客流组织情况，根据车站现场情况，及时报告公共区管委会采取限流、分流措施。奥林匹克公园车站现场指挥负责车站客运组织工作，利用手持无线集群电话与联络人联系，随时报告车站客流组织及列车运行情况。奥林匹克公园车站地铁共安排工作人员30余人，主要安排在车站出入口、检票口、扶梯、站台等重点部位。

7.1.3 观众集散应急保障措施

为保证观众集散的高效、安全，彩排期间针对观众集散采取了以下几方面的措施，收到了显著的效果。

（1）加大了开幕式公交专线的宣传力度，通过报纸、广播等新闻媒体详细介绍了开幕式公交专线的集结地点、运营时间和方式。

（2）在公交场站、地铁车站增加工作人员，有效发挥现场引导作用。

（3）制订了完善的地铁奥运支线奥林匹克公园站和下沉广场观众疏散引导方案，实施了地铁站内、下沉广场、地面三级联动疏控机制，效果良好。

（4）对途经北四环路的16条常规公交线路实行甩站通过，与此同时，在北辰东路安排专人引导包专车观众走东北部8号安检口，有效缓解了东南5号安检口的压力（图7-3）。

（5）按照开幕式闭幕式现场指挥部要求，加强外围保障的协调联动，进驻公共区指挥运行中心，提高了工作效率和应急反应能力。

7.1.4 开幕式彩排交通运行总结

7.1.4.1 第一次彩排交通运行情况

（1）公共交通运行情况。2008年7月30日开幕式彩排公共交通运力准备充足，满足观众进场和散场需求。总体运行安全、有序、平稳，未发生大客流积压和危及安全的事件。开幕式公交专线、地铁进出场共运送观众约7.31万人，占总集散量的43%（如果考虑乘坐常规公交线的观众，比例应不少于50%）。其中，进场约4.08万人，散场约3.23万人。

2008年7月30日，地铁全线共开行列车4194列，加开临客2列。进场运送观众约3.45万人，散场运送观众约2.5万人，绝大部分由地铁奥运支线承担。28条开幕式公交专线配车500辆，共发车656次，进场运送观众约0.63万人，散场运送观众约 0.73 万人。

图7-3　奥运会开幕式安检口及停车场分布图
注：本章提及的各安检口、专车停车场及公交停车场位置均参考此图。

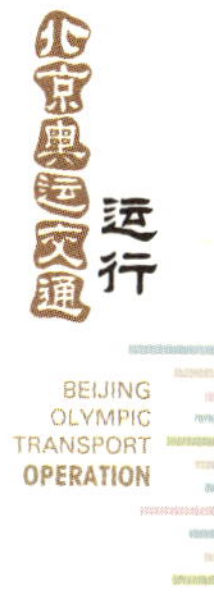

针对7月30日开幕式彩排的具体情况，主要采取以下措施：

① 与奥组委票务部门配合，编写印制了10000份《开幕式彩排观众乘坐公共交通指南》，通过发票渠道提供给各相关单位，对乘坐公共交通自行前往的观众，提前告知乘车方式；

② 与相关部门配合，提供公共交通观众散场提示信息，通过国家体育场广播系统在散场时重复播放；

③ 与相关部门配合，根据情况适时调整奥运支线奥林匹克公园站，特别是下沉广场观众疏散引导方案，确保观众安全、快速、有序的疏散；

④ 针对各安检口观众到达不均衡的情况，与相关部门配合，制订了公交摆渡方案，配备20辆公交机动车用于安检口之间观众调配，以减轻安检压力。

从实际运行状况来看，散场好于进场，散场总体平稳有序。进场时，主要问题是安检口观众到达不均衡，压力最大的是国家体育场东南的5号安检口和奥运支线北土城站2号安检口，17:30 ~ 19:00上述两处安检口积压了大量等待安检的观众，对此，及时启动公交摆渡方案并根据需要增加配车，由20辆增加到75辆，发车121次，摆渡7860人次，有效地缓解了两处安检口的压力。

（2）赛事交通服务演练情况。

赛事交通服务演练运行顺利，同时通过演练也发现了停车位和交通流线设置方面的某些问题，为及时解决问题、保证开幕式当天赛事交通服务工作打下了基础。

（3）交通安全组织保障情况。因2008年7月30日未完全模拟开幕式当天情况采取交通管理措施，安立路、北四环路等奥林匹克公园周边部分道路因车流量大，出现暂时性交通不畅，北四环路辅路围观群众聚集也对交通造成一定影响。

7.1.4.2 第二次彩排交通运行情况

（1）公共交通运行情况。

2008年8月2日开幕式彩排公共交通运力准备充足，可满足观众进场和散场需求。总体运行安全、有序、平稳，未发生大客流积压和危及安全的事件。

开幕式公交专线、地铁进出场共运送观众约6.7万人次，其中，进场约3.52万人，散场约3.18万人。

2008年8月2日地铁全线共开行列车4160列，加开临客28列。运送进场观众约2.77万人，运送散场观众约2.29万人，绝大部分由地铁奥运支线承担。28条开幕式公交专线配车500辆，共发车722次，运送进场观众约0.8万人，运送散场观众约0.9万人。常规公交线路二次疏散摆车146辆，运送散场观众0.64万人。

2008 年 8 月 2 日彩排吸引了大量市民观看焰火燃放，公交、地铁紧急应对，加大运力。18:00 至末班车，地铁 10 号线北土城站集散 6 万人，开往奥林匹克公园区的 6 条赛时奥运公交专线集散 2.1 万人。

总结 2008 年 7 月 30 日开幕式彩排工作经验，2008 年 8 月 2 日彩排主要采取的运行保障措施有：

① 加大了开幕式公交专线的宣传力度，通过报纸、广播等新闻媒体详细介绍了开幕式公交专线的集结地点、运营时间和方式；

② 在公交场站、地铁车站增加工作人员，有效发挥了现场引导作用；

③ 专题研究完善了地铁奥运支线奥林匹克公园站和下沉广场观众疏散引导方案，实施了站内、下沉广场、地面三级联动疏控机制，效果良好；

④ 对途经北四环路的 16 条常规公交线路实行甩站通过，同时，在北辰东路安排专人引导包专车观众走东北部 8 号安检口，有效缓解了东南 5 号安检口压力；

⑤ 按照开闭幕式现场指挥部要求，加强外围保障的协调联动，进驻公共区指挥运行中心，提高了工作效率和应急反应能力。

（2）赛事交通服务保障情况。参加演练的全部车辆运行正常，安全完成了 2008 年 8 月 2 日的演练任务。媒体交通服务团队演练时间为 2008 年 8 月 2 日 13:00 至 8 月 3 日 1:00。动用车辆 73 辆、人员 93 组，开通班车 13 趟，为 53 名注册媒体人员提供了抵达国家体育场的交通服务，无返回国际广播中心（IBC）人员。同时，深化了流线踏勘及 P3 停车场屯车总量。

7.1.4.3 第三次彩排交通运行情况

（1）总体情况。

2008 年 8 月 5 日开幕式彩排公共交通运力准备充足，可满足观众进场和散场需求，总体运行安全、有序、平稳。

开幕式公交专线、地铁进出场共运送观众约 9.85 万人次，其中，进场约 4.95 万人，散场约 4.9 万人。

2008 年 8 月 5 日地铁奥运支线共开行列车 595 列。运送进场观众约 3.3 万人，运送散场观众约 3.01 万人；28 条开幕式公交专线配车 420 辆，共发车 934 次，运送进场观众约 1.65 万人（其中 40 个中间站运送观众 1003 人次），运送散场观众约 1.89 万人（常规公交线路二次疏散摆车 160 辆，运送散场观众 0.45 万人）。

（2）运行保障措施。

总结 2008 年 7 月 30 日、2008 年 8 月 2 日两次开幕式彩排经验，增加、完善的

保障措施有：

① 开幕式公交专线在28处外围首末站的基础上，增设40处中间停靠站，分别到达奥林匹克公园区东公交场站、南公交场站以及设在北辰桥南（民族大道）两侧辅路的上下车点；

② 加大开幕式公交专线的宣传力度，28条开幕式公交专线共运送乘客3.54万人次，比“8.2”彩排增长1倍；

③ 在公交场站、地铁车站增设引导标识标牌，增派引导和联络工作人员，有效发挥现场引导作用；

④ 继续完善地铁奥运支线奥林匹克公园站站内、下沉广场、地面三级联动疏控机制，效果明显；

⑤ 进一步加强了外围保障协调联动，提高了工作效率和应急反应能力，引导4808名观众通过公交摆渡车分别到8号和3号安检口安检（安检口具体位置参阅图7-5开幕式观众集散指南图，下同），有效缓解了安检口的安检压力。其中，从5号安检口摆渡观众到8号安检口进行安检，共发车6次，运送乘客473人；从2号安检口摆渡观众到3号安检口进行安检，共发车51次，运送乘客4335人。

7.1.4.4 经验总结

按照“有特色、高水平”的要求，以实现“三个满意”为目标，通过对2008年7月30日、8月2日、8月5日彩排公共交通运行特点的认真分析，查找问题，细化完善了8月8日开幕式公共交通保障措施方案，主要体现在以下方面。

（1）做好对奥林匹克公园周边非持票人员的运输准备工作。增加公交机动运力保障，完善现场应急调度机制；增加现场联络和引导力量，按需要合理分布，及时反映现场情况，为应急调度指挥提供信息。

（2）进一步完善开幕式公交专线运营组织方案，并通过报刊、广播等新闻媒体广泛告知观众，吸引和方便更多的开幕式观众乘坐开幕式公交专线，有效发挥开幕式公交专线的作用，方便观众前往开幕式现场。

（3）进一步加强公安交管和公共交通保障的衔接联动，如地铁10号线北土城站至3号安检口摆渡车辆返回、散场摆车等，确保疏散观众公交车辆畅通有序。

三次开幕式彩排交通运行保障工作的具体实践，进一步完善了奥运会开幕式交通运行方案，为开幕式当天交通运行保障工作奠定了良好的基础。

7.2 奥运会开幕式交通运行

7.2.1 概况

北京奥运会开幕式于 2008 年 8 月 8 日 20:00 在国家体育场举行，奥运会开幕式交通运行组织遵循“以人为本，安全、有序、快捷”的总原则，集结侧重“外围集结、分路抵达”，疏散侧重“时空分离，避免交织”的思路，对参加开幕式活动的 15.9 万人进行有效的交通运行组织，其中专车客户群约为 7.6 万人，各类公共交通客户群约为 8.3 万人。各客户群人员构成如表 7–3 所示。

表7–3 开幕式客户群人员构成

<table>
<tr><th>客户大类</th><th>客户类型</th><th>客户群</th><th>人数（人）</th><th>车辆数（辆）</th><th>客户群责任单位</th></tr>
<tr><td rowspan="13">专车客户群（约7.6万人）</td><td rowspan="3">贵宾</td><td>高级贵宾</td><td>722</td><td>30中、70小</td><td rowspan="3">奥组委交通部</td></tr>
<tr><td>注册贵宾</td><td>8000</td><td>150中、220大</td></tr>
<tr><td>特邀嘉宾</td><td>2000</td><td>80大</td></tr>
<tr><td rowspan="2">演员</td><td>仪式前演员</td><td>3000</td><td>75大</td><td>开闭幕式部</td></tr>
<tr><td>仪式演员</td><td>17000</td><td>425大</td><td>开闭幕式部</td></tr>
<tr><td rowspan="2">仪式人员</td><td>入场仪式运动员</td><td>12000</td><td>360大</td><td>奥运村运行团队、国际联络部</td></tr>
<tr><td>仪式引导员等</td><td>2522</td><td>65大</td><td>开闭幕式部</td></tr>
<tr><td rowspan="2">媒体</td><td>电视转播记者</td><td>2500</td><td rowspan="2">100大</td><td rowspan="2">媒体运行部</td></tr>
<tr><td>文字、摄影记者</td><td>2550</td></tr>
<tr><td>赞助商</td><td>赞助商</td><td>15000</td><td>350大</td><td>交通部、市场开发部</td></tr>
<tr><td rowspan="3">其他专车客户</td><td>观看仪式的运动员</td><td>1000</td><td>40大</td><td>奥运村运行团队、国际联络部</td></tr>
<tr><td>团体购票</td><td>10064</td><td>150中、170大</td><td></td></tr>
<tr style="display:none"></tr>
<tr><td rowspan="2">公共交通客户群（约8.3万人）</td><td>观众</td><td>持票观众</td><td>32936</td><td rowspan="2">公交、地铁</td><td rowspan="2">交通运输部门</td></tr>
<tr><td>工作人员</td><td>工作人员、志愿者</td><td>50000</td></tr>
</table>

依据开幕式当日活动安排，各客户群分时段集散关键时间节点包括：

① 奥林匹克公园及国家体育场对公众开放；

② 各专车客户群入场；

③ 开幕式正式开始及结束；

④ 贵宾退场；

⑤ 观众退场及其他客户群退场；

⑥ 工作人员退场等。

开幕式当日各客户群分时段集散及入退场关键时间点情况如图 7-4 及表 7-4、表 7-5 所示。

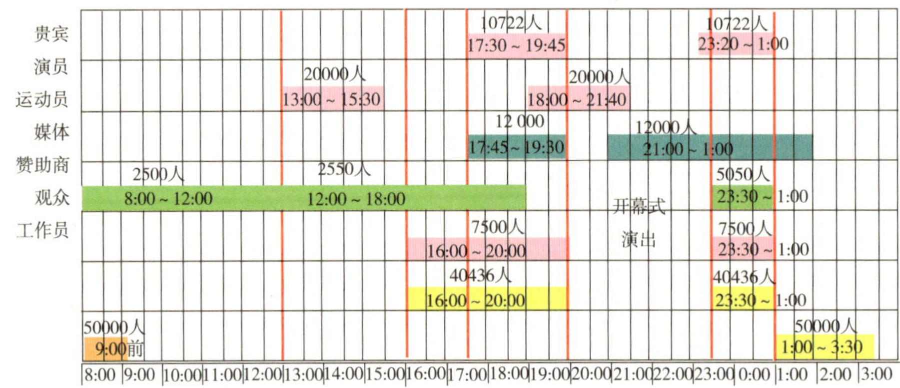

图7-4　开幕式各客户群分时段集散示意图

表7-4　奥运会开幕式入场关键时间节点

到达客户群		运输方式	抵达时间
工作人员、志愿者上岗（50000人）		公交、地铁	9:00之前
电视转播文字摄影媒体（5050人）		媒体自备车、媒体班车	12:00
开幕式演员（19750人）		演员专车	13:00～15:30
关键时点之一	奥林匹克公园对公众开放		16:00
关键时点之二	国家体育场对公众开放		16:00

到达客户群	运输方式	抵达时间
持票观众（32690人）	公交、地铁	16:00～20:00
团体购票观众（10064人）	团体观众专车	
赞助商（15000人）	赞助商专车	
注册贵宾、特邀嘉宾（10000人）	贵宾专车	17:30～19:30
入场仪式运动员（12000人）、观看仪式运动员（1000人）	运动员班车	17:45～19:30
高级贵宾（722人）	贵宾专车	19:00～19:45
关键时点之三　开幕式正式开始		20:00

表7-5　奥运会开幕式退场关键时间节点

退场客户群	运输方式	退场时间
演员退场（19750）	演员专车	18:30～21:40（随演随走）
高级贵宾退场（722）	贵宾专车	23:20～23:40（焰火表演开始）
关键时点之四　开幕式结束		23:30
普通贵宾退场（10000）	贵宾专车	23:30～次日1:00
入场仪式运动员退场（12000）	运动员班车	
持票观众（32690人）	公交、地铁	
团体购票观众（10064人）	团体观众专车	
赞助商（15000人）	赞助商专车	
观看仪式运动员（1000人）	运动员班车	
媒体退场（5050）	媒体班车	
工作人员、志愿者退场（50000人）	公交、地铁	次日1:00～3:30

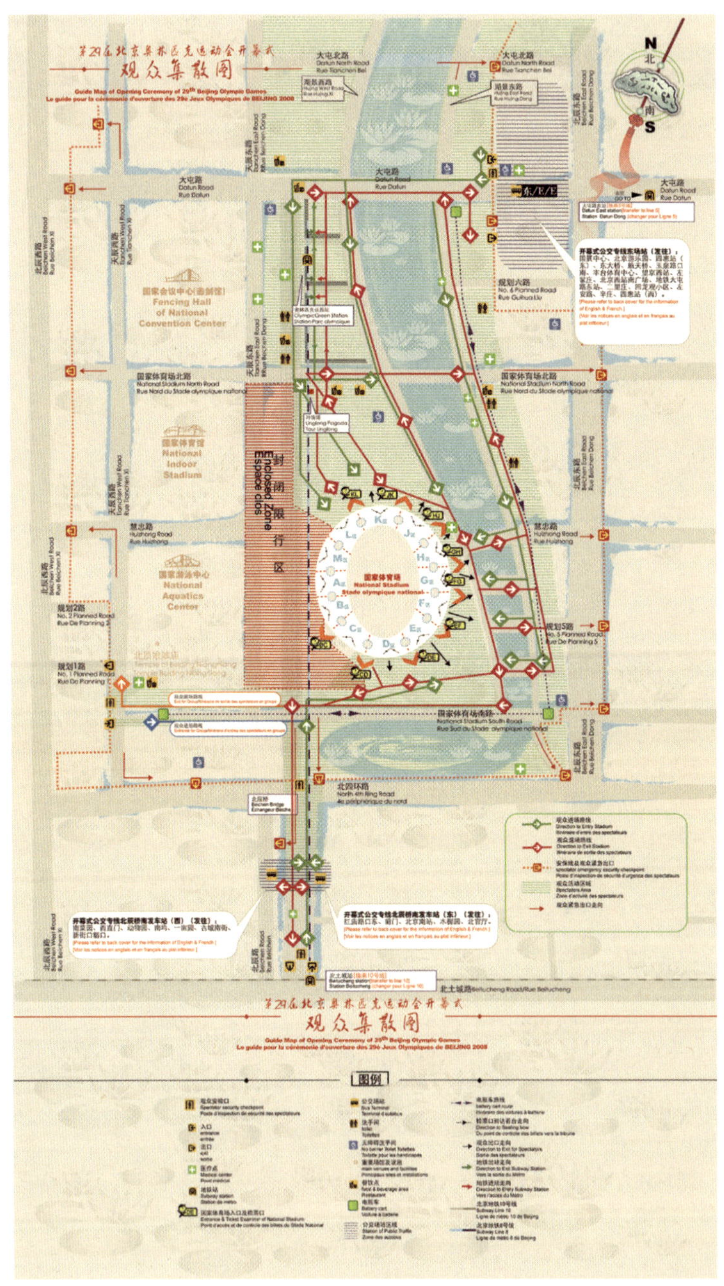

图7-5　开幕式观众集散指南图

图 7-5 为开幕式观众集散图，给出了奥运会开幕式现场及周边交通设施、安检口分布及观众进出流线情况，建议读者阅读本章时，先通过本图了解相关信息，以

更好理解有关内容。

7.2.2 交通组织管理运行

7.2.2.1 工作任务

开幕式交通组织管理由交通组织安全保障分中心负责，主要包括开幕式现场及周边社会车辆的交通管控；各专车客户群外围集结、抵离路线的安排以及保障各专车客户群顺利集散的勤务路线安排等。

为保障开幕式的顺利进行，确保参加开幕式各客户群体有序集结，安全、可靠、准点、便利地抵离国家体育场，结合奥运会惯例，北京确定的开幕式交通集结组织原则为“外围集结、远端安检、集中乘车、分时分路抵离”，交通疏散原则为“确保重点、兼顾一般”。

7.2.2.2 道路交通管控措施

（1）开幕式交通管控区域划分及管控措施。为确保安全和道路畅通，开幕式当日奥林匹克公园周边采取分区交通管控措施。按照由远及近、分级管控的原则，分为交通疏导区、交通控制区和交通管制区，具体方案如图 7-6 所示。各区域相应的交通管控措施如下。

交通疏导区：根据安保指挥中心指令，采取交通分流、劝绕等措施，削减通往主会场区域的社会交通流量。

交通控制区：为了二次削减社会交通流量，设置车辆限行标志，安排卡口岗，视情况分时、分段采取交通分流、劝绕、限行等交通管控措施。

交通管制区：开幕式专车和开幕式专线公交车凭开幕式车证进入，无证车辆禁止驶入。2008 年 8 月 8 日 11:30 开始生效，同时封闭大屯路下穿隧道，社会车、公交车绕行。

（2）社会交通管控措施。开幕式当日，北京市城区范围内采取的社会交通管控措施包括：本市机动车道路交通管控措施，外埠机动车道路交通管控措施，奥林匹克公园道路交通管控措施，奥林匹克专用道交通管理措施。

本市机动车交通管控措施：采取单双号分日交替禁行，分时段、分道路区域禁行部分车种等道路交通管控措施，在开幕式当日，有效消减本市社会背景交通量。

外埠机动车交通管控措施：采取单双号分日交替禁行，分时段、分道路区域禁行部分车种等道路交通管控措施，在开幕式当日，有效消减进京外埠机动车交通量。

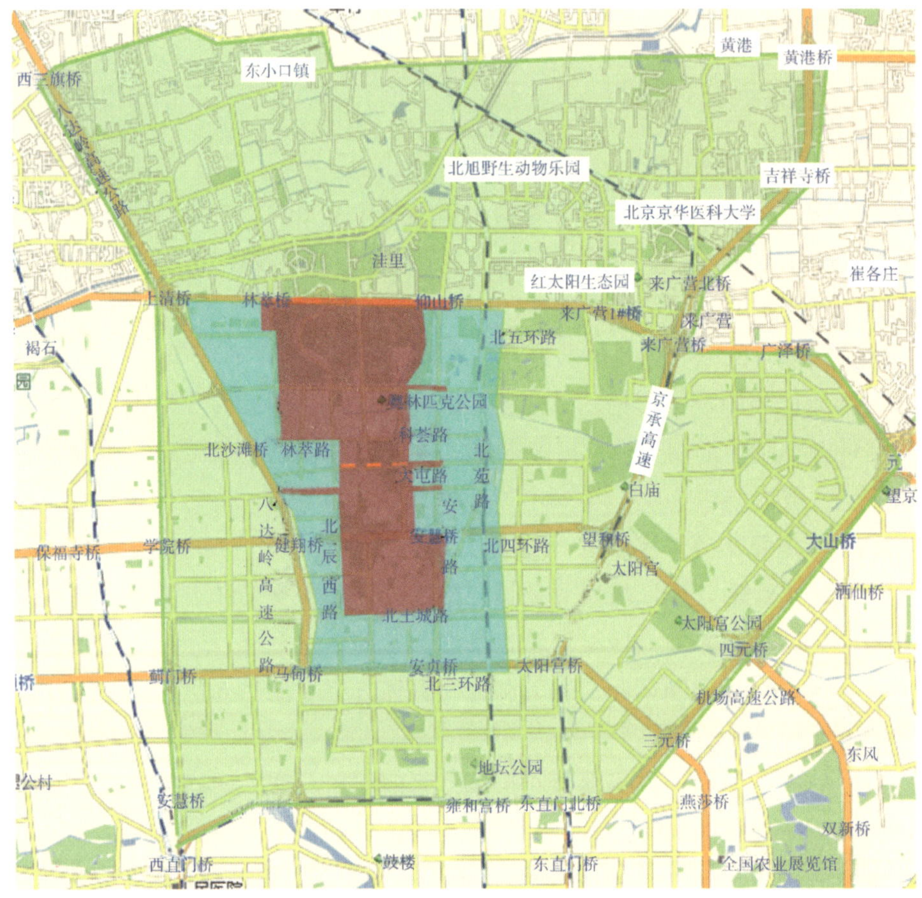

图7-6　开幕式交通分区管控示意图

奥林匹克公园道路交通管控措施：结合道路交通分区管控措施，开幕式当日对奥林匹克公园及周边道路采取分时段、分车种的通行政策，以确保开幕式交通的安全有效运行。

奥林匹克专用道管理措施：规定奥林匹克专用车道仅供享有奥林匹克专用车道通行权的机动车通行，确保开幕式车辆安全快速集散。

7.2.2.3　专车客户群交通组织

开幕式专车客户群集散组织的总体策略是“外围集结、远端安检、集中乘车、分时分路抵离”，实现“时空分离，避免交织”。

为确保贵宾安全准点抵离主会场，确定了外围集结、出发点 31 处，可停放小型车 1730 辆。落实了不同专车客户群人员集结地点、时间，以实现外围集结、远端安检、集中乘车。

根据贵宾、运动员、演员等不同客户群特点及需求，分别制订了专车抵离路线，以实现时空分离、避免交织，分时分路抵离。

7.2.2.4　专用车辆及人员通行管理

为开幕式车辆发放开幕式专用车证。开幕式当日，车辆持开幕式专用车证可以在奥林匹克专用道通行，并可以进入指定停车场。

开幕式参与人员在开幕式当日凭有效证件（票），在与其客户群对应的指定时间段内，由人员安检口，经安检、验证（票）后，进入公共区及主会场。

7.2.3　专车客户群交通运行

参加开幕式的车辆在城市范围使用奥林匹克专用道路具有优先权和专有通行权，而奥林匹克公园周边路网，由于众多客户群车辆集中抵离，道路交通设施负荷较大，应作为重点区域关注。下面逐一介绍各专车客户群交通运行组织方案。

7.2.3.1　贵宾

贵宾的集散特点：专用车辆，较晚到达，优先疏散。

参加开幕式的贵宾共 10722 人，分配 70 辆小车、180 辆中巴和 300 辆大巴。为确保重要贵宾安全、准点抵离主会场，设置外围重要贵宾集结、安检、出发点 26 处。

贵宾在奥林匹克公园内使用 P1、P2 两个停车场，具体位置如图 7-7 所示。高级贵宾使用国家体育场西侧零层 P1 停车场，乘坐专用车辆自中轴路民族大道进入主会场，19:00 ~ 19:45 抵达。散场后，乘专用车辆原路返回。

其他贵宾使用国家体育场西侧中轴路 P2 停车场，从驻地乘专车或者班车前往市内集结地点，在市内集结后，乘坐开幕式专用车辆前往主会场，从奥林匹克公园西侧成府路进入 P2 停车场，抵达时间为 17:30 ~ 19:30。下车后有专人引导步行至国家体育场贵宾坐席区。散场后由专人引导步行返回停车场，车辆经成府路离开中心区，返回集结地点。在集结地点换乘相应车辆返回驻地。

7.2.3.2　演员

演员的集散特点是：专用车辆，远端集结，提前到达，随演随走。

参加开幕式演出的演员有 2 万人，分配 500 辆大巴车，另有 100 辆表演彩车。开幕式节目内容多，参演人员众多，持续时间长，群众演员入场时间为 12:00 ~ 14:30，明星演员在演出开始前抵达主会场。演员按照团队，在外围集结乘坐专用车辆，抵达相应停车场，下车后前往候场区，按照节目顺序进入主场表演。

演出过程中，已经完成演出任务的人员分批次先行返回停车场，乘车离开，避免集中散场增加散场压力。

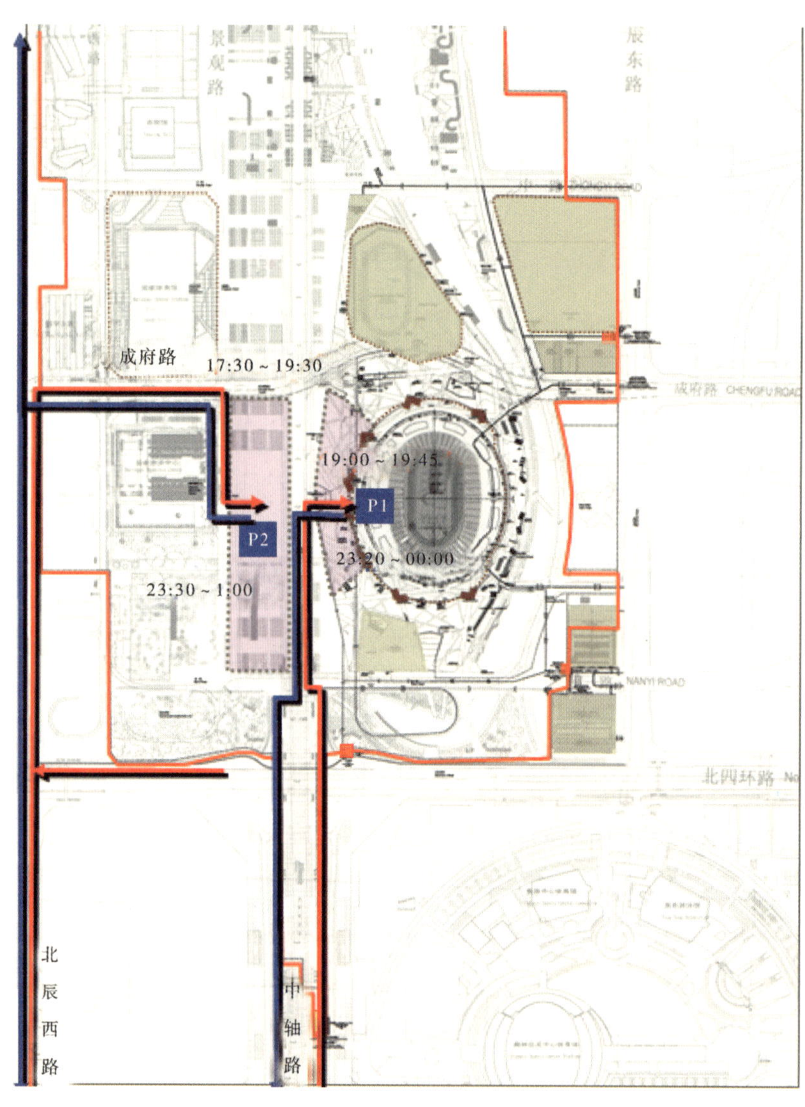

图7-7　开幕式贵宾集散方案示意图

依据演员的下车及入口位置将演员的交通组织分为三类，即各地方文艺团体表演队伍；部队文体团体演员；明星演员。

仪式之后至演出流程结束，演员返回各自停车地点。

图 7-8 为开幕式演员集散方案路线示意图。

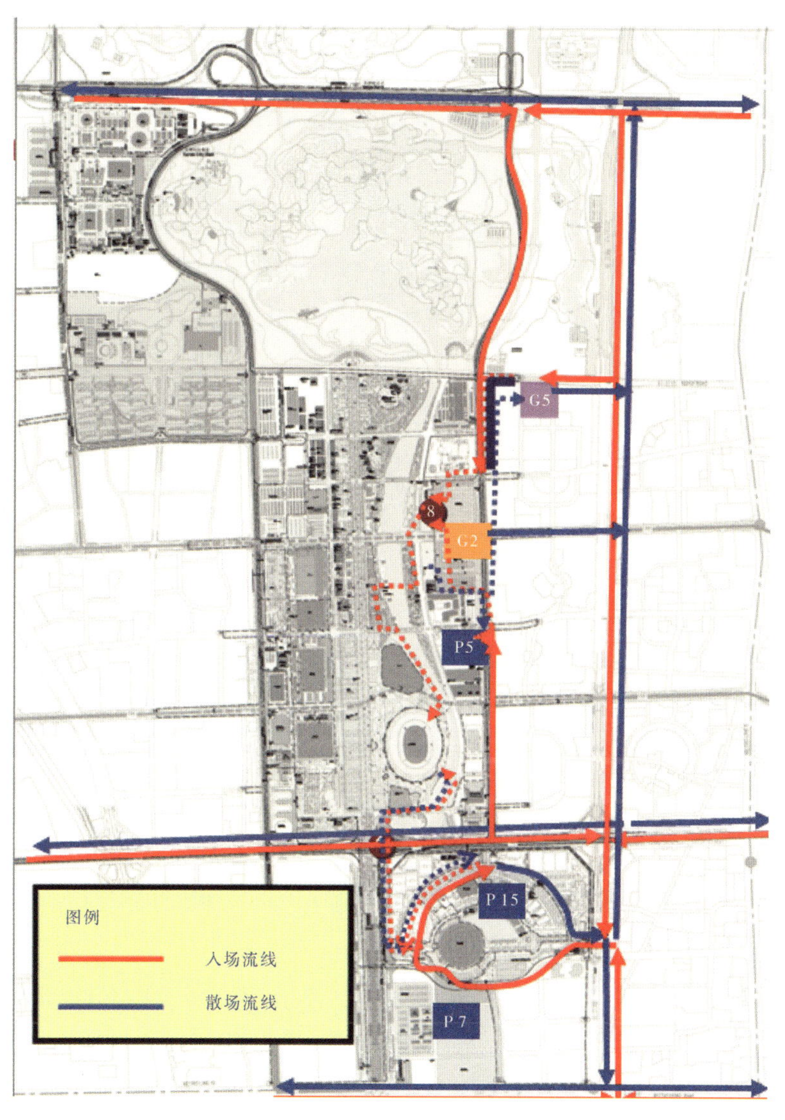

图7-8　开幕式演员集散方案示意图

7.2.3.3　运动员

运动员的集散特点：专用班车，提前集结，按序入场，班车撤离。

约有12000名运动员及NOC官员参加开幕式仪式，为确保运动员“安全、顺畅、快捷、有序”集结，利用“相对分团、准点发车”的原则完成集结、运输。同时为保证运动员乘车安全，避免出现人车交叉，出发时，每批车全部人员上车后统一发车。到达时在国家体育馆各侧落客的车辆，待本侧车辆全部停稳后统一开门落客。

按每辆车乘坐 40 人计算，考虑到“相对分团”的原则会使部分车辆无法达到满乘，增加 15%的车辆数，加上收容车辆，车辆总数为 350 辆。根据国家体育馆四周道路落客能力，以 60 辆为一批次发车。第一批次班车 18:00 发车，间隔 20min，第六批次车辆 19:40 发车，另外 19:45 发出最后一批收容车辆。

每批次车辆在科荟路停放，后一批次车辆在周边道路等候。车辆自科荟路向东，在景观路向南前往国家体育馆，在国家体育馆北侧、西侧和东侧停靠。运动员按照团队顺序登乘指定车辆，抵达国家体育馆。最后一批车辆进行扫尾工作，将掉队的运动员集中运送到国家体育馆。

不参加入场仪式的持票观看开幕式运动员约 1000 名，将按照“一次集体前往、不分团”的原则完成集结、运输。使用 40 辆大客车（公交车，30 座），直接进入奥运村运动员班车站等候。落客区域为国家体育馆东侧，可停放 2 排，车辆落客后离开。观看仪式的运动员按照观众集结时间进入国家体育场，17:20 班车发车。

散场前，330 辆运动员大客车在指定区域停放，其中国家体育馆东侧景观广场上停放约 150 辆（头向西）；玲珑塔下中轴路上停放 40 辆（头向南）；国家体育馆东侧天辰东路停放 50 辆（2 排，单排 25 辆，头向北）；景观西路广场停放 60 辆；国家体育馆西侧天辰西路停放 50 辆（2 排，单排 25 辆，头向北）；击剑馆西侧广场上停放 40 辆（备用车），头向南。

疏散时可自由乘车，因此除客户群主责部门做好宣传外，还需相关部门在运送运动员车辆停放完毕后尽快完成运动员疏散路线的隔离和标识布设工作，以便运动员找寻车辆。

为方便提前离开的运动员返回奥运村，自 20:00 起，每隔 60min 发班车返回奥运村，发车地点为景观广场（西北角车辆先发），车辆由奥运村西门进入科荟路上停车落客，落客后由东门驶出返回奥林匹克公园交通场站。

开幕式结束后，运动员集中通过国家体育场 1 号门出场，通过人墙及引导员将运动员分流至三个方向：景观广场、国家体育馆东侧天辰东路和国家体育馆西侧天辰西路分别上车。景观广场上车辆上满即走；天辰东路和天辰西路上车辆先发最北端车辆，每满 10 辆则批次发车。

运动员返回奥运村时登车不区分国别，验证上车，车满即走，预计 23:30 运动员班车陆续开始离开国家体育场，9 日凌晨 1:00 完成运送。返回车辆由奥运村西门进入科荟路上停车落客，落客后由东门驶出返回北五环路交通场站。

图 7–9 为开幕式运动员集散方案路线示意图。

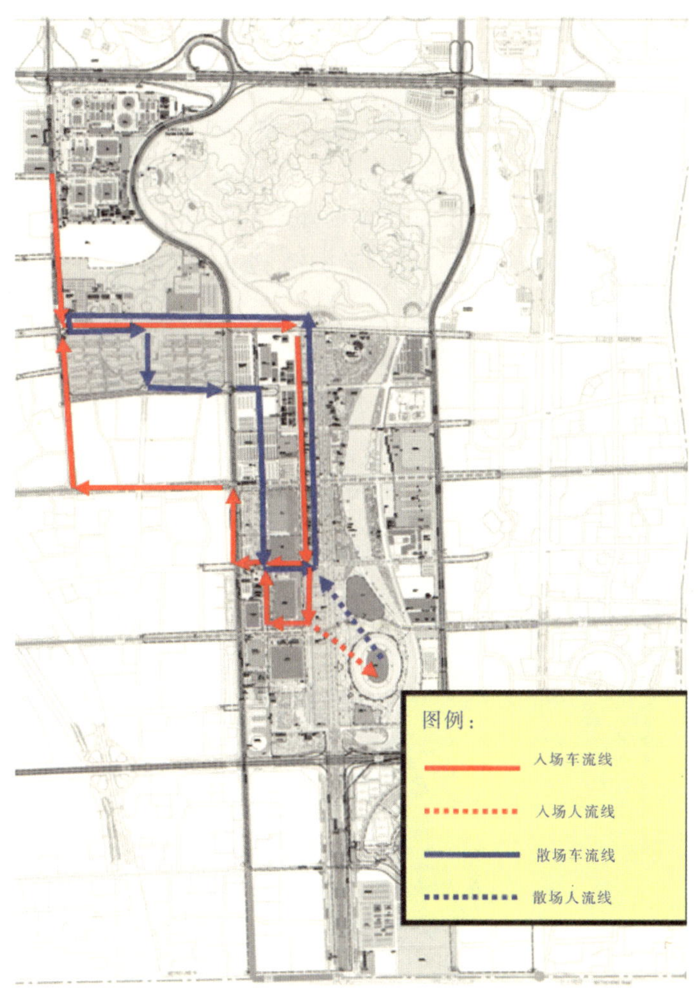

图7-9　开幕式运动员集散方案示意图

7.2.3.4　媒体记者

媒体的集散特点是：定时班车，乘满即走。

参加奥运会开幕式的注册媒体约 5050 人，其中电视转播记者约 2500 人、文字记者约 1900 人、摄影记者约 650 人。按照注册媒体交通服务标准，在开幕式当天提供从 IBC/MPC 发至国家体育场的往返班车服务。注册媒体车辆由注册媒体交通服务运行团队负责调度。

媒体人员可乘坐媒体班车，从媒体村抵达 IBC/MPC，之后换乘前往国家体育场班车抵达主会场。返回时，从国家体育场乘坐班车至 IBC/MPC，在 IBC/MPC 换乘班车返回媒体驻地。

国家体育场 15:00 开始向媒体开放，14:40 ~ 17:40 从 IBC/MPC 发往国家体育场的班车时间间隔为 20min；21:00 ~ 23:00 从 IBC/MPC 发往国家体育场的班车时间间隔为 30min，按照“人满即走，到点即发”的原则发车。运行线路为：IBC—北辰西路—民族园—北辰路—南一路—P3，停车场外西侧湖景东路上落客，车头向南。开幕式开始后注册媒体班车屯放在 P3 停车场 30 辆（头向西，约在 20:30 左右开始屯放），P4 停车场停放 40 辆。

图 7-10 为开幕式媒体集散方案路线示意图。

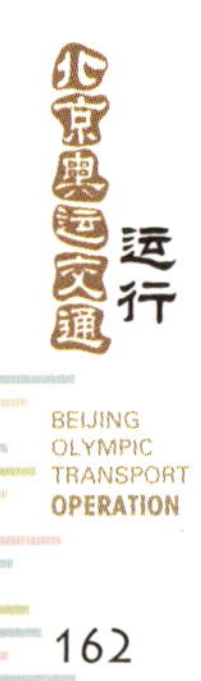

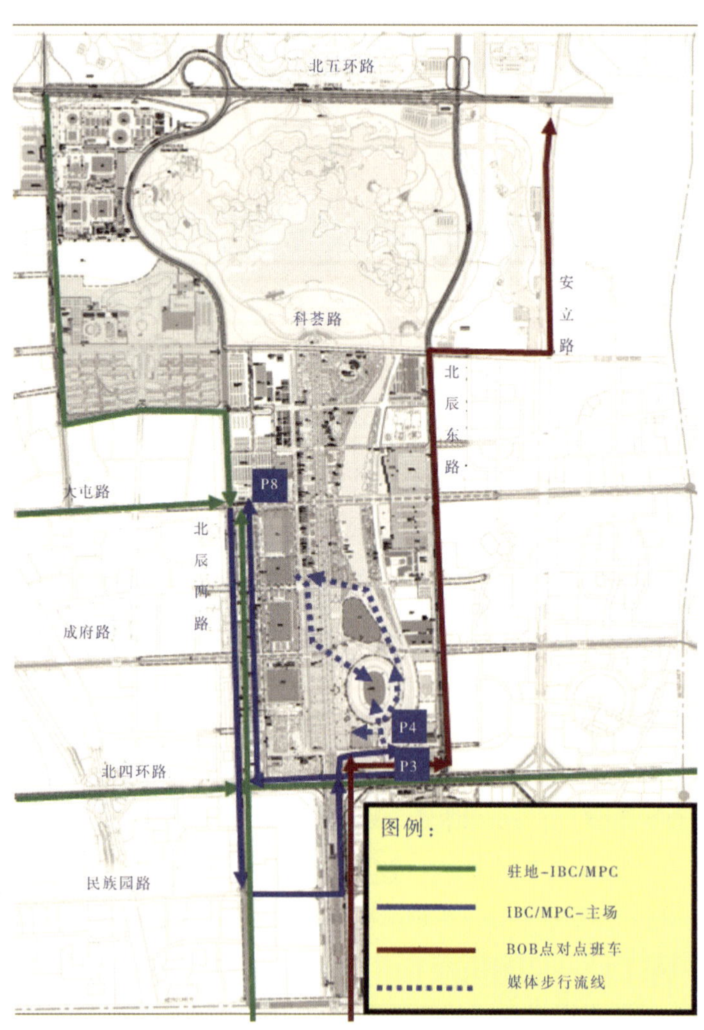

图7-10 开幕式媒体集散方案示意图

7.2.3.5　团体购票观众

团体购票观众的集散特点是：专用车辆，专人引导。

部分团体购票观众，安排专车进行运输，在市内集结点集结、安检，经由北辰西路抵达奥林匹克公园西侧西南公交场站、景观西路停车区，下车后由专人引导至国家体育场，座位在西侧上层看台。这部分观众散场后，从国家体育场向西返回停车场。团体购票观众的散场时间在贵宾退场之后，消除了在中轴路上人车流线交叉的矛盾。

7.2.4　公共交通客户群交通运行

为了引导开幕式观众等群体乘坐公共交通前往国家体育场，奥林匹克公园周边不提供私家车和出租汽车停靠区域，交通运行充分利用公共交通资源承担观众、工作人员和志愿者的集结和疏散。开幕式工作人员和持票观众可免费乘坐公交交通。

公共交通除承担开幕式观众等群体的集散出行需求外，还需满足城市日常出行需求，因此根据客流需求安排、调整运力计划。

开幕式当日设置 28 条开幕式公交专线，远端集结验票，直达奥林匹克公园公交场站；常规公交线路在北四环路（北辰东路—北辰西路之间）甩站通过。大屯路封闭，经大屯路下穿隧道的常规公交绕行北四环辅路；散场时奥林匹克公园周边常规公交线路摆车，增加 12 条常规夜班线的运力，在 28 条专线远端集结点提供 100 条公交线摆车（含 10 条接驳地铁首末站的公交线路），实现二次疏散，确保散场时的公交服务范围覆盖五环路内区域。有关详细情况可参阅开幕式彩排公交运行的介绍。

地铁 24h 运营，根据集散客流变化，调整线网运力保障交通出行。

开幕式期间，奥林匹克公园周边设有 6 个开幕式公交专线场站，其中 2 个落客场站，4 个屯车场，总到发车位 50 个，总停车位 1230 个。3 个地铁车站分别为 10 号线北土城站、奥运支线奥林匹克公园站、5 号线大屯站。观众乘坐公共交通抵达公园区后，通过 6 处安检口，步行进入奥林匹克公园区。开幕式当天服务观众的公共交通设施分布如图 7–11 所示。

开幕式主会场周边主要有 3 个地铁车站为乘客进入公园服务。根据奥运会安保要求，开幕式当日封闭奥运支线森林公园南门站和奥林匹克中心站，仅开放北土城站和奥林匹克公园站。乘客可以在北土城站直接步行或在地面安检后乘坐奥运支线进入公园。乘坐地铁 5 号线的乘客，可在大屯路东站通过换乘接驳专线公交，从东部安检口进入奥林匹克公园。

图7-11　开幕式当天公园周边公共交通设施分布图

根据开幕式观众进场、散场客流需求，提供相应的运力保障。地铁运营部门针对开幕式制订了详细的运行保障方案。

（1）各线早、晚高峰期间按最大运力配备。

（2）中午平峰期间，各线行车间隔4~5min；晚间平峰期间，各线行车间隔5~6min。

（3）在存车线安排多组预备车，行车调度员随时掌握现场客流情况，根据现场客流情况，适时加开临客，保证乘客出行。

7.2.5 散场观众疏散引导组织

按照开幕式总体安排，国家体育场西侧 3 个出入口为贵宾专用，其他专车客户群和持票观众从国家体育场东侧、南侧和北侧 9 个出入口散场。

专车客户群按照专车客户群交通运行方案疏散引导至相应的停车场上车返回，公共交通客户群约 4 万人，需通过公共区步行到公交场站和地铁车站乘公共交通返回。

考虑到散场初期观众集中离场、人流密集，对公共交通乘客的组织引导难度大，为确保安全有序疏散，国家体育场运行团队、公共区管委会和交通运输分别制订了相互衔接、统一协调的整体疏散方案。

7.2.5.1 散场观众疏散组织责任区划分

根据观众疏散流程，按照主管部门制订散场观众疏散组织责任区划分，从内到外依次为：国家体育场运行团队负责国家体育场内观众疏散；公共区管委会负责公共区内观众疏散；交通运输部门组织公交、地铁企业负责公交场站和地铁车站内观众乘车组织。

各责任区域范围如图 7-12 所示。

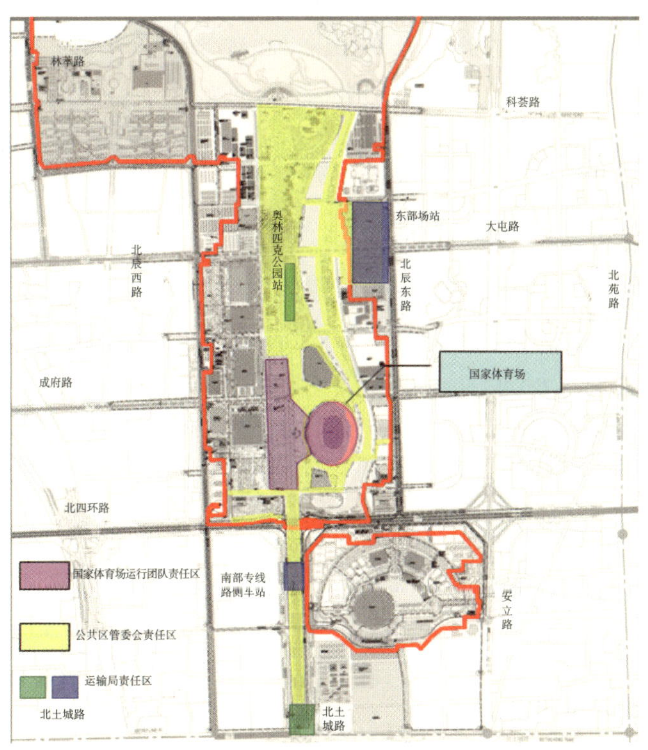

图7-12 观众疏散组织责任区划分示意图

7.2.5.2　国家体育场观众疏散组织

国家体育场内观众疏散总体要求是安全、有序、可控。根据观众特点，采取有序退场组织，确保各看台层观众流线没有交叉，减少在局部地点的长时间拥挤，通过组织管理措施降低人员拥挤风险。主要保障措施是源头控制,统一指挥,南北疏导。

（1）源头控制主要做法包括：

① 在观众安检入园时，发放进场、退场引导指南，告知先东后西、先下后上的分层、分看台、分时段退场要求；

② 利用表演开始前和仪式结束后的时间，通过大屏幕和语音广播系统，播放进场退场引导指南；

③ 仪式结束后，安排场内的吉祥物表演，吸引观众延缓退场速度；

④ 配备 1192 名志愿者和 1600 名安保人员，加强对观众散场的引导控制。

（2）统一指挥，主要做法包括：

① 建立国家体育场观众疏散联合指挥办公室，包括安保、消防、观众服务、医疗等业务口，统一负责观众疏散；

② 正常散场时，由观众服务人员负责观众引导，安保人员负责维持现场秩序；

③ 发生紧急情况时，由安保人员负责统一指挥。

（3）南北引导，主要做法：针对国家体育场西侧出入口专用、体育场内西侧上层看台观众须通过南北出入口疏散的情况，特别要求西侧上层看台现场引导员加强疏导，引导观众向南北两侧退场。

7.2.5.3　公共区观众疏散引导组织

奥林匹克公园的公共区部分，内接国家体育场，外连公交场站、地铁车站，在观众疏散引导组织中，起着承内启外的关键作用，公共区管委会制订了与国家体育场和公交场站、地铁车站衔接的疏散引导组织方案。

（1）根据公交场站、地铁车站分布和相应的疏散能力，确定了观众的疏散引导路线。

（2）根据公共区内步行道路设施条件和散场高峰人流量，分析了疏散引导组织的难点和隐患点。

（3）按照“安全、有序、可控”的原则，采取以下措施：加强人员引导，分 54 个区配备 2000 名志愿者引导人员，沿疏散路径布置；加强广播和标识引导，通过公共区广播系统引导疏散，并沿疏散路径设置了 4100 块引导标识；加强内外协调联动，与国家体育场团队、交通运输部门（公交地铁企业）成立了 6 个公共区现场疏散协调小组（位置分布如图 7-13 所示），视情况及时采取预引导措施，确保观众由国家体育场至公共区、由公共区至公交地铁场站的平稳有序疏散。

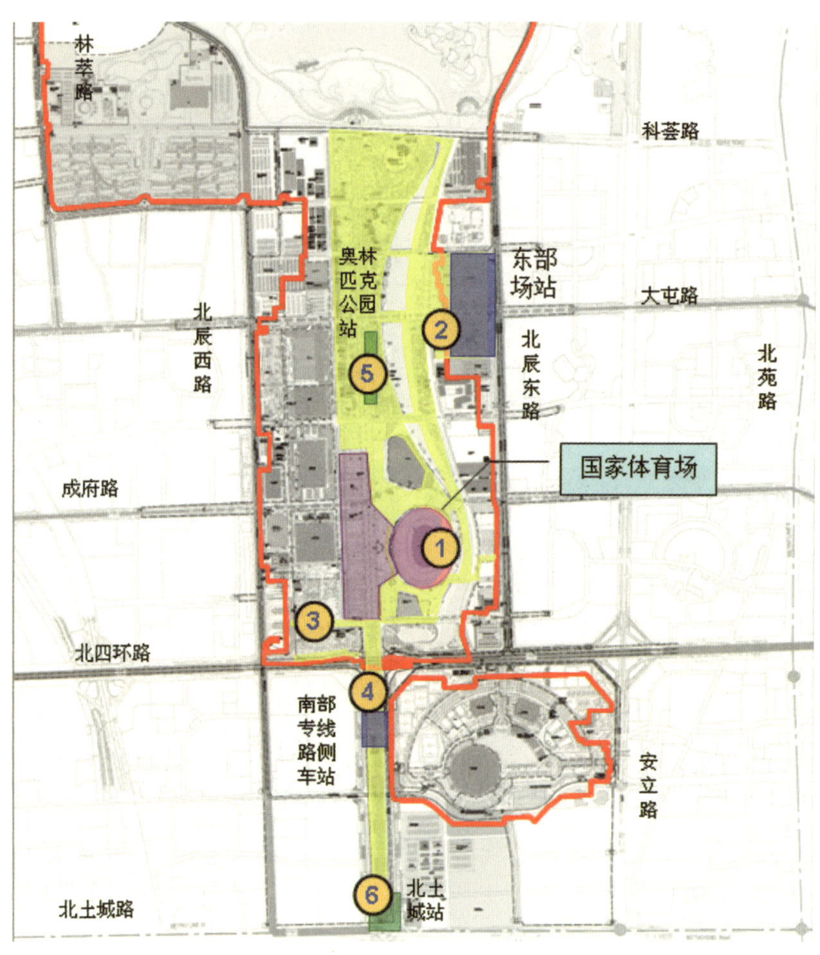

图7-13　观众散场现场疏散协调小组位置示意图

各协调小组根据其位置确定构成单位，现场疏散协调小组构成及任务如下。

小组① 由国家体育场团队与公共区管委会组成，负责国家体育场至公共区的疏散衔接。

小组③ 由公共区管委会与团体购票观众责任单位组成，负责公共区至西南场站的疏散衔接。

小组②、④ 由公共区管委会和公交公司组成，负责公共区至东部、南部、西南公交场站的疏散衔接。

小组⑤、⑥由公共区管委会和地铁公司组成，负责公共区至地铁奥运支线奥林匹克公园站、地铁 10 号线北土城站的疏散衔接。

图 7-14 所示为开幕式观众疏散连续指引现场情况。

图7-14　开幕式观众疏散连续指引现场情况

7.2.6　实施保障

7.2.6.1　指挥保障体系

交通指挥协调机制是指挥体系保障的组成部分。成立开幕式交通现场指挥中心，负责公共交通、国家体育场、公共区的现场指挥。指挥中心设在国家体育场交通指挥所。

指挥中心的成员单位包括：国家体育场运行团队、公共区管委会、奥组委交通部、市场开发部、开闭幕式工作部、开闭幕式工作协调小组办公室、北京市交通委员会、北京市公安局公安交通管理局、北京市路政局、北京市运输管理局、北京市公交集团、北京市地铁运营公司。下设七个工作组，如图 7-15 所示。

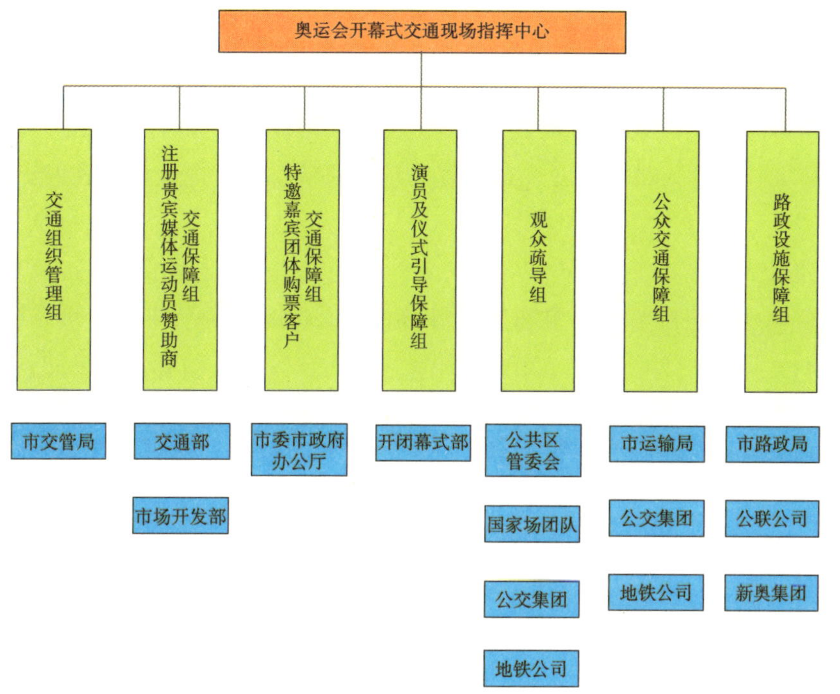

图7-15　奥运会开幕式交通现场指挥中心组织结构图

开幕式交通运行指挥保障体系，在开闭幕式工作协调小组和交通与环境保障组的统一领导下，各相关部门分工协作，主要内容包括以下几个方面。

（1）由北京市公安交通管理部门负责开幕式交通组织管理，落实开幕式当天管控区域、管控时间、车辆通行政策及检查验证等工作；落实专车客户群集结地点、时间、集散路线及在奥林匹克公园停车方案；根据各客户群特点，制订并组织实施集散路线的勤务方案。

（2）由各客户群责任单位、车辆落实责任单位负责开幕式专车客户群交通运行服务，包括落实客户数量、车辆需求、车辆来源；配合北京市公安交通管理部门落实专车客户群车辆集结地点、时间、集散路线及中心区停车；根据各客户群特点制订并实施散场时由国家体育场至上车点步行疏散引导方案。

（3）由北京交通运输管理部门负责持票观众、工作人员及志愿者公共交通运输服务，包括落实公交、地铁运力保障；专线及常规公交线路运营方案；会同公共区管委会制订并实施奥林匹克公园地铁车站和公交场站观众疏散引导方案。

（4）由奥林匹克公园公共区管委会牵头，负责公共区观众入场和散场引导，包括落实人员配备、协调机制、引导标识；汇集国家体育场、公共区、公交、地铁入场和散场提示信息，统一编制中、英、法等3种语言的观众入场与退场指南。

（5）由国家体育场运行团队负责国家体育场内观众入场和退场引导，包括落实分层疏散方案、引导人员配备及岗位设置、疏控协调机制、电子媒体和标识引导。

7.2.6.2 运行保障情况

按照开幕式现场指挥部的统一部署，北京市交通运输管理部门各级领导现场指挥，优化公共交通保障方案，实行地铁奥林匹克公园站站内、下沉广场、地面三级联动，各单位、各部门发挥合力，及时调控通过下沉广场进入奥林匹克公园站客流量，采取公交封站、开行摆渡车等措施，确保交通保障到位。

（1）交通运输系统。

2008年8月8日～8月9日，北京市60万交通干部职工全员上岗。地铁全路网45h不间断运营，28条开幕式公交专线、100条常规公交线8月9日1:00前摆车接驳，运送散场观众。

针对2008年8月8日开幕式时客流情况，北京地铁运营公司在北土城站、奥林匹克公园站、大屯路东站三个重点站制订了详细的客运组织疏导方案，在现有人员的基础上，增派30余人在通道、出入口、站台加强客运疏导组织；同时，设专人与开幕式有关部门密切配合，及时沟通，互通信息，掌握车站内、外客流情况，及时采取有效措施，确保乘客有序进出车站。另外，在西直门、东直门、惠新西街南口、东单、复兴门等客流集中的换乘车站及重点车站加强力量，确保了奥运开幕式期间地铁运营安全、有序。

为确保开幕式专线公交安全运营，公交公司组织1640名司售和管理人员，在公安部门的配合下，对28条开幕式公交专线68个车站（始发站28个、中间站40个）逐一进行控制，开展票证查验，维护秩序。所有人员于当日14:30全部到岗到位，至最后一班专线车从远端车站发出，有效保障了开幕式公交专线安全、秩序良好。

（2）交通管理部门。

北京市公安交通管理部门提前发布了交通管理措施相关《通告》，通过各种媒体、渠道进行广泛宣传，引导群众尽量减少出行、避开勤务路线。同时，在天安门、长安街等重点地区和32处焰火燃放点，采取临时交通管理措施，加派警车重点维护。在110个进京卡口点严格卡控进京车辆，并于2008年8月8日12:00至9日2:00，禁止所有货车和危化运输车通行六环路以内道路。

开幕式当天，北京公安交通管理部门共投入警力 6500 名、交通协管员 4200 名、志愿者 8.1 万名，清障救援、应急处突、事故处理等 15 支小分队和各类社会清障救援力量全部到位。

（3）奥林匹克公园公共区。

在国家体育场东门、下沉广场、东部公交场站、西南公交场站、南部公交场站、北土城地铁站等重点区域设立观众散场现场工作组，公共区安保、交通、志愿者、大型活动、外围保障、环境等业务口指定专人负责，配足安保、志愿者力量和软隔离、引导标识、便携式扩音器等保障物资，做好重点区域的观众疏导工作。投入安保力量 9000 人，志愿者 4500 人，其他各种辅助力量 1200 人。

（4）国家体育场。

根据工作职责与区域划分，各类岗位共部署 1600 名安保人员、1192 名观众服务志愿者。各类岗位人员在散场前 15min 到位。各类服务人员岗位包括：

① 在看台坐席区、看台区出口、楼梯入口等地，设置疏散控制岗位，控制观众疏散的流量和速度，保持通道的秩序，避免拥挤；

② 在看台区出口外侧、楼梯出口等地，设置引导岗位，指引观众疏散的方向；

③ 在集散平台、大厅、外围平台、大楼梯入口等地，设置分流引导岗位，保持各观众疏散通道的均衡使用；

④ 在看台区内、大楼梯内部设置引导与控制岗位，控制观众疏散流量、行走的速度，维持疏散的秩序，减少疏散观众之间的相互干扰；

⑤ 在看台区看台通道内按照观众人数分区设置岗位，引导观众有序退场；

⑥ 在立面大楼梯内设置控制岗位，控制观众在大楼梯上疏散时的流量和速度。

7.2.7 奥运会开幕式交通运行总结

北京奥运会开幕式当天，按照集结侧重“外围集结、分路抵达”，疏散侧重“时空分离，避免交织”的原则，各部门加强联动，协作配合，圆满完成了奥运会开幕式交通组织工作。

7.2.7.1 集结和疏散过程

开幕式交通组织总体顺畅，按照组织方案，实现了各类客户的有序、按时抵达和安全、快速疏散。疏散过程实际效果优于预期。

（1）入场。观众集中到达时间为 15:30 ~ 17:15，高峰到达时间为 17:00 ~ 18:30（图 7-16、图 7-17）。

图7-16　观众有序排队依次入场

图7-17　工作人员向观众发放开幕式观众集散图

（2）散场。观众疏散从 2008 年 8 月 9 日 00:05 开始散场，至 1:20 基本结束，散场最高峰出现在 00:35 ~ 00:45 之间，开幕式散场疏散时间比较见表 7–6。

表7–6　开幕式散场疏散时间比较

承诺疏散时间	计划疏散时间	实际疏散时间	疏散效果
120min	90min	75min	比承诺缩短了45min，比计划缩短了15min，疏散井然有序，兑现了申奥承诺

各单位按照客户群责任、车辆落实责任以及集散路线、落客停车责任划分，执行开幕式各类客户群交通组织。开幕式当天，各类停车合计 4123 辆。各类客户集散实际运行与计划比较见表 7–7、表 7–8。

表7-7　各客户群抵达情况分析

到达客户群	运输方式	计划时间	实际时间
工作人员、志愿者上岗（50000人）	公交、地铁	9:00之前	
电视转播文字摄影媒体（5050人）	媒体自备车、媒体班车	12:00	
开幕式演员（19750人）	演员专车	13:00～15:30	
关键时点之一　奥林匹克公园对公众开放		16:00	15:30
关键时点之二　国家体育场对公众开放		16:00	
持票观众（32936人）	公交、地铁	16:00～20:00	15:30～19:00
团体购票观众（10064人）	团体观众专车	16:00～20:00	
赞助商（15000人）	赞助商专车	16:00～20:00	
注册贵宾、特邀嘉宾（10000人）	贵宾专车	17:30～19:30	
入场仪式运动员（12000人）、观看仪式运动员（1000人）	运动员班车	17:45～19:30	
高级贵宾（722人）	贵宾专车	19:00～19:45	
关键时点之三　开幕式正式开始		20:00	

表7-8　各客户群退场情况分析

退场客户群	运输方式	计划时间	实际时间
演员退场（19750人）	演员专车	18:30～21:40（随演随走）	随演随走
高级贵宾退场（722人）	贵宾专车	23:20～23:40	次日0:05～0:32
关键时点之四　开幕式结束		23:30	0:05
普通贵宾退场（10000人）	贵宾专车	23:30～次日1:00	
入场仪式运动员退场（12000人）	运动员班车	23:30～次日1:00	持续50min

退场客户群	运输方式	计划时间	实际时间
持票观众（32936人）	公交、地铁	23:30～次日1:00	次日00:05～1:20
团体购票观众（10064人）	团体观众专车	23:30～次日1:00	
赞助商（15000人）	赞助商专车	23:30～次日1:00	赞助商步行距离较远，退场时间较晚
观看仪式运动员（1000人）	运动员班车	23:30～次日1:00	持续50min
媒体退场（5050）	媒体班车	23:30～次日1:00	
工作人员、志愿者退场（50000人）	公交、地铁	次日1:00～3:30	次日1:20～2:30

7.2.7.2　专车客户群组织

为确保要人贵宾和各专车客户群体集散安全顺畅，北京市公安交通管理部门对照入场安排执行专车客运群交通组织。

（1）入场组织。

11:30，开始对奥林匹克公园及周边道路实施交通管理措施。

12:30，开始按照预定6个时段，分批次组织各客户群集结抵达。

外围集结点、出发点：人民大会堂、工人体育场等30个。提供89路警车带路。

20:00前，参加开幕式人员全部安全顺利抵达，奥林匹克公园20处停车场共停放机动车4123辆，28处外围集结、安检、出发点和38处驻地共停放3052辆。

（2）散场组织。

贵宾疏散：自2008年8月9日00:05开幕式结束至00:32，共用时27min。

运动员疏散：开幕式结束后50多分钟，1万多名运动员回到了奥运村。

7.2.7.3　公共交通服务

观众主要是乘坐公交、地铁进入到奥林匹克公园观看开幕式，与预期的设想相符。奥运会开幕式公交专线、地铁进出场共运送观众约7.38万人次，总体约85%以上观众选择公共交通。通过完整、系统、高效的公共交通服务，方便了观众安全、快速返回住地。

少量观众步行进出外围区域，选择其他交通方式往返，包括步行返回附近住地、乘坐外围出租汽车、外围小汽车接送等。

开幕式当天通过对各类持票人员（包括各类持票非注册的专车客户、普通观众）

参加开幕式活动现场抽样问卷调查统计，68%被采访对象回答选择公共交通方式前来，而返回时选择公共交通方式的回答占77%，增加了9%。说明公共交通在散场时更具有吸引力，发挥了更多的作用。普通观众往返均选择公共交通，一定数量的专车客户人员乘坐专车前来，返回时选择了公共交通，体现出公共交通服务水平在一定程度上超过了专车服务水平。

（1）地面公交系统。

① 28条开幕式公交专线。入场阶段，28条开幕式专线共发车434次，运送乘客3841人次。其中东部场站专线运送2725人次(70.9%),309人从专线中间站上车，另有1118人乘坐地铁5号线换乘公交专线；南部场站专线运送1116人次（29.1%）。

按照相关数据统计，各时段开幕式专线公交客流变化及构成情况如图7-18～图7-20所示。

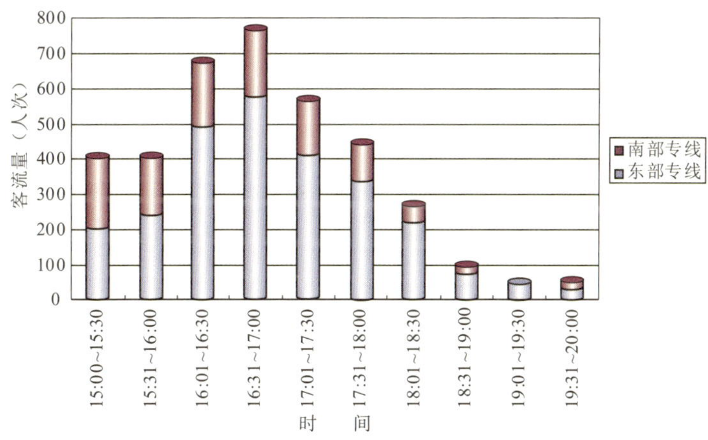

图7-18　入场阶段公交专线客流量变化及构成

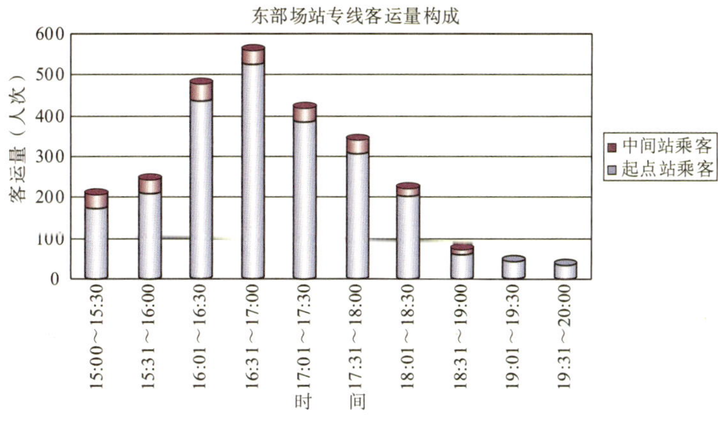

图7-19　东部场站专线客运量构成

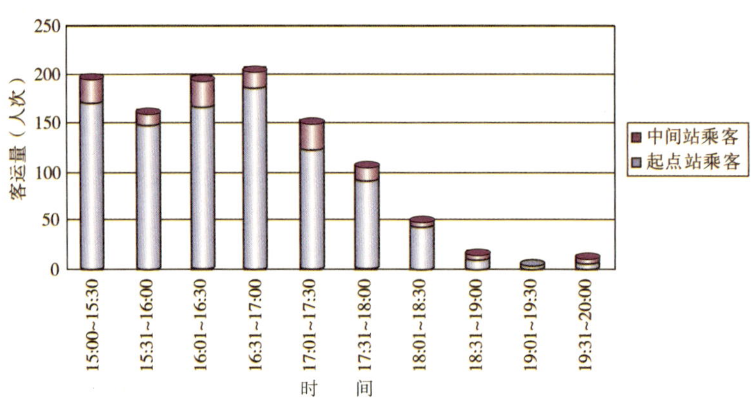

图7-20　南部场站专线客运量构成

散场阶段，受散场指南及人员引导的影响，专线公交吸引力明显增强，发车201车次，运送乘客7273人次，客运量比进场阶段增加89.3%。其中，东部场站专线发车150次，运送乘客5921人次，占81.4%；南部场站专线发车51次，运送乘客1352人次，占18.6%。

② 常规公交摆车。鉴于散场时常规公交线路末车时间已过，为方便观众乘车返回，公交公司在外围提供了17条常规公交线路在奥林匹克公园区周边3处摆车，便于观众选择相应车辆直达返回，并且扩大散场运力。临时摆线车辆发车54车次，运送乘客3044人次。

③ 接驳二次疏散。为便于散场观众返回，8月9日凌晨1:00前，在地铁5号线天通苑站、天通苑北站、宋家庄站，10号线巴沟站、知春路站、劲松站，共安排10条常规公交线路摆车接驳，以方便观众换乘。在北京游乐园、航天桥、南菜园等28处远端首站发车，另有90条常规公交线在9日凌晨1:00前摆车接驳，便于乘客二次疏散。二次疏散车辆共发车40车次，运送乘客1214人。

（2）轨道交通系统。

为保障开幕式观众、工作人员便捷地使用城市轨道交通网络，地铁公司专门制订了开幕式当天连续运营的地铁网络运行图。地铁8条线列车从2008年8日首班车开始都要持续运营至9日末班车结束，截至10日凌晨2:12，北京地铁全线网从2008年8月8日至9日不间断运营了45h，创造了北京地铁投入运营以来连续运营时间最长的纪录。同时实现开幕式当天24h不间断服务。

连续运营期间，共开行列车8958列，运送乘客614.2万人次。首都机场空域管制解除前后，轨道交通机场线开行43列，集中疏运部分旅客。

图 7-21 为地铁 10 号线北土城站出站客流变化，其中柱状图为北土城站所有出口的客流，曲线为持票、持证人员出站（进入奥林匹克公园）客流。可以看到，连续运行的地铁满足了开幕式向赛时的运输转换。开幕式客流比赛时客流更为集中，同时开幕式当天地铁吸引了很高比例的无票证乘客。

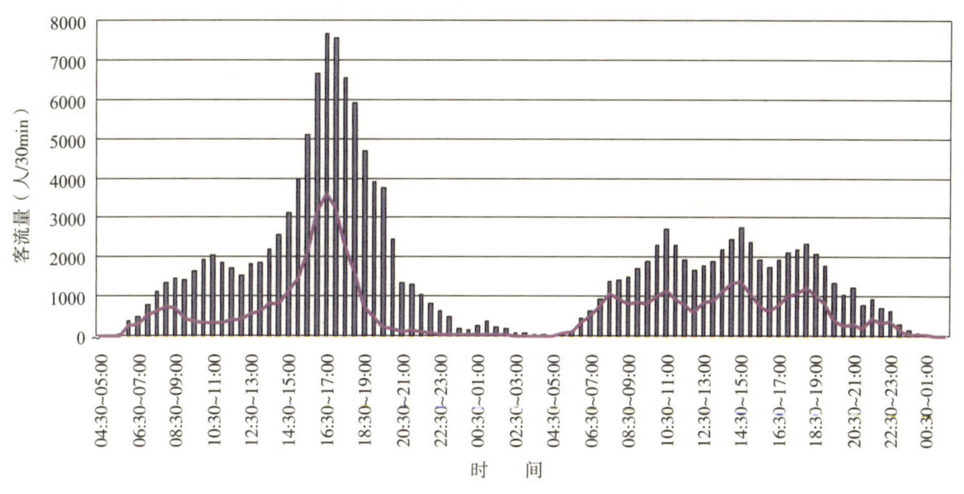

图7-21 地铁10号线北土城站开幕式前后客运量变化图

2008 年 8 月 8 日，地铁奥运支线（8 号线）共开行列车 712 列，列车正点率为 100%，运送持票观众、奥运会工作人员及志愿者共计 6.27 万人次。其中，进场观众约 3.57 万人，运送散场观众约 2.7 万人。

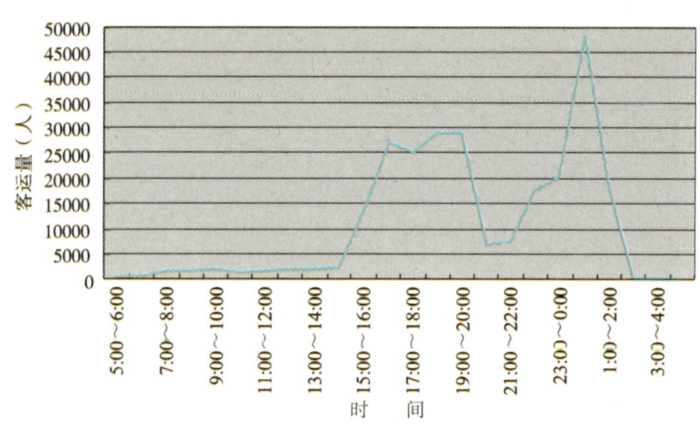

图7-22 地铁奥运支线（8号线）开幕式当天客运量变化图

从图 7-22 中可以看出，早晨至 15:00 之前，主要到达客流为由陆续到达的工作

人员和志愿者构成。从 15:00 ~ 19:00，为观众到达的高峰期，持续约 4h。开幕式结束后的 1h 内，是乘坐地铁散场的高峰期，散场高峰时段下沉广场情形如图 7-23 所示。

图7-23 散场阶段通过下沉广场乘坐奥运支线的观众

注：图片来自新浪网博客http://service.photo.sina.com.cn/original/4c009ceft55692f09c318&690

（3）交通组织联动预案。

开幕式计划从 16:00 开始对观众开放安检门，由于观众抵达较早，在外聚集，奥林匹克公园开幕式当天从 15:40 开始对观众进行安检。由于开幕式安检实行实名制验票，观众安检验票入场时间增长，2 号、5 号安检口人流集中，造成排队时间较长。公共区外围保障部门向联动小组通报，安检压力大、运行风险提高。交通运行现场指挥中心及时启动了开幕式运行方案的应急预案，通过公交摆渡车把观众转移到其他安检口，以机动运力平衡不均匀的客流需求（图 7-24、图 7-25）。

开幕式入场阶段，共开行摆渡车 218 车次，运送观众 14280 人。其中：从北土城的 2 号安检口，摆渡到 3 号安检口，至 18:00，调度车辆 112 车次，摆渡观众 8960

人；从东南部凯迪克饭店南侧的5号安检口，摆渡到东部公交场站的8号安检口，至19:00，调度车辆78车次，摆渡观众4480人；由于3号安检口能力偏小，距离2号安检口较近，摆渡车转移观众客流激增，造成3号安检口压力过大，因此将部分观众从3号安检口摆渡到8号安检口，并从源头调整，将2号安检口观众向8号安检口摆渡，至17:30，调度车辆14车次，摆渡观众810人。

图7-24　5号安检口观众入场排队

图7-25　5号安检口摆渡车转移入场观众

通过摆渡车辆运行，公交及时调配运力，缓解了安检口压力，消除了人员聚集的紧急状况。开幕式当天入场客流中，摆渡车辆客运量为专线进场客运量的3.75倍。

7.3　其他开幕式闭幕式交通运行

考虑到奥运会闭幕式、残奥会开闭幕式交通运行与奥运会开幕式交通运行大体类似，限于篇幅，以下将重点介绍奥运会闭幕式、残奥会开闭幕式运行中特有的相关内容，包括规模、关键时间节点、特殊性及运行总结情况。

7.3.1 奥运会闭幕式交通运行

7.3.1.1 概述

北京奥运会闭幕式于2008年8月24日（星期日）20:00在奥林匹克公园国家体育场举行，有约14.4万人参加（包括工作人员和志愿者）。奥运会闭幕式各客户群人员构成及关键时间节点见表7-9～表7-11。

表7-9 闭幕式客户群人员构成

客户大类	客户类型	客户群	人数（人）	车辆（辆）	客户群责任单位
专车客户群（约5.8万人）	贵宾	高级贵宾	787		警卫部门
		注册贵宾	8000	220大	交通部
		特邀嘉宾	2000		
	演员	仪式前演员	177		开闭幕式部
		仪式演员	8000		开闭幕式部
	仪式人员	入场仪式运动员	6000～8000	270大	奥运村运行团队、国际联络部
		仪式引导员等	1985		开闭幕式部
	媒体	电视转播记者	2000	100大	媒体运行部
		文字、摄影记者	2550		
	赞助商	赞助商	14000		交通部、市场开发部
	其他客户	观看仪式的运动员	2000	40大	奥运村运行团队、国际联络部
		团体购票	10310		
公共交通客户群（约8.6万人）	观众	持票观众　赞助商客户	35690	公交、地铁	运输局
	工作人员	工作人员、志愿者	50000		

表7-10　奥运会闭幕式入场关键时间节点

到达客户群	运输方式	抵达时间
关键时间点之一	调整安保封闭线，中心区清场	12:00
工作人员、志愿者上岗（50000人）	公交、地铁	12:00～14:30
电视转播文字摄影媒体（4550人）	媒体班车（含BOB）	12:00
闭幕式演员（8177人）	演员专车	12:00～14:30
关键时间点之二	奥林匹克公园和国家体育场对公众开放	17:00
持票观众	公交、地铁	17:00～20:00
团体购票观众	团体观众专车	
赞助商	赞助商专车	
观看仪式运动员	运动员班车	17:30
入场仪式运动员	运动员班车	18:10～19:40
注册贵宾、特邀嘉宾	贵宾专车	18:00～19:15
高级贵宾	贵宾专车	19:00～19:45
关键时间点之三	闭幕式正式开始	20:00

表7-11　奥运会闭幕式退场关键时间节点

退场客户群	运输方式	退场时间
演员退场（8177人）	演员专车	
高级贵宾退场	贵宾专车	
关键时间点之四	焰火表演	22:00～22:30
普通贵宾退场	贵宾专车	22:08～23:50
关键时间点之五	闭幕式结束	22:30
持票观众	公交、地铁	22:30～次日0:00
团体购票观众	团体观众专车	
赞助商	赞助商专车	
入场仪式运动员退场（12000人）	运动员班车	
观看仪式运动员（1000）	运动员班车	
媒体退场（4550人）	媒体班车	
工作人员、志愿者退场（50000人）	公交、地铁	次日0:00～2:00

7.3.1.2　奥运会闭幕式交通运行特点

（1）交通运行特点。奥运会闭幕式总体交通组织与奥运会开幕式流程相近，与开幕式相比，闭幕式交通运行有以下特点：

① 闭幕式当天，国家体育场有马拉松比赛，公共区及国家体育场场地从赛事到闭幕式的转换期较短，闭幕式入场交通准备时间较短；

② 闭幕式的入场交通与国家体育馆及奥体中心的散场交通，存在时间和空间上的交织，总体交通运行方案难度大；

③ 闭幕式当日公共交通需同时运输赛时观赛观众和闭幕式进场观众，要细化观众需求，合理分配公共交通运力，制订特殊公共交通运输方案服务于国家体育馆、英东游泳馆、五棵松篮球馆、工体馆、北工大体育馆等比赛场馆及国家体育场；

④ 闭幕式当日多个场馆有比赛，参加闭幕式的人员分布分散，为入场时人员集结、车辆安排以及路径和时间的安排增加了难度；

⑤ 与开幕式相比，闭幕式集散人员数量相对小些。奥运会开幕式总集散数量为15.9 万人，奥运会闭幕式总集散量约为 14.4 万人；

⑥ 闭幕式结束时间比开幕式早，奥运会开幕式实际结束时间为 24:00（计划为23:30），奥运会闭幕式计划结束时间为 22:30。

（2）运行组织的难点。基于上述特点，北京奥运会闭幕式交通运行组织具有以下难点：

① 具备开幕式交通组织中的所有难点；

② 需针对赛事安排及闭幕式活动安排，制订闭幕式当日奥林匹克公园的开放及清场政策，以及相应的人员安检方案及交通管控措施；

③ 需制订合理方案，确保国家体育馆及奥体中心的观赛观众迅速集散，减少对闭幕式入场的影响；

④ 需确保从五棵松篮球馆及工人体育馆方向参加闭幕式的运动员、媒体及奥林匹克大家庭成员准点到达国家体育场。

（3）运行组织的关键点。结合闭幕式交通的难点及特点，闭幕式交通运行应把握好以下几个关系：

① 闭幕式交通与社会交通的关系，保证闭幕式交通组织需要，减少对社会交通的影响；

② 专车客户群与公共交通客户群的交通集散关系，实现分时分路交通，减少交叉干扰；

③ 赛事和闭幕式在时间和空间上的转换关系，合理安排比赛散场观众的疏散与闭幕式人员的入场方案；

④ 安全保障与人性化服务的关系，在保障闭幕式安全的基础上，最大限度地方便各类客户群体的集散。

（4）主要场馆区域的交通运行组织。

① 公共区。由于闭幕式观众组织特点与开幕式基本相同，闭幕式公共区观众组织方案基本沿用了开幕式公共区观众组织方案。但由于闭幕式当天，国家体育馆、国家体育场、英东游泳馆有比赛，因此需对以上场馆观众组织制订特别方案，保证赛事和闭幕式观众的有序集结和疏散。

国家体育场有马拉松比赛(7:30 ~ 10:40),该场次观众不能在公园内长期滞留(平日赛时观赛观众可以在公园内参加相应活动，至当日午夜离场)。公共区在12:30清场，国家体育场7.9万观众需要在12:30前疏散完毕。相应地，公交、地铁需按照晚高峰一次性配置充足运力，在110min中内将国家体育场观众疏散完毕。

② 国家体育馆。对国家体育馆的观众入场、散场，单独进行人员组织，国家体育馆1.2万观赛观众可使用G2公交场站和地铁奥运支线进入；沿天辰路（景观路）开辟安检口至国家体育馆的观众通道，该通道与公共区其他部分设置隔离，乘坐公交8号专线车、常规公交的观众可通过西南场站安检口安检进入公共区；设置临时摆车线路（专线1区间车），连接奥林匹克公园周边公交场站，将较晚到达奥林匹克公园国家体育馆的观众接驳到西南安检入口。

③ 国家体育场。闭幕式其他贵宾（8000人）抵达P2停车场时间为18:00 ~ 19:15，共220辆大车；G2车场不能为观众使用。入场仪式运动员在18:10 ~ 19:40之间进入公园，并步行至国家体育场地下一层集结候场。

为做好国家体育场疏散工作，并避免与贵宾和运动员交叉，制订了以下方案：

a. 散场时，将国家体育馆划在闭幕式安保封闭线外；

b. 观众使用国家体育馆西门、南门疏散，东侧作为参加闭幕式的观众通道；

c. 疏散专线共备车150部，其中100部停放于G1；50部依次摆放于北辰西路大屯路路口以南至安翔北路路口以北的西侧最外侧车道；

d. 观众上车站为北辰西路与安翔北路路口的西北角，临时疏散专线途经地铁10号线健德门站、牡丹园站，终点站为北太平庄，以便观众换乘常规公交。

7.3.1.3 交通运行总结

（1）集结和疏散过程。闭幕式交通组织总体顺畅，按照组织方案，实现了各类客户的有序、按时抵达，安全、快速疏散。

入场：观众集中到达时间为16:30 ~ 17:30，90%以上观众在19:00之前抵达。

散场：从2008年8月24日22:00开始，至23:10基本结束，前半小时散场最为集中。实际疏散时间为70min，比计划疏散时间缩短了20min，秩序良好。闭幕式散场疏散时间比较见表7-12。

表7-12　闭幕式散场疏散时间比较

实际疏散时间	计划疏散时间	疏散效果
70min	90min	比计划缩短了20min，秩序良好，兑现了申奥承诺

（2）专车客户群组织。为确保要人贵宾和各客户群体集散的安全顺畅，各部门对照入场安排执行专车客运群交通组织。

入场组织：赛事交通服务分中心组织调度915辆交通服务用车，其中大客车831辆、旅行车42辆、小客车42辆，将2.45万名注册客户安全顺利送达国家体育场各专用停车场（开幕式用车1007辆，运送注册客户群32894人）。

散场组织：闭幕式结束后，主要客户群集结的P2停车场从21:56开始发出第一班返回班车，各注册客户群车辆在闭幕式结束50min后全部驶离国家体育场停车场；总部饭店线路最后一批返回班车在闭幕式结束后55min分别到达饭店；运动员村最后一批返回班车在闭幕式后60min分别到达运动员村。

（3）公共交通服务。观众主要乘坐公交、地铁进入到奥林匹克公园观看闭幕式。少量观众选择其他交通方式往返，包括步行进出外围区域、乘坐外围出租汽车、外围小汽车接送等。

① 地面公交系统。

a. 奥运会闭幕式28条公交专线。闭幕式当天，奥运会仍有部分场次比赛，奥林匹克专线根据赛事进行调整，奥林匹克公园周边专线运行到14:00。闭幕式公交专线在此时开始运营。闭幕式结束后，恢复奥运公交专线运行模式。

对于闭幕式的交通服务，公交公司延用开幕式方案开行28条闭幕式专线，从城市外围站点连接奥林匹克东公交场站、奥林匹克南公交场站。运营方式和中途站设置保持一致，运营时间根据闭幕式活动安排进行适当调整。

闭幕式入场阶段，闭幕式专线共发车369次，运送乘客2870人次。其中，东部场站专线运送2171人次，占75.6%，223人从专线中间站上车，另有1180人乘坐M5换乘公交专线；南部场站专线运送699人次占24.4%，141人从专线中间站上车。

散场阶段闭幕式专线发车 171 次，运送乘客 5397 人次。其中，东部场站专线发车 131 次，运送乘客 4106 人次（76.1%）；南部场站专线发车 40 次，运送乘客 1291 人次（23.9%）。

b. 常规公交摆车。散场时，为方便观众乘车返回，公交公司在外围提供了 17 条常规公交线路在奥林匹克公园区周边 3 处摆车。临时摆线车辆发车 58 车次，运送乘客 3213 人次。

c. 接驳二次疏散。便于观众选择相应车辆直达返回，并且扩大散场运力。在专线远端安排 90 条公交线路进行二次接驳，同时安排了 10 条与地铁车站衔接的线路。外围二次疏散公交运力共发车 44 次，运送乘客 651 人次。

散场期间，专线客流总量、载客率均比入场期间提高。闭幕式公交专线在散场阶段吸引力提高，客运量比进场阶段增加 88.0%。散场阶段，公交在北四环路周边备车，提高了公交吸引，公交车辆散场阶段一次疏散观众比入场阶段提高了 2 倍。

与开幕式专线客流比较，闭幕式专线入场、散场客流相应都偏低。

② 轨道交通。地铁线网运力充足，措施得当，客流组织有序，保证了散场观众有序疏散，全线网 8 月 24 日至 25 日不间断运营 44h。8 月 24 日，共开行列车 4470 列，加开临客 20 列，运行图兑现率 99.96%，始发正点率为 99.93%，到达正点率为 99.93%，共运送乘客 342.3 万人次。

地铁奥运支线闭幕式当天运送客运量 18.3 万人次。图 7-26 为奥运会开闭幕式地铁奥运支线客流量对比图（闭幕式当天上午有观赛客流）。可以看出，开闭幕式进场观众客流抵达时间相近，闭幕式散场较开幕式早。

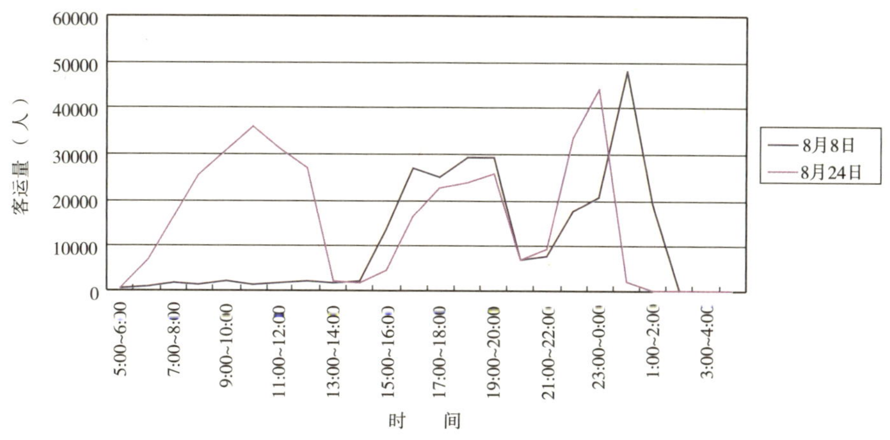

图7-26 开幕式-闭幕式客流量对比图

7.3.2 残奥会开幕式交通运行

7.3.2.1 概述

北京残奥会开幕式总客流集散量为13.1万人，根据交通方式总体可分为两类：专车客户群和公共交通客户群。

（1）专车客户群。总人数为4.5万人，乘专车集散，包括：贵宾、运动员、演员、媒体，团体购票客户、赞助商、专职工作人员及演员助理、NPC助理等。

（2）公共交通客户群，总人数为8.6万人，使用公交及地铁等公共交通集散，包括：持票观众、开幕式工作人员及志愿者等。

为残疾人员提供特别人文关怀和特殊交通服务，是保障残奥会开幕式成功的重点任务。据票务部门不完全统计，残奥会开幕式贵宾席中有轮椅254个；入场运动员和官员轮椅座位1974个；观众52486门票中，包括普通观众轮椅217个，持票赞助商轮椅4个以及团体购票轮椅59个。参加人员构成及关键时间节点见表7–13 ~ 表7–15。

表7–13 残奥会开幕式客户群人员构成

客户大类	客户类型	客户群	人数（人）	轮椅数（辆）	客户群责任单位
专车客户群（约4.5万人）	贵宾	高级贵宾	650	254	交通部
		注册贵宾	4950		
		特邀嘉宾			
	演员	仪式前演员	1000		开闭幕式部
		演员	4800		开闭幕式部
		工作人员及演员助理	2500		开闭幕式部
	仪式人员	入场仪式运动员及官员	6500		奥运村运行团队国际联络部
		场内志愿者及工作人员	1150		开闭幕式部
		NPC助理	1000		开闭幕式部
		引导员及场内外标兵	2522		开闭幕式部
	媒体	电视转播记者	2000	14	媒体运行部
		文字、摄影记者	2000	26	
	赞助商及NPC	持票赞助商组织观众	8286	4	交通部、市场开发部、中残联、北京市残联
	其他专车客户群	团体购票观众	8464	59	

客户大类	客户类型	客户群	人数（人）	轮椅数（辆）	客户群责任单位
公共交通客户群（约8.6万人）	观众	持票观众	35714	217	运输局公交、地铁、班车
	工作人员	工作人员、志愿者	50000		

表7–14　残奥会开幕式入场关键时间节点

到达客户群	运输方式	抵达时间
工作人员、志愿者上岗（50000人）	公交、地铁	9:00之前
电视转播文字摄影媒体（4000人）	媒体班车	12:00
仪式人员（4310人）	仪式人员专车	13:00～15:30
演职人员（8300人）	演职人员专车	13:00～15:30
关键时点之一　奥林匹克公园、国家体育场对公众开放		16:00
普通观众（35714人）、持票赞助商（8286人）	公交、地铁	16:00
团体购票观众（8000人）	团体观众专车	17:00～18:30
赞助商（8286人）	赞助商专车	17:00～18:30
入场仪式运动员及官员（6500人）	运动员班车	18:20～20:00
普通贵宾（4950人）	贵宾专车	17:30～19:00
高级贵宾（650人）	贵宾专车	19:00～19:45
关键时点之二　开幕式正式开始		20:00

表7–15　残奥会开幕式退场关键时间节点

退场客户群	运输方式	退场时间
演职人员及助理（8300人）、仪式人员（4310）	演员、仪式人员专车	随演随走
高级贵宾（650人）	贵宾专车	22:35～23:00
关键时点之三　开幕式结束		22:50
普通贵宾退场（4950人）	贵宾专车	22:50～0:00
入场仪式运动员及官员（6500人）	运动员班车	22:50～0:00
团体购票观众（8464人）	团体观众专车	22:50～0:00
普通观众（35714人）	公交、地铁	22:50～0:50
赞助商（8286人）		
媒体（4000人）	媒体班车	22:50
工作人员、志愿者退场（50000人）	公交、地铁	次日1:00～3:30

7.3.2.2　残奥会开幕式交通运行难点

残奥会开幕式与奥运会开幕式相比主要有以下难点。

（1）各客户群中都有残疾人，需要根据残疾人出行需求提供符合残奥会服务标准的就近上下车点、低底盘车辆、残摩停车、相应的安检设施以及从落客点到场馆残疾坐席的无障碍通道。

（2）不同类别的残疾人（盲人 3 级、肢体残疾残 3 类 25 级）对交通集散服务需求不同，交通运行组织复杂。

（3）仪式运动员都是残疾人员，人数多、集中，需要在残奥村和奥林匹克公园公共区、国家体育场提供相应的停车、上下车点、无障碍通道，并在给定时间内完成交通服务。同时需要系统周密的策划和高水平的引导服务。

（4）贵宾和其他专车客户群中也有一定比例的残疾人，需要安排就近的无障碍上下车和通行条件，提供相应的陪护空间和引导措施。

（5）残奥会开幕式中团体购票观众、志愿者人数（照顾残疾人的）多于奥运会。部分残疾人乘坐公共交通方式到达，需要落实低底盘公交车、地铁残疾车电梯、公交场站、地铁车站和国家体育场之间的无障碍衔接通道，为残疾观众提供较近和方便的通道，并为残摩提供就近的停车和安检（图 7–27）。

图7–27　残奥会轮椅服务情况

（6）部分观众公交场站距离国家体育场较远，需要做出特殊安排。交通集散引导方案需针对不同类别残疾人的特殊需求，制订特殊交通服务方案，志愿者和相应的服务人员需要有服务残疾人的知识，并进行培训。

7.3.2.3　特殊交通服务

在奥运会开幕式散场人流疏散组织的基础上，残奥会开幕式人流疏散组织的重点是解决以下问题。

（1）根据残疾人数量及国家体育场内的残疾人坐席分布，重新确定疏散组织安排方案。

（2）根据各客户群人数、残疾人比例及安保需求重新分配出口通道。

（3）根据不同类残疾人特点，制订合适的信息发布系统。针对不同类别残疾人信息发布措施包括:提供盲文版观众观赛信息指南;为聋哑残疾人提供手语引导服务。

（4）增加志愿者人数，协助残疾人顺利疏散（仅国家体育场疏散引导人员就比奥运会增加 200 人，共 1675 人）。

残奥会开幕式公共区疏散引导组织以奥运会开幕式为基础，根据残奥会特点，重点保障观众疏散通道满足无障碍通行要求，制订实施针对不同类别残疾人的引导措施，提高对残疾人观众的服务（图 7-28）。

图7-28　残奥会开幕式轮椅特殊服务

残奥会开闭幕式观众宣传引导仍沿用奥运会开闭幕式的方案，针对残疾人的特点，重点做以下两项工作。

（1）针对残疾人的公共交通集散宣传。

北京交通运输管理部门牵头编制宣传材料，由宣传部门协调电视、广播、报纸、网络、公交车移动电视等媒体宣传，包括推荐残疾人采用的公共交通方式、无障碍公交线路分布、上下客点位置等。

（2）针对残疾人观众的散场引导组织宣传。

由奥林匹克公园公共区管委会牵头汇集国家体育场、公共区、公交、地铁疏散提示信息，特别是无障碍通道设施位置、上下客点等信息，提示信息要综合考虑各类残疾人的特点。

7.3.2.4　交通运行总结

残奥会开幕式散场观众 75min 疏散完毕，比预计的 90min 提前了 15min。

（1）注册客户群交通服务运行。残奥会开幕式当天，赛事交通服务分中心为各注册客户群共派车辆 477 辆，其中无障碍车 328 辆，共运送客户 11258 人（包括轮椅客人 705 人）。残奥会开幕式结束后，40min 内将各注册客户群从国家体育场各停车场全部安全、顺畅疏散完毕，圆满完成了残奥会开幕式赛事交通服务工作。

（2）交通组织安全运行。公安交通管理部门组织投入警力 4766 人、交通协管员 4200 人、志愿者 8.1 万人、机动警力 380 人，以及清障救援、应急处突、事故处理等 15 支小分队和各类社会清障救援力量，确保了勤务交通绝对安全，社会面交通秩序良好、安全稳定。

（3）公共交通运行。残奥会开幕式公交专线、地铁进出场共运送乘客约 7.27 万人次。其中,公交运送观众 1.25 万人次（28 条开幕式公交专线运送观众 9651 人次），地铁运送观众 6.02 万人次。公共交通总体运行安全、有序、平稳，未发生大客流积压和危及安全的事件。残奥会开幕式入场阶段（14:00 ~ 20:00),地铁北土城站持证、持票出站免费乘车客流量为 2.15 万人次，当天奥运支线客流量为 7.9 万人次。

① 28 条残奥会开幕式专线。28 条残奥会开幕式专线入场阶段共发车 376 次，运送乘客 3573 人次。其中，东部场站专线运送 2625 人次（73.5%），490 人从专线中途站上车，另有 1096 人乘坐 M5 换乘公交专线；南部场站专线运送 948 人次（26.5%），237 人从专线中间站上车。

按照相关数据统计，各时段残奥会开幕式专线公交客流变化及构成情况如图 7-29 ~图 7-31 所示。

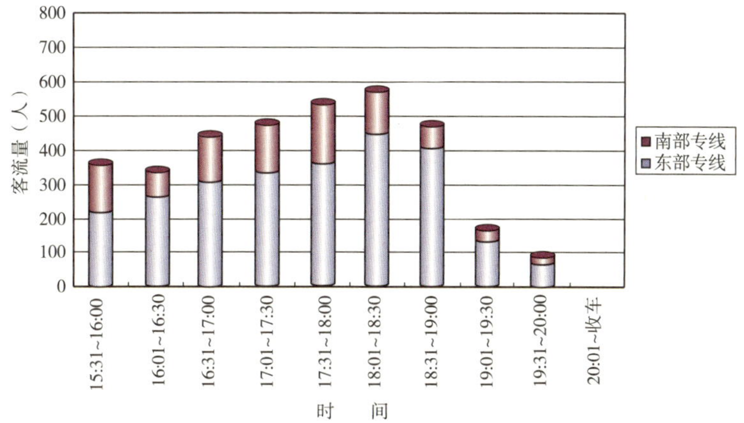

图7-29 入场阶段开幕式专线客流量变化及构成

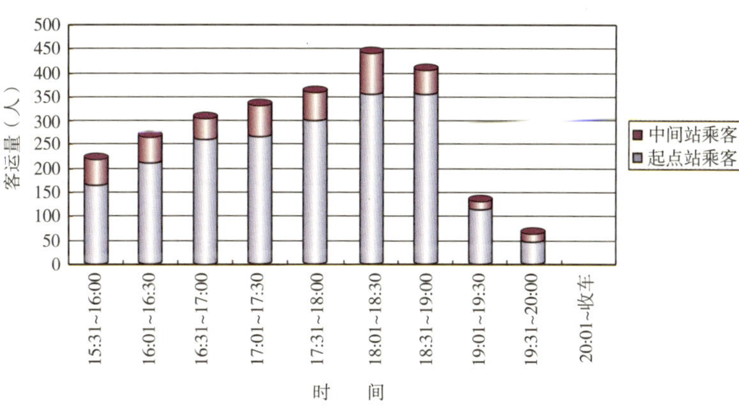

图7-30 东部场站开幕式专线客运量构成

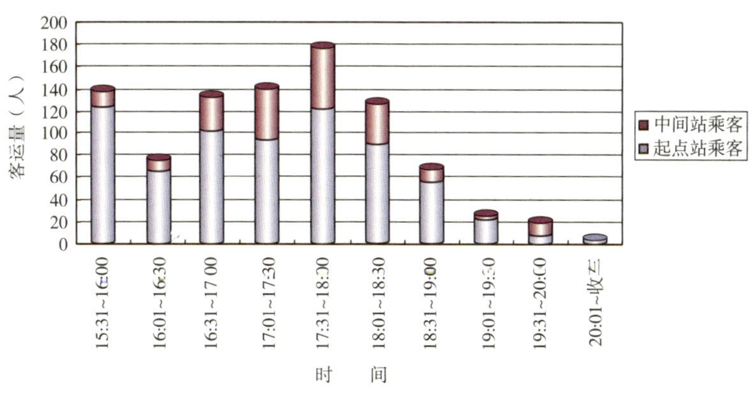

图7-31 南部场站开幕式专线客运量构成

散场阶段开幕式专线发车 183 次，运送乘客 6050 人次。其中，东部公交场站专线发车 153 次，运送乘客 5156 人次，占 85.2%；南部公交场站专线发车 30 次，运送乘客 894 人次，占 14.8%。临时摆线车辆发车 49 车次，运送乘客 2523 人次。

② 常规公交及接驳二次疏散。为方便观众乘车返回，公交公司在外围提供了 17 条常规公交线路在奥林匹克公园区周边 3 处摆车。便于观众选择相应车辆直达返回，并且扩大散场运力。此外，在城市主要公交大站、地铁车站，安排约 100 条公交临时摆车进行二次疏散。外围二次疏散公交运力共发车 39 次，运送乘客 287 人次。

③ 轨道交通。图 7-32 为残奥会开幕式当天地铁 8 号线（奥运支线）及 10 号线刷卡客流变化情况。在刷卡进出站条件下，通过地铁 10 号线北土城站出站客流变化反映入园客流，通过地铁 8 号线奥林匹克公园站进站客流变化反映出园客流。开幕式散场时客流集中，从 8 号线进站客流压力巨大，采取直接进站、外围凭票出站的管理措施，刷卡客流未能反映散场高峰。

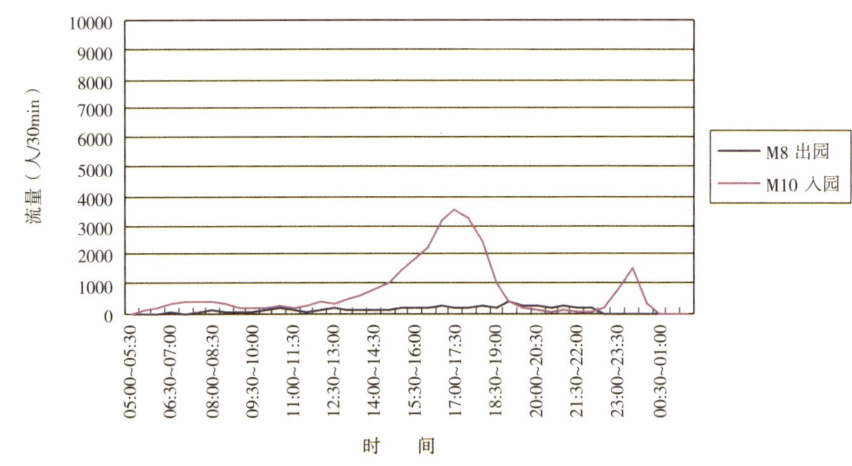

图7-32　残奥会开幕式当天地铁进出公园免费刷卡流量情况

（4）针对轮椅观众的交通组织。针对残奥会开幕式有轮椅观众进场的情况，北京交通部门组织提供轮椅观众散场特殊交通服务措施。

① 在下沉广场地铁奥林匹克公园站安排 10 辆无障碍电瓶车，将轮椅观众转移至东部公交场站。

② 在东部公交场站安排 7 辆无障碍公交专车，将地铁转移来的轮椅观众运送至地铁 10 号线健德门站、安贞门站，以方便轮椅观众换乘，对目的地较为一致的轮椅乘客直接送往目的地。

③ 东部公交场站安排 22 辆无障碍出租汽车，运送轮椅观众（图 7-33、图 7-34）。开幕式散场公交专车运送轮椅观众 51 人次，地铁运送 42 人次，出租运送 44 人次。

图7-33　无障碍公交车及备用轮椅

图7-34　无障碍出租汽车

7.3.3 残奥会闭幕式交通运行

7.3.3.1 概述

北京残奥会闭幕式总客流集散量为 13 万人次，根据交通方式可分为两类：专车客户群，总人数 6.1 万，乘专车集散（含组织观众 2.2 万）；公共交通客户群，总人数 6.9 万，使用公交及地铁等公共交通方式集散。参加人员构成情况见表 7–16。

表7–16 残奥会闭幕式客户群人员构成

<table>
<tr><th>客户大类</th><th>客户类型</th><th>客户群</th><th>人数/轮椅人数</th><th>客户群责任单位</th></tr>
<tr><td rowspan="14">专车客户群
（约6.1万人）</td><td rowspan="3">贵宾</td><td>高级贵宾</td><td>650</td><td>—</td></tr>
<tr><td>注册贵宾</td><td rowspan="2">5300</td><td>交通部</td></tr>
<tr><td>特邀嘉宾</td><td>—</td></tr>
<tr><td rowspan="2">演员</td><td>仪式前演员</td><td>1000</td><td>开闭幕式部</td></tr>
<tr><td>部队演员及地方演员</td><td>2400</td><td>开闭幕式部</td></tr>
<tr><td rowspan="4">仪式人员</td><td>入场仪式运动员及官员</td><td>6500/
1974</td><td>奥运村运行团队
国际联络部</td></tr>
<tr><td>旗手军乐团等仪式人员</td><td>382</td><td>开闭幕式部</td></tr>
<tr><td>NPC助理</td><td>800</td><td>开闭幕式部</td></tr>
<tr><td>场内外标兵及志愿者</td><td>2017</td><td>开闭幕式部</td></tr>
<tr><td rowspan="2">媒体</td><td>电视转播记者</td><td>1000</td><td rowspan="2">媒体运行部</td></tr>
<tr><td>文字、摄影记者</td><td>2400</td></tr>
<tr><td>赞助商</td><td>持票赞助商</td><td>4349</td><td>交通部、市场开发部</td></tr>
<tr><td rowspan="2">其他专车
客户群</td><td>团体购票观众</td><td>30384</td><td></td></tr>
<tr><td>可售包厢观众</td><td>2000</td><td></td></tr>
<tr><td rowspan="2">公共交通客户群
（约6.9万人）</td><td>观众</td><td>持票观众</td><td>19000</td><td rowspan="2">交通运输部门
公交、地铁、班车</td></tr>
<tr><td>工作人员</td><td>工作人员、志愿者</td><td>50000</td></tr>
</table>

7.3.3.2 交通管控方案对比分析

残奥会开闭幕式，道路交通管控方案基本与奥运会开闭幕式相同，管控的路段和流程基本一致，具体实施措施根据活动流程适当调整管控时间。各类交通管控方案细则主要分为三个部分，分时段实施。奥运会及残奥会开闭幕式交通管控方案对比分析见表 7–17。

表7-17 奥运会及残奥会开闭幕式交通管控方案比较

	第一阶段	第二阶段	第三阶段（进场）	第三阶段（散场）
奥运会开幕式	11:30启动	15:00启动	17:00～20:00	23:00至散场结束
奥运会闭幕式	13:30启动	15:00启动	17:00～20:00	21:45至散场结束
残奥会开幕式	13:30启动	15:00启动	17:00～20:00	21:45至散场结束
残奥会闭幕式	14:30启动	15:30启动	18:00～20:00	21:30至散场结束
限行范围	奥林匹克公园核心区域	奥林匹克公园周边区域	重要入场通道	重要散场通道

7.3.3.3 残奥会闭幕式交通运行特点

（1）残奥会闭幕式集散量与残奥会开幕式大致相当，较奥运会开闭幕式小；客户群类别基本与奥运会开闭幕式一致；但各客户群中均存在一定比例的残疾人；专车客户群人数（大多是团体票观众）比例高于奥运开闭幕式。

（2）奥运公园开放时间为17:00，入场时间（17:00 ～ 20:00）与社会晚高峰时间重叠（奥运会开幕式当天放假，奥运会闭幕式、残奥会开幕式在休息日，只有残奥会闭幕式是普通工作日）。

（3）散场时间较早，散场观众可搭乘常规公交。

（4）残奥会闭幕式当日国家体育场的马拉松比赛、击剑馆的轮椅击剑比赛，散场交通对闭幕式入场交通会产生一定影响，需单独制订观众运输方案。

7.3.3.4 交通运行总结

残奥会闭幕式散场观众70min疏散完毕，比计划的90min提前了20min(图7-35)。

（1）注册客户群交通服务运行。为各注册客户群参加闭幕式提供车辆408辆，其中大客车363辆(无障碍大客车304辆),伊斯坦纳41辆(无障碍伊斯坦纳24辆),小客车4辆，运送客户8525人（轮椅客人1559人）。闭幕式结束后，各注册客户群在40min内从国家体育场疏散完毕。

（2）交通组织安全运行。残奥会闭幕式期间，公安交通管理部门组织投入警力4766人、交通协管员4200人、志愿者8.1万人、机动警力380人，保证了交通组织安全、秩序良好。

（3）公共交通运行。

① 28条残奥会闭幕式专线。28条残奥会闭幕式公交专线入场时，公交共发车365次，运送观众5229人次；散场时，公交共发车240次，运送观众9056人次。

② 常规公交及接驳二次疏散。市区28个发车点100条二次疏散线路共发车41次，运送观众288人，平均每车次运送77人。北四环路、慧忠里常规线路摆车共发车45次，运送观众3449人。

残奥会闭幕式也为轮椅观众提供了类似残奥会开幕式的特殊疏散服务。其中，闭幕式散场公交专车运送轮椅观众10人次，地铁运送29人次，出租汽车运送85人次。

③轨道交通。残奥会闭幕式入场阶段地铁北土城站持证、持票出站免费乘车客流量为2.61万人次，当天奥运支线客流量16万人次，考虑到赛事客流，与闭幕式相关的客流量约8万人次。散场阶段下沉广场观众疏散情况如图7-36所示。

图7-35 残奥会闭幕式散场井然有序

图7-36 散场阶段通过下沉广场乘坐奥运支线的观众

8 奥运交通运行评价

8.1 总体评价

（1）道路交通运行顺畅，路网速度全面提升。

与机动车单双号限行前相比，奥运会赛事期间路网早晚高峰速度分别提高26.9%和22.8%，残奥会赛事期间分别提高16.9%和19.6%，交通拥堵指数分别为2.45和3.22，与机动车单双号限行前相比明显改善；各等级道路拥堵里程比例明显减小，其中，奥运会期间路网早晚高峰严重拥堵里程比例分别下降6.1个百分点和6.8个百分点，残奥会期间分别下降4.4个百分点和5.4个百分点。

（2）路网早高峰出现时间向后延迟30min，高峰小时系数有所下降。

奥运会及残奥会期间，全日高峰时段与平峰时段的速度差异显著减小，早高峰向后延迟约30min，高峰小时系数下降，"削峰填谷"效果明显。

（3）道路流量大幅度下降，奥运会期间降幅为22.5%。

机动车单双号限行期间，道路流量降幅明显，降幅达22.5%。其中，客车、大货车、小货车、非公交大客车、摩托车都有不同程度的下降。

（4）道路交通流量早高峰时间后移，晚高峰峰值系数增加。

奥运会前[1]工作日早高峰出现在7:00 ~ 8:00，晚高峰并不明显；奥运会期间及奥运会前的流量高峰出现在8:00 ~ 9:00，而晚高峰时间段相对常规状态表现更加集中，出现在17:00 ~ 18:00。奥运专用道上运行车辆与社会车辆变化趋势基本一致，早高

[1] 本章中的"奥运会前"是指2008年7月1日~2008年7月19日，"奥运会期间"是指2008年7月20日~2008年9月20日，"2008年常规"是指2008年1月1日~2008年6月30日。

峰出现在 8:00 ~ 9:00，晚高峰出现在 17:00 ~ 18:00。

（5）公共交通客运量（公共汽（电）车+轨道交通）日均客运量较奥运会前增长3%，比上年同期增长 25%。

奥运会期间，城市公共交通（公共汽（电）车与轨道交通）完成客运量 10.88 亿人次（公共汽（电）车 8.57 亿人次，轨道交通 2.31 亿人次），赛时日均客运量 1706 万人次，比限行前增加 3%；公共汽（电）车奥运会赛时日均客运量 1314 万人次，高峰日客运量达到 1500 万人次；奥运公交专线赛时日均客运量 67 万人次，高峰日客运量突破 82 万人次。奥运会赛时，轨道交通日均客运量达到 393 万人次，比奥运会前增长 19.7%，高峰日客流突破 468 万人次。地铁 8 号线共计完成客运量 662 万人次，赛时日均 20.5 万人次，高峰日客流突破 42 万人次。

（6）公共交通服务水平明显改善，早高峰运行速度由 18.5km/h 提高到 21km/h，74%乘客感到速度提升，近半数人认为等车时间缩短。

与机动车单双号限行前（2008 年 4 月）相比，公共汽（电）车全网平均运行速度有显著提高，全天平均运行速度由 20.9km/h 提高到 22.2km/h，提高了 1.3km/h；早高峰平均运行速度由 18.5km/h 提高到 21km/h，提高了 2.5km/h；晚高峰平均运行速度由 18.7km/h 提高到 20.8km/h，提高了 2.1km/h。74%的市民认为公共汽（电）车运营速度明显提高，近 50%的市民认为车内拥挤程度降低，50%的市民认为等车时间有所缩短，50%的市民认为轨道交通等车时间及换乘时间缩短。

（7）出租汽车客运量在奥运会期间有明显增加，工作日客运量比机动车限行前提高 19.2%。

出租汽车常规阶段工作日日均客运量为 203 万人次；赛前工作日日均客运量为 241 万人次；赛时工作日日均客运量为 242 万人次。出车率比限行前提高 2 个百分点，达到 92.26%。

（8）奥运会期间，竞赛场馆观众交通组织方案考虑周全，且在运行过程中不断调整完善，整体运行平稳、秩序良好。

奥林匹克公园观众入场方向分布与安检设施分布不匹配，为了平衡各安检口之间的需求，采取了调整奥运专线、常规公交车站封站，各安检口之间进行“公交摆渡”等措施，为奥林匹克公园的整体运行保驾护航。奥运会开幕式的疏散时间在 75min 左右，外围竞赛场馆疏散时间基本在 30min 左右，实现了预定的大场馆 1h 疏散，小场馆 30min 疏散的目标。奥林匹克公园地区选择公共交通的观众占总人数的 65%以上，地铁 8 号线发挥了重要作用，日均运送乘客 20.5 万人次。其他场馆公交方式占

50%以上。

（9）各项交通需求管理政策宣传效果良好，在市民中知晓度较高。

机动车单双号行驶政策知晓度达100%。其次是奥林匹克专用道和错时上下班，知晓率均在80%以上。

（10）机动车单双号行驶得到了社会的普遍认可，支持率达90%。

调查结果显示，86.9%的被访者认为道路畅通的原因是实施了机动车单双号限行。88%～98%的市民支持在奥运会期间实施机动车单双号限行，74%的有车人同意长期实施机动车限行措施，其中57%的被访者支持实施“一周少开一天车”。

（11）错时上下班使得居民上班高峰错开，达到了错时削峰的效果。

错时上下班措施实施后，居民出行出发时间高峰从7:00～8:00后移和错峰到7:00～9:00，高峰出行有所减缓。同时，70%的市民建议长期实施该项措施。奥运会期间，错时上下班获得的支持率为68%～81%。70%的被访者支持在奥运会后长期实施错时上下班政策。

（12）实施交通需求管理措施后，全市总出行率由1.87次/日减少为1.7次/日，下降幅度为9%。

不同职业出行率变化有所不同：学生由于放假，出行率明显下降；工人、科技人员、普通职员出行率有所下降；专职驾驶员、警察等由于执行公务，出行率有所增加。

（13）公共交通出行比例由35%上升到45%，出行结构得到明显优化。

实施机动车限行措施后，有车户小汽车出行方式向公共交通转移，有车户乘坐公交出行的比例由原来的14.3%上升到36%。全市公共交通出行比例由上半年的35%提高到45%，增长10个百分点；小汽车出行比例由33.5%下降到18.5%，降幅明显。

（14）居民出行时长总体缩短5～10min。

奥运会赛时早晚高峰时段小汽车和地面公交方式的出行时长约缩短5～8min。

8.2 道路交通运行评价

8.2.1 道路交通流量

在2008年7月20日北京交通实施限行措施后，对北京道路网交通流量进行了两次调查，分别为奥运会前道路限行期间和奥运会期间两个阶段。

第一阶段（奥运会前）调查时间为 2008 年 7 月 20 日 ~ 2008 年 8 月 7 日期间的任意一个工作日，对以下三类道路进行流量调查。

（1）与东西核查线（即沿阜石路—阜成路—阜成门内、外大街—西安门大街—文津街—景山前街—五四大街—东四西大街—朝阳门内、外大街—朝阳路南侧一线）相交道路断面交通流量调查。

（2）与南北核查线（即沿规划城市南北中轴线，即北辰路—鼓楼外大街—旧鼓楼大街—地安门内、外大街—北、南长街—人民大会堂西路—前门大街—天桥南大街—永定门内、外大街—南苑路西侧一线）相交道路断面交通流量调查。

第二阶段（奥运会期间）调查时间为 2008 年 8 月 8 日到 2008 年 8 月 24 日，包括东西南北方向的四个环路与十字核查线的相交路段和“五横五纵”（三里河东路、西四南大街、北长街、东四南大街、西大望路、地安门西大街、文津街、西长安街、前门西大街、珠市口西大街）十条主要交通干道与东西、南北十字核查线相交断面，共 24 个断面（北部交通管制无法调查）。

以下为相关指标对比情况。

8.2.1.1　整体路网

（1）限行期间，道路流量大幅度下降，奥运会期间下降 22.5%。

整体流量变化是依据奥运会期间选取的断面观测流量与奥运会前限行期间、2008 年常规调查得到的结果相对比，总结其变化规律与道路交通运行特征见表 8–1。

表8–1　道路流量对比

车型		时期			对比		
		奥运会期间（辆）	奥运会前期（辆）	2008年常规（辆）	奥运会期间与前期相比变化（%）	奥运会期间与2008年核查线相比变化（%）	奥运会前期与2008年核查线相比变化（%）
小客车		700499	635813	1064575	10.17	−34.20	−40.28
出租汽车	空载	59735	48819	41072	22.36	45.44	18.86
	载客	185979	145992	142887	27.39	30.16	2.17
	总和	245714	194811	183959	26.13	33.57	5.90
公交车	单机	25012	23037	23899	8.57	4.66	−3.61
	铰接	17040	14749	11179	15.53	52.43	31.93
大货车		8684	7179	20401	20.96	−57.43	−64.81

车型	时期			对比		
	奥运会期间（辆）	奥运会前期（辆）	2008年常规（辆）	奥运会期间与前期相比变化（%）	奥运会期间与2008年核查线相比变化（%）	奥运会前期与2008年核查线相比变化（%）
小货车	8258	9664	19078	-14.55	-56.71	-49.34
大客车（非公交）	23078	14584	32106	58.24	-28.12	-54.58
摩托车	3706	2557	5160	44.94	-28.18	-50.45
机动车总量	1139313	991839.6	1471020	14.87	-22.55	-32.57
全部标准车	1180283	1030425	1514949	14.54	-22.09	-31.98

机动车总量在限行的两个时期都有大幅下降，奥运会前限行期间表现最为明显，机动车总量下降的比例为 32.57%，由于奥运会服务车辆正式投入使用，奥运会期间车流量则有所回升，但与常规调查结果相比仍然下降了 22.55%。

限行期间，小客车、大货车、小货车、非公交大客车、摩托车都有不同程度的下降。奥运会期间，整体机动车流量下降贡献度最大的是小客车，下降幅度为 34.2%，如图 8-1 所示。

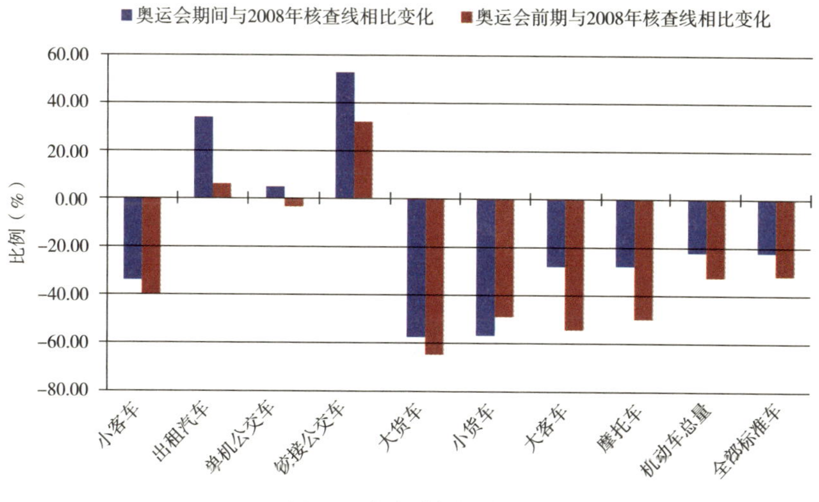

图8-1　各车型变化比例图

在机动车整体流量下降的同时，出租汽车流量在奥运赛时有明显增加，与限行前相比增长 33.57%，与限行的奥运会前期相比增长 26.13%。

（2）车型比例变化明显，小客车所占比例下降 11 个百分点（表 8-2）。

表8-2　车型比例构成变化表

车型	2008年核查线（%）	奥运会前期（%）	奥运会期间（%）
小客车	72.40	64.10	61.50
出租汽车总数	12.50	19.60	21.60
单机公交车	3.20	4.60	4.40
铰接公交车	3.00	5.90	6.00
大货车	2.80	1.40	1.50
小货车	1.60	1.20	0.90
大客车（非公交）	4.40	2.90	4.10
摩托车	0.10	0.10	0.10

在车型比例构成的分析中，小客车所占比例减小，从限行实施前占总流量的 72.40%到措施实施后的 64.1%，再到奥运期间的 61.50%，整个过程中，小客车比例下降了 10.89%；与此同时，出租汽车总量比例提高 9%，其中主要变化的是载客出租汽车所占的比例，从原来的 9.71%到奥运会期间的 16.32%。

（3）道路交通流高峰相比平时后移 1h（图 8-2）。

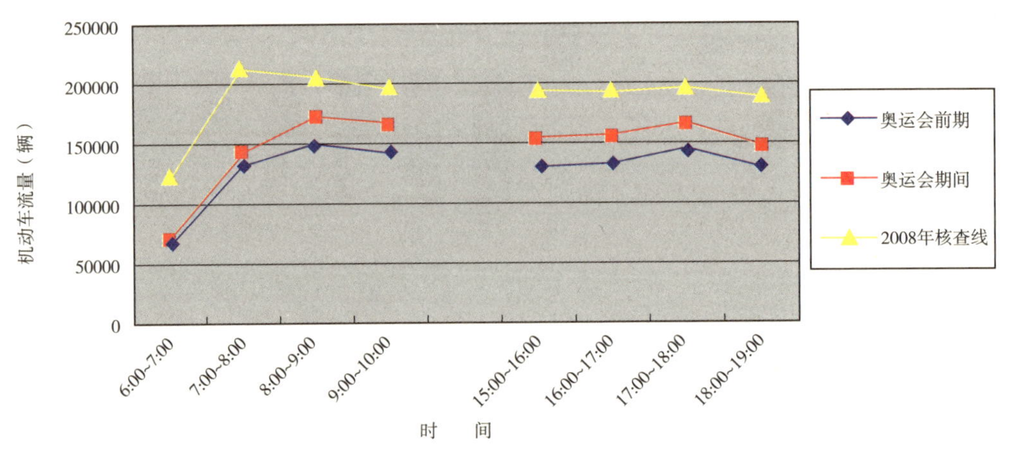

图8-2　机动车流量变化趋势图

根据调查路段上 8h 中各时间段的变化情况，2008 年一般工作日流量最高峰出现在 7:00 ~ 8:00，晚高峰并不明显；奥运会期间及奥运前的流量高峰出现在 8:00 ~ 9:00，而晚高峰相对常规状态表现更加明显，出现在 17:00 ~ 18:00，随后车流有大幅下降。

8.2.1.2　重要路段

各主要路段车流量都有大幅下降，平均降幅在 30%（表 8-3）。

表8-3　主要区域流量对照表

道路名称	方向	2008年调查	赛前限行流量	赛事期间流量	赛前限行流量变化比例（%）	赛事期间流量变化比例（%）
西长安街	东向西	23313.6	19853	20213.8	−14.84	−13.3
西长安街	西向东	26116.6	19168.4	24399.4	−26.6	−6.58
二环（北）主路	东向西	34610.4	23124.4	25409	−33.19	−26.59
二环（北）主路	西向东	28491.6	20474.8	23419.4	−28.14	−17.80
二环（北）辅路	东向西	12974	10855	16110.8	−16.33	24.18
二环（北）辅路	西向东	10357	5995.4	7209.2	−42.11	−30.39
三环（北）主路	东向西	40010	28709.2	41933.2	−28.24	4.81
三环（北）主路	西向东	35098.6	21290.6	37934.8	−39.34	8.08
三环（北）辅路	东向西	9502.8	6832.2	10110	−28.10	6.39
三环（北）辅路	西向东	15860.4	9727.4	10843.4	−38.67	−31.63
四环（西）主路	北向南	47629.2	30516	27812.8	−35.93	−41.61
四环（西）主路	南向北	43595	28839	27330	−33.85	−37.31
四环（西）辅路	北向南	18684.2	8111	8395.8	−56.59	−55.06
四环（西）辅路	南向北	22593	9188	9743.8	−59.33	−56.87

奥运会期间，针对各典型区域分析，选择四处主要断面。各断面流量整体表现为下降趋势，平均下降幅度为 34%；而奥运会期间有所反弹，表现最明显的是北三环路，断面流量增幅在 20% 以上，甚至超过常规调查期间的数值。

奥运会期间，流量下降幅度最大的是西四环路辅路南向北方向，下降比例为 56%，而与前期相比变化最小的是北三环主路东向西方向，变化比例仅为增长 4%。

8.2.1.3　奥林匹克专用道

（1）施画奥林匹克专用道会导致其使用效率大幅下降（图 8-3）。

奥林匹克专用车道在奥运会期间流量仅为其常规流量的 17%。其中，发挥效率最低的是西二环北向南方向专用道，仅为平时的 4%；发挥效率最高的是东二环路南向北方向，其流量为平时的 28.71%。同时，专用道的利用率也有方向性变化，南向北方向利用率都会高于北向南方向专用道。

（2）奥运专用道上行驶车辆与社会车辆高峰重合（图 8-4）。

奥林匹克专用道上运行车辆与社会车辆变化趋势基本一致，早高峰出现在 8:00 ~ 9:00，晚高峰出现在 17:00 ~ 18:00。

奥林匹克专用道运行车辆的晚高峰高于早高峰，表现出奥运赛事晚间更加集中这一特征。

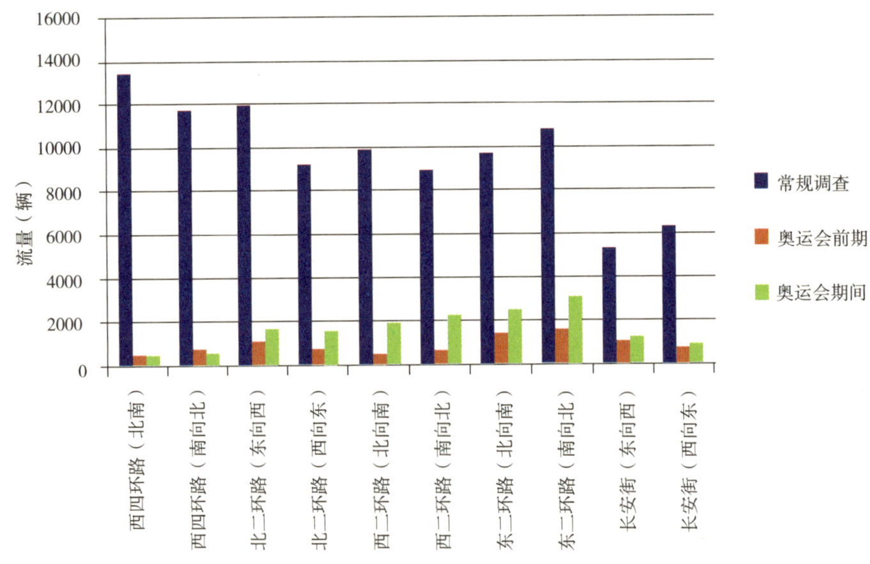

图8-3　奥运施画专用车道不同时期流量图

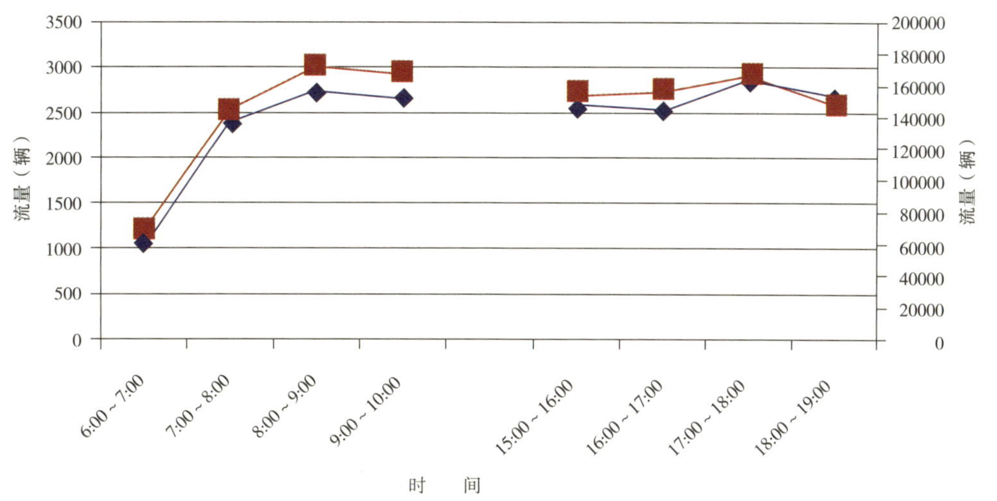

图8-4 专用道行驶车辆与社会车辆对比图

8.2.2 路网运行速度

总体来看，奥运会和残奥会期间交通运行顺畅，与单双号限行前相比，奥运会赛事期间路网早晚高峰速度分别提高26.9%和22.8%，残奥会赛事期间分别提高16.9%和19.6%。

为保障奥运会及残奥会的顺利进行，在北京道路网部分路段上施画了奥林匹克专用道，致使二环路、四环路等通行能力下降；临时交通管理措施对奥林匹克公园周边及相关道路影响较大，如安立路、北辰东路、北辰西路、安立路—仰山桥等；除受恶劣天气的影响外，其他绝大部分道路行驶畅通。

在单双号限行、黄标车停驶、错时上下班等奥运交通保障政策措施的联合作用下，奥运会和残奥会期间各等级道路运行速度明显提高。与单双号限行前相比，奥运会期间工作日早晚高峰路网平均速度分别提高26.9%和22.8%，受中小学开学的影响，残奥会期间运行速度有所降低，但工作日早晚高峰路网平均速度仍比单双号限行前分别提高16.9%和19.6%。

在部分单位放假等交通保障措施的作用下，2008年8月8日（奥运会开幕式）路网整体运行十分顺畅。其中，早、晚高峰路网平均速度达到35.4km/h和31.0km/h，均为实施各奥运交通保障政策措施以来工作日的最高值（表8-4）。

表8-4　五环路内道路速度情况（工作日，km/h）

类别	早高峰			晚高峰		
	7月1日～7月19日	8月8日～8月24日	9月6日～9月17日	7月1日～7月19日	8月8日～8月24日	9月6日～9月17日
快速路	34.4	44.2	41.2	29.5	37.6	36.9
主干道	22.3	28.5	26.2	19.8	23.8	23.5
次干道和支路	19.4	24.1	22.0	17.4	21.2	20.2
全路网	23.5	29.8	27.5	20.7	25.4	24.8

从速度跟踪监测结果来看，单双号限行后各等级道路运行速度显著提高，8月28日单双号限行范围的缩小（至五环路内）并未显著影响市区路网的整体运行情况，受中小学开学的影响，残奥会期间路网速度小幅回落，但仍保持在较高的运行水平上（图8-5）。

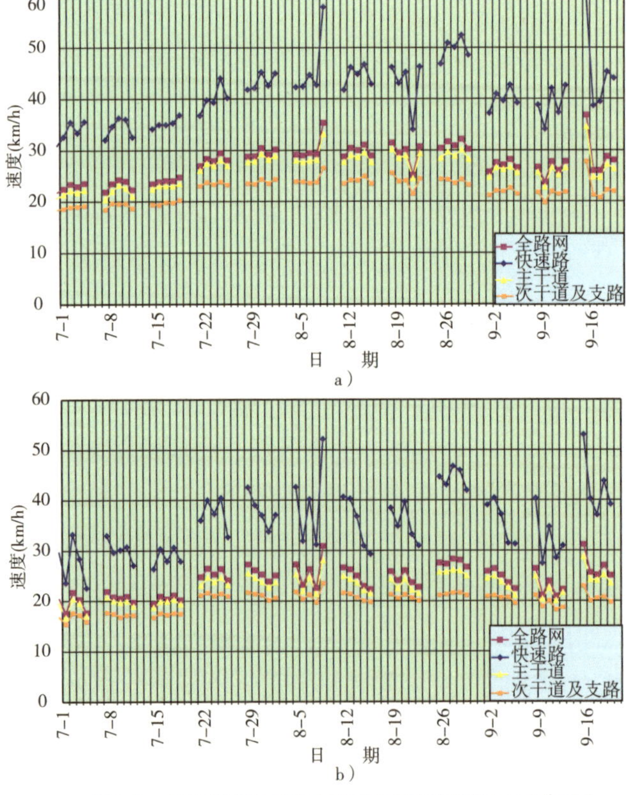

图8-5　各等级道路早晚高峰速度跟踪监测图（工作日）
a）早高峰平均速度；b）晚高峰平均速度

从运行速度时间变化来看，奥运会和残奥会期间路网早高峰出现时间向后延迟约半小时，全日高峰时段与平峰时段的速度差异显著减小，“削峰填谷”的效果明显（图 8-6）。

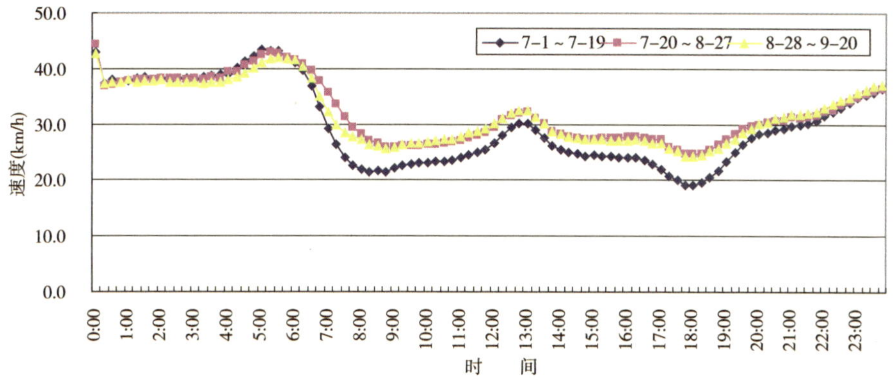

图8-6　五环路内路网速度对比图

从运行速度空间变化来看，奥运会和残奥会期间受拥堵影响的区域明显减小，主要集中在奥林匹克公园和其他赛事场馆周边，受赛事活动安排的影响，晚高峰比早高峰拥堵严重（图 8-7）。

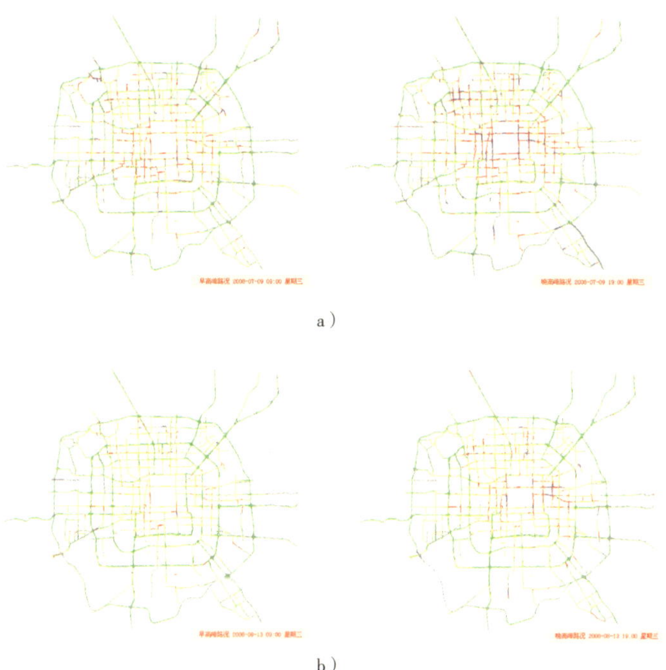

图8-7　五环路内道路早晚高峰速度图（工作日）

a）7月9日早晚高峰；b）8月13日早晚高峰

8.2.3 交通拥堵评价

从总体拥堵程度来看，奥运会和残奥会期间，交通拥堵指数分别为 2.45 和 3.22，与单双号限行前相比路网运行状况明显改善，处于“畅通”等级。

根据路网运行状况将拥堵程度划分为五级，分别为非常畅通、畅通、轻度拥堵、中度拥堵和严重拥堵，分别对应一定的拥堵指数。

从日交通拥堵指数变化可以看出，单双号限行前工作日路网运行处于“中度拥堵”或“轻度拥堵”等级；2008 年 7 月 20 日后工作日多处于“畅通”等级，其中 8 月 8 日和 8 月 24 日（奥运会开、闭幕式当天）路网交通运行顺畅，皆为“非常畅通”等级；自中小学开学以来，工作日交通拥堵指数有所上升，除个别工作日外，总体仍处于“畅通”等级（图 8-8）。

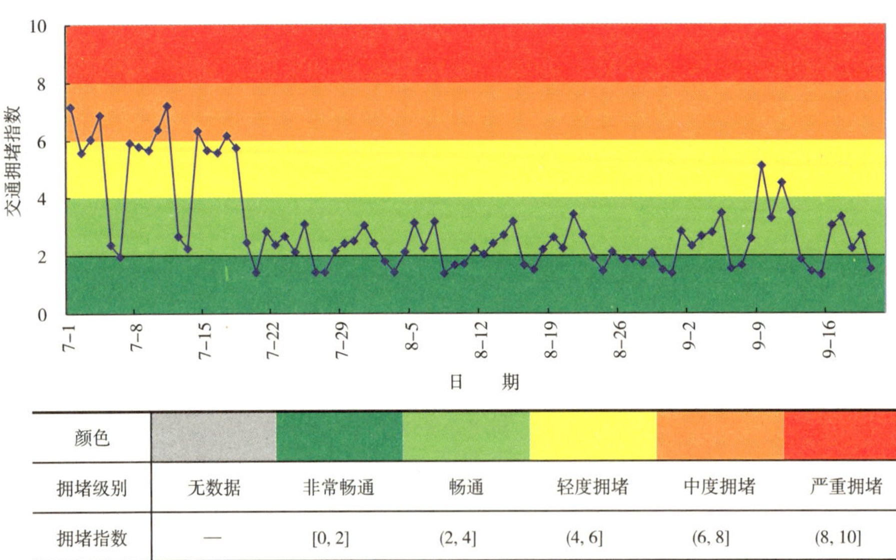

图8-8　日交通拥堵指数变化（7月1日～9月20日）

从交通拥堵空间分布来看，与单双号限行前相比，奥运会和残奥会期间各等级道路拥堵里程比例明显减小，其中，奥运会期间路网早晚高峰严重拥堵里程比例分别下降 6.1 和 6.8 个百分点，残奥会期间分别下降 4.4 和 5.4 个百分点。

总体来看，自单双号限行以来，路网各等级道路早晚高峰严重拥堵里程比例和拥堵里程比例（含严重拥堵、中度拥堵和轻度拥堵等级）皆呈现明显下降趋势，残奥会期间较奥运会期间拥堵里程比例有所增加，运行状况轻微恶化（表 8-5）。

表8-5　各等级道路严重拥堵里程比例（工作日早晚高峰）（%）

道路等级	7月1日～7月19日		8月8日～8月24日		9月6日～9月17日	
	早高峰	晚高峰	早高峰	晚高峰	早高峰	晚高峰
快速路	9.5	11.6	2.9	4.9	4.3	6.4
主干道	13.2	16.7	5.2	7.9	7.4	9.6
次干道及支路	6.9	8.6	3.1	4.0	4.6	5.1
路网	10.1	12.6	4.0	5.8	5.7	7.3

注：其中，早高峰为7:00～9:00，晚高峰为17:00～19:00。

从交通拥堵时间分布来看，奥运会和残奥会期间路网整体未出现交通拥堵状态，受交通拥堵影响时间由单双号限行前的5h45min下降为0h（图8-9）。

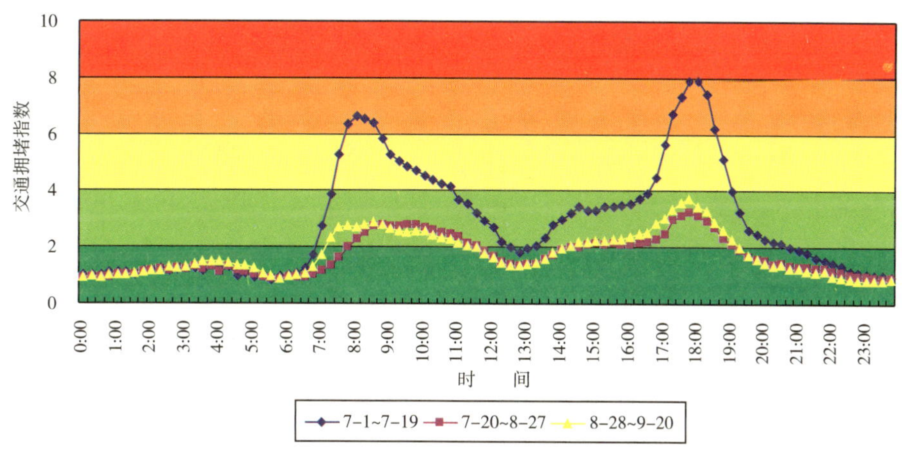

图8-9　各阶段工作日分时段交通拥堵指数

8.3　城市公共交通系统运行评价

8.3.1　客运总量及构成

奥运会及残奥会期间（2008年7月20日～9月20日），全市客运系统共计完成客运量12.39亿人次，其中城市公共交通完成客运量10.88亿人次（含公共汽（电）车客运量8.57亿人次，轨道交通客运量2.31亿人次），见表8-6。

表8-6　全市客运系统客运量

公共交通方式	客运量（亿人次）	公共交通方式	客运量（亿人次）
公共汽（电）车	8.57	省际客运	0.04
轨道交通	2.31	合　计	12.39
出租汽车	1.46		

奥运会期间，城市公共交通（公共汽（电）车与轨道交通）累计完成客运量10.88亿人次，各阶段日均客运量变化情况如图8-10所示。公共交通客运量（公共汽（电）车与轨道交通）在各阶段呈现上升趋势，其中奥运会期间日均客运量为1706万人次，比限行措施实施前增长3%，比去年同期增长25%。受2008年9月份学校开学的影响，残奥会期间公共交通客运量有较明显增加，比奥运会期间增长5%。

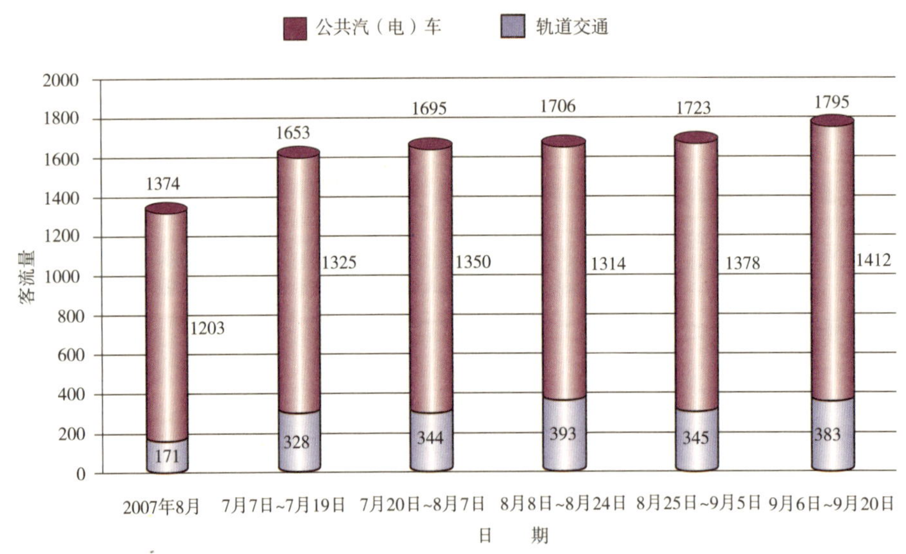

图8-10　奥运会期间各阶段公交客运量（单位：万人次/日）

8.3.2　公共汽（电）车运行评价

8.3.2.1　客运量

奥运会期间，全线网共计完成客运量8.57亿人次，高峰日客运量达到1500万人次。

奥运会及残奥会期间（2008年7月20日～9月20日），公共汽（电）车共计完成客运量 8.57 亿人次，其中含奥运专线公交客运量 2236 万人次。

将奥运会和残奥会划分为四个时间阶段，与奥运会之前的客运量情况进行比较，各个阶段日均客运量情况如图 8-11 所示。

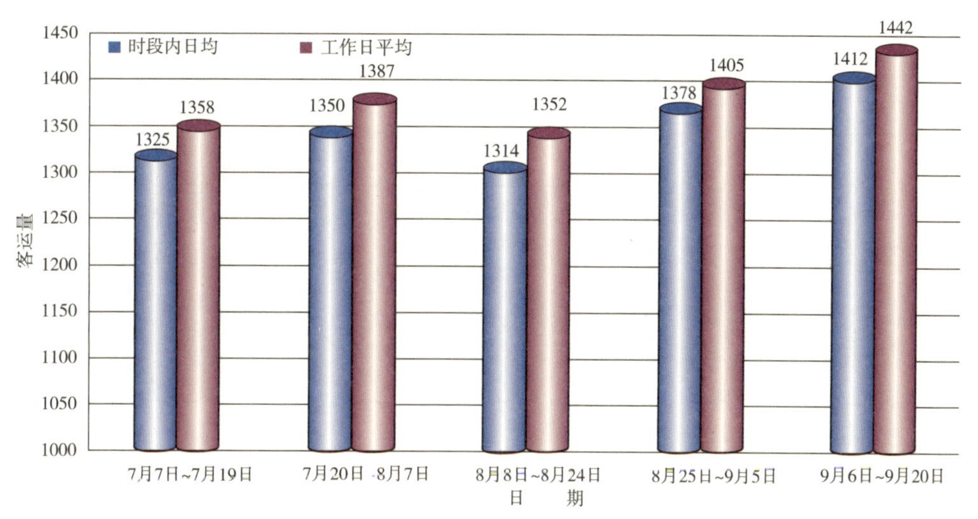

图8-11　奥运会期间公共汽（电）车日均客运量（单位：万人次/日）

可见，限行措施实施后客运量稍有增加，奥运赛时由于全市鼓励市民休假外出等政策的出台，奥运会期间的公交客运量稍有回落，残奥会期间受到学生开学等影响，客运量增幅较为明显，比奥运会期间增加 6.7%，比限行政策实施前增加 6.5%。

奥运会开幕式当天，公共汽（电）车客运量为 1192 万人次，闭幕式当天客运量为 1317 万人次。残奥会开幕式当天公共汽（电）车客运量为 1439 万人次，闭幕式当天为 1499 万人次。

整个奥运会期间，公共汽（电）车高峰日客运量达到 1500 万人次。

8.3.2.2　行驶速度变化情况

与单双号限行前（2008 年 4 月）相比，单双号限行后，公共汽（电）车全网平均运行速度有显著提高，全天平均运行速度提高了 1.3km/h，早高峰平均运行速度提高了 2.5km/h，晚高峰平均运行速度提高了 2.1km/h（图 8-12）。

从全天平均运行速度来看，单双号限行后大部分主要干道速度提高，其中，三环路、四环路和大羊坊路分别上升 2.5km/h、2.2km/h 和 5.1km/h，提高幅度分别达到 9.4%、10.3%和 31.8%（图 8-13）。

从早高峰运行速度来看，除白颐路外，其他主要干道运行速度均有不同程度的提高，其中，三环路、四环路、阜石路、大羊坊路和马家堡路等改善效果最为明显，达到 19.0%以上。

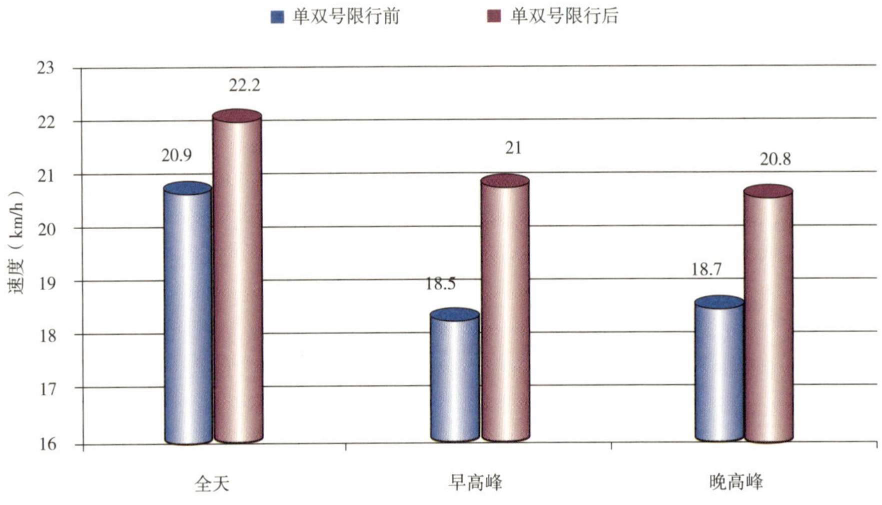

图8-12　北京市公共汽（电）车全网平均运行速度

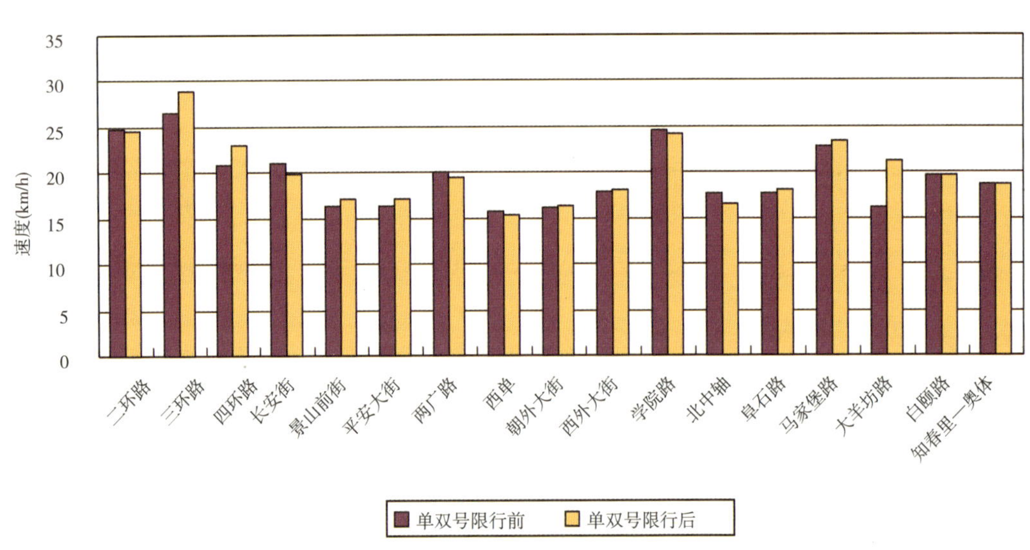

图8-13　北京市公共汽（电）车主要路段全天平均运行速度

从晚高峰运行速度来看，改善效果虽没有早高峰明显，多条主要干道运行速度持平或略微下降，但三环路、四环路和大羊坊路等干道的运行速度也有 15%以上的提高（图 8-14）。

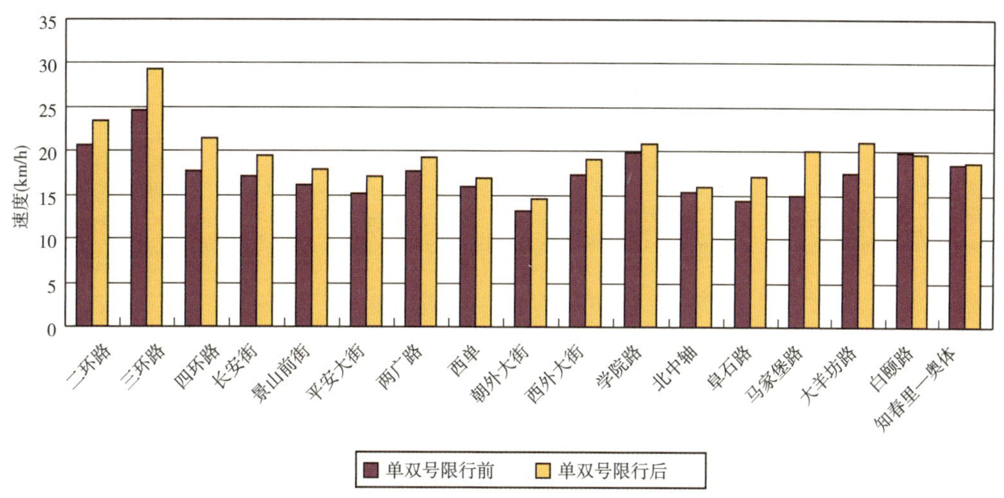

图8-14　北京市公共汽（电）车主要路段早高峰平均运行速度

8.3.2.3　公交车道路流量

公交车在限行期间运力有明显提升，奥运会期间提升幅度近 30%（表 8-7、图 8-15）。

表8-7　奥运前后公交车运力（单位：辆）

时　段	2008年常规	奥运会前期	奥运会期间
6:00～7:00	9804	10528	11968
7:00～8:00	11740	15076	16770
8:00～9:00	12764	14242	16368
9:00～10:00	13562	13778	15666
15:00～16:00	10488	11684	13166
16:00～17:00	12114	13182	14826
17:00～18:00	10868	13414	15232
18:00～19:00	11174	13166	14188
合计	92514	105070	118184
增长比例（%）		13.57	27.75

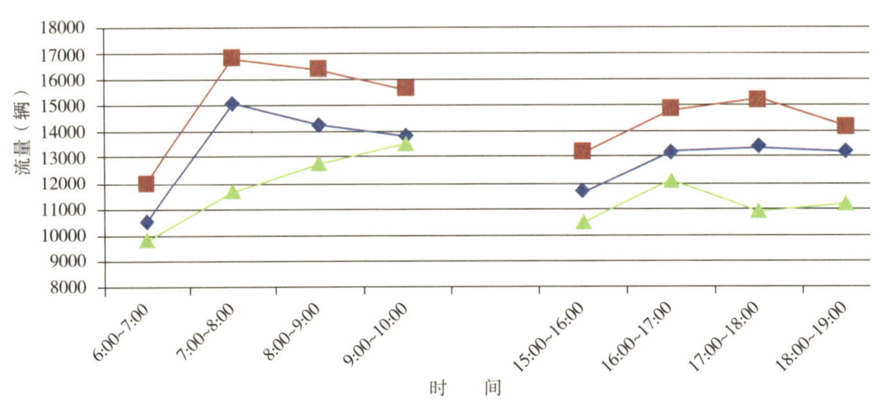

图8-15　奥运前后公交车运量

在调查路段中，奥运会期间公交车总流量上升 28.5%，奥运会前限行阶段上升的比例为 15.2%。

断面上公交车流量在奥运会期间和奥运会前限行期显现出明显的高峰，一般在 7:00 ~ 8:00 间和 17:00 ~ 18:00 间。

8.3.2.4　服务水平评价

奥运会期间，公共汽（电）车通过提高运输效率、新增车辆、现状车辆挖潜等措施约增加运力 284 万人次 / 日。由于社会车辆单双号上路行驶，车辆运行准点率提高，每日配公共汽（电）车 1.7 万余部，日均发车 17.2 万车次。车辆满载率在 50% ~ 60%，比机动车限行前下降 15%左右。

由于以上公交保障措施的实施，公交服务水平有所改善，奥运赛时，74%的人认为车辆运营速度明显提高，近 50%的人认为车内拥挤程度有所缓解，50%的人认为等车时间有所缩短，服务水平提高明显（表 8-8）。

表8-8　奥运会前期及期间公交服务水平

服务指标	奥运会前期			奥运会期间		
	运行速度	车内拥挤	等车时间	运行速度	车内拥挤	等车时间
更拥挤（长、慢）	4%	27%	11%	1%	16%	6%
差不多	28%	44%	51%	25%	37%	44%
有改善（短、稍慢）	53%	29%	38%	53%	47%	50%
快很多	15%	—	—	21%	—	—

在各种交通需求管理措施实施后（2008 年 7 月 20 日 ~2008 年 8 月 7 日），53% 的被访者认为地面公交的运行速度有改善，15%的人感觉运行速度较日常快了很多，感觉运行速度无变化的占 28%，仅有 4%的人认为运行速度变慢了，同时，29%的人认为车内拥挤有所缓解，等车时间也有所缩短。

奥运会期间，公交服务水平较赛前又有所提高。74%的被访者认为公交运行速度提高。车内拥挤也有明显的改善，约半数被访者都感觉车内拥挤减轻了，客运量数据统计也显示，奥运会期间公交车辆满载率在 50% ~ 60%，比机动车限行前下降 15%左右。公交满载率的统计数据和市民感受是相符合的。而由于奥运会期间公交加快周转，使得等车时间有所缩短，50%的被访者感觉等车时间缩短了。

8.3.3 奥运公交专线运行评价

8.3.3.1 运力及客运量

奥运会期间，奥运公交专线日均发车 0.9 万车次，承担了日均 67.2 万人次的客运量。高峰日客运量突破 82 万人次，公交专线发挥了重要的疏散作用。

（1）运力。

奥运公交专线在满足观众抵离场馆交通需求方面发挥了巨大作用。奥运会期间，奥运专线公交发车 14.2 万车次，日均发车 0.9 万车次，是全市地面公交总运力的 5.5%；残奥会期间，残奥专线发车 4.1 万车次。

在 34 条奥运公交专线中，有 17 条线路日均发车次数在 300 次以上，有 8 条线路的日均发车次数在 400 次以上。发车 400 车次以上的线路有：奥林匹克公园至前门的普 2 线，奥林匹克公园至西直门的普 7 线、奥林匹克公园至五棵松的普 8 线、奥林匹克公园至望京的普 9 线，连接奥林匹克公园北区与地铁大屯东站的 k13 线，连接奥林匹克公园西场站与地铁大屯东站的 k14，连接奥林匹克东公交场站与地铁大屯路东站的 k15 线以及连接朝阳公园与八王坟的 k33 线。这些线路在赛时都发挥了非常大的疏散作用。

残奥会期间，在 17 条残奥专线中，日均发车次数在 300 次以上的有 3 条，只有连接奥林匹克公园与前门的普 2 线发车次数在 400 次以上。残奥会期间的公共交通需求比奥运会期间小，运力投入也相对低一些。

（2）客运量。

奥运会和残奥会期间（2008 年 7 月 20 日 ~ 9 月 20 日），奥运专线公交共计完成客运量 2236 万人次，其中，各个阶段日均客运量情况如图 8-16 所示。

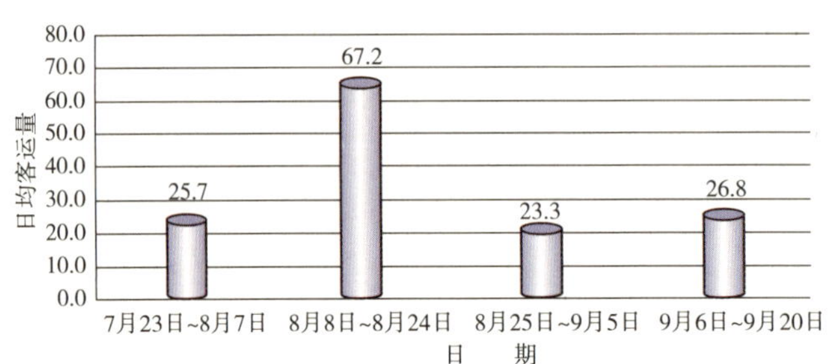

图8-16　奥运专线公交日均客运量（单位：万人次/日）

从图 8-16 可看出，奥运会期间公交专线客运量增幅明显，较赛事前增加 161%。残奥会期间，由于观众数量有所下降，加之专线公交的条数也由原来的 34 条调整为 16 条，因此专线客运量降幅较大，比奥运会期间减少了 60%。

奥运会开幕式当天，公交专线客运量为 7.5 万人次，闭幕式当天为 20.54 万人次；残奥会开幕式当天客运量为 10.12 万人次，闭幕式当天为 11.35 万人次。

整个奥运会期间，奥运公交专线高峰日客运量达到 82.83 万人次。

8.3.3.2　满意度评价

观众对公交专线的总体满意率非常高，尤其是在人员服务态度等方面获得了好评。

为了解观众对专线公交的满意度情况，在奥运会开幕式期间对奥林匹克公园周边的观众进行了随机访问调查，在收集到的 125 份问卷中，对专线公交的总体满意率（评价“比较满意”和“非常满意”的比例）达到 100%，在有关专线服务的其他各个方面的满意率也都在 85% 以上，对人员服务态度、乘车方便性、车内温度等方面的反映很好。而存在一些问题的方面主要是换乘的方便性、引导标识醒目性、信息咨询服务、候车时间等（图 8-17）。

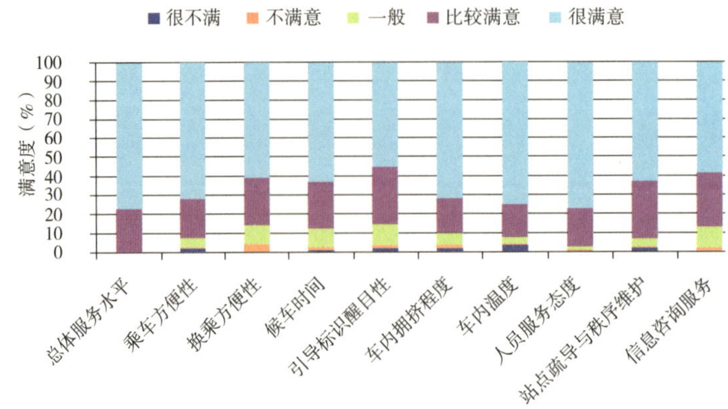

图8-17　观众对专线公交的满意度分析图

8.3.4 轨道交通运行评价

8.3.4.1 客运量

（1）奥运会赛时轨道全线网日均客运量达到393万人次，比奥运会前增长19.7%，高峰日客运量突破468万人次。

奥运会和残奥会期间（2008年7月20日～9月20日），轨道交通共计完成客运量2.31亿人次（含奥运支线661.74万人次），其中各个阶段日均客运量情况如图8-18所示。

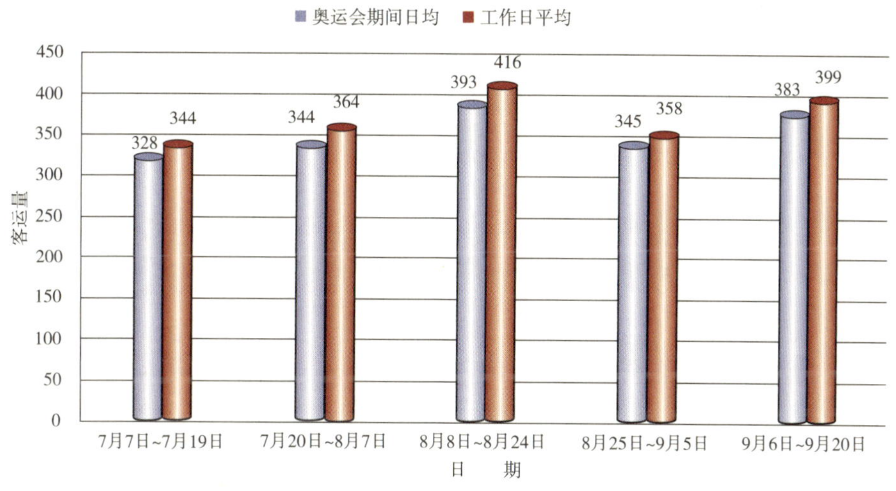

图8-18 奥运会期间轨道交通客运量（单位：万人次/日）

从图8-18可看出，轨道交通客运量在奥运会比赛期间有明显增加，较限行政策实施前增加19.7%。残奥会期间，客运量与奥运会期间基本持平。

奥运会开、闭幕式当天，轨道交通客运量分别为312万人次、342万人次；残奥会开、闭幕式当天，客运量分别为321万人次、399万人次。

整个奥运会期间，轨道交通高峰日客运量达到468万人次。

（2）奥运支线共计完成客运量662万人次，高峰日客流突破42万人次。

奥运支线（8号线）在奥运会期间共计完成客运量661.74万人次，其中奥运会348.28万人次，过渡期15.85万人次，残奥会297.61万人次。各阶段日均客运量见图8-19。

奥运会开幕式当天，奥运支线运送乘客12.98万人次，闭幕式运送乘客18.3万人次。残奥会开幕式当天，运送乘客7.9万人次，闭幕式运送乘客16.1万人次。

奥运支线在奥运会期间高峰日客运量达到 42.6 万人次。

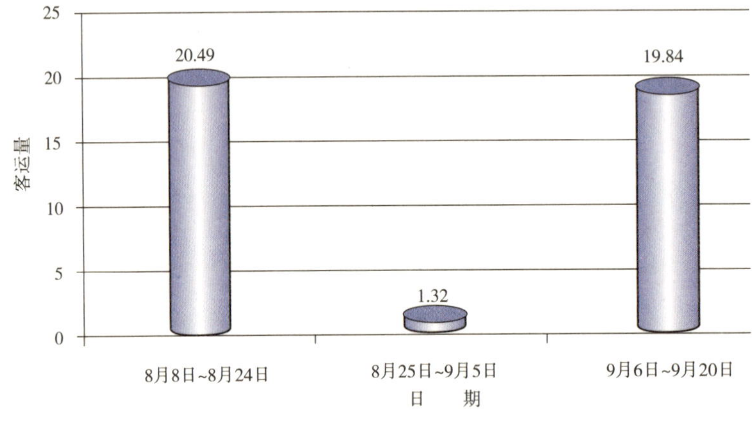

图8-19　奥运会残奥奥运支线客运量（单位：万人次/日）

8.3.4.2　服务水平评价

轨道交通在缩短发车间隔、延长运营时间、增加引导人员等措施实施的基础上，服务水平有所提高，近 50%的人认为等车时间及换乘时间缩短了（表 8-9）。

轨道交通通过既有线路改造和新线开通、缩短发车间隔等措施日均新增运输能力约 150 万人次 / 日，最高可达到 450 万人次 / 日。奥运会期间，轨道全网 8 条线路运营安全稳定，客流有序，日均开行 4303 列次，运送乘客 395.1 万人次，较机动车限行前增长 45.5%。

表8-9　奥运会前期及奥运会期间轨道交通服务水平

服务指标	奥运会前期			奥运会期间		
	车内拥挤	等车时间	换乘时间	车内拥挤	等车时间	换乘时间
更拥挤（长）	41%	7%	10%	26%	2%	4%
差不多	34%	47%	55%	39%	39%	45%
有改善（变短）	25%	46%	35%	35%	58%	51%

在各种交通需求管理措施实施后（2008 年 7 月 20 日 ~ 2008 年 8 月 7 日），41%的乘客感觉地铁车厢更拥挤，等车时间在维持日常水平的基础上有所改善，46%的被访者认为等车时间有所缩短，地铁换乘时间基本不变。

奥运会期间，地铁服务水平较赛前有所提高。认为车内拥挤的比例由赛前的41%下降到26%，58%的人认为地铁等车时间变短，半数以上被访者认为地铁换乘时间变短。

8.3.5 出租汽车运行评价

8.3.5.1 整体运行状况

为客观评价出租汽车运行情况，交通研究机构在常规时间（2008年4月29日）、赛前（2008年7月29日）和赛时（2008年8月13日）三个阶段对600辆出租汽车进行了问卷调查，并配合出租汽车IC卡数据进行分析。

（1）出车率在交通限行后比常规阶段提高2个百分点，达到92.26%。

根据调查，全市共有出租汽车6.66万辆，其中单班出租汽车比例为60%，双班出租汽车比例为40%。常规时间段出车率为90%；赛前出车率为92.26%；赛时出车率为87.04%。

（2）乘载率三个时间阶段基本无变化。

整体上，三个阶段的次均载客人数变化不大，维持在1.50人/次的水平(表8-10)。

表8-10 出租汽车乘载率对比

阶段	班型	乘载率（人/次）
常规	单班	1.45
	双班	1.47
赛前	单班	1.48
	双班	1.48
赛时	单班	1.47
	双班	1.52

（3）客运量在奥运会期间有明显增加，工作日客运量比限行前提高19.2%。

根据调查得到的乘载率和每辆车的日均运次以及出车率，可以计算得到每天出租汽车的客运量。常规阶段工作日日均客运量为203万人次，周末为190万人次；赛前工作日日均客运量为241万人次，周末为215万人次；赛时工作日日均客运量为242万人次，周末为202万人次（表8-11和图8-20）。

表8-11　出租汽车客运量对比（单位：人次）

阶段		工作日	周末
常规	单班	997343	873906
	双班	1028666	1021739
	合计	2026010	1895644
赛前	单班	1183981	909126
	双班	1226935	1239863
	合计	2410916	2148989
赛时	单班	1120181	833649
	双班	1294882	1189745
	合计	2415063	2023395

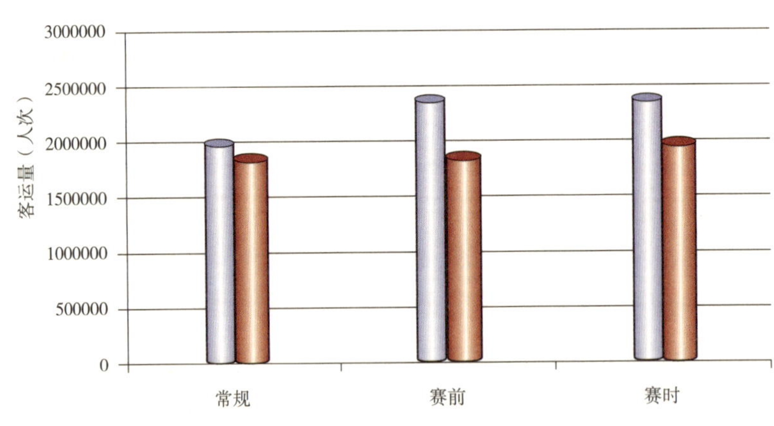

图8-20　三阶段客运量对比

从三个阶段对比来看，相对于常规阶段，赛前和赛时客运量均有明显增加，其中赛前平均增幅为16.18%，赛时平均增幅为12.97%。

（4）空驶率。

本次调查分别对三个阶段早高峰、晚高峰和平峰时段空驶率进行分析。工作日早高峰出租汽车空驶率明显降低，从限行前的30.03%降低到赛前的29.79%，赛时的29.08%（表8-12）。

表8-12　三个阶段不同时段空驶率分析（%）

阶　段		工作日	周末	问卷调查日	开幕式当天
常规	早高峰	30.03	37.33	29.62	
	晚高峰	26.73	28.76	24.76	
	平峰	24.79	28.68	24.80	
赛前	早高峰	29.79	36.78	31.35	
	晚高峰	26.91	26.43	27.86	
	平峰	29.15	32.56	30.59	
赛时	早高峰	29.08	36.68	30.61	36.50
	晚高峰	28.75	30.97	28.20	23.33
	平峰	29.94	32.95	29.11	28.13

8.3.5.2　出租汽车服务水平评价

（1）乘客对出租汽车运行速度的评价较好，有超过70%的人认为出租汽车运行速度明显提高。

对出租汽车乘客在不同阶段进行出租汽车运行速度评价问卷调查，如图8-21、图8-22所示，相对于常规阶段，赛前与赛时乘客认为出租汽车运行速度快很多和稍快的占总调查人数的60%左右，其中赛时阶段认为快很多的乘客人数占总调查人数的比例最大。

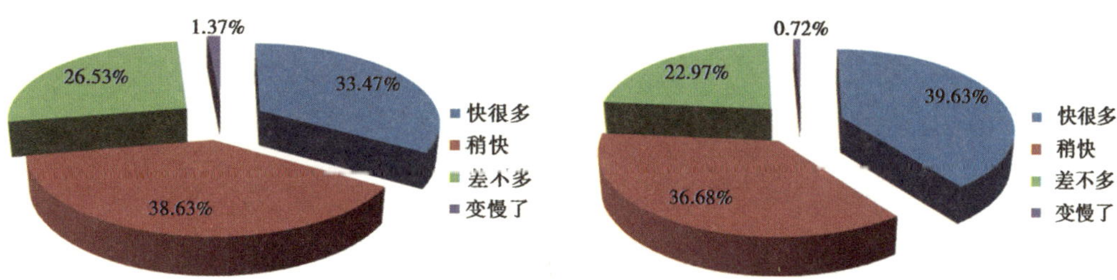

图8-21　赛前与常规运行速度对比　　图8-22　赛时与常规运行速度对比

（2）乘客等待时间基本无变化，近 30%的乘客认为等车时间缩短。

对乘客不同阶段打车等待时间的评价进行问卷调查，如图 8-23 和图 8-24 所示，相对于常规阶段，乘客认为无论赛前还是赛时打车等待时间变化不大的占总调查人数的 60%左右，近 30%的乘客认为等待时间变短。

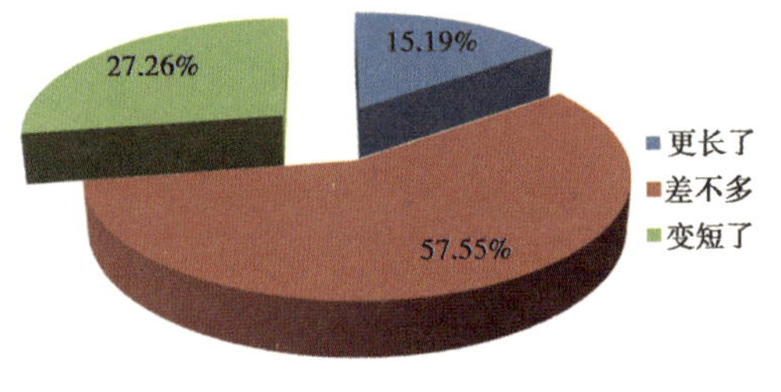

图8-23　赛前与常规打车等待时间对比

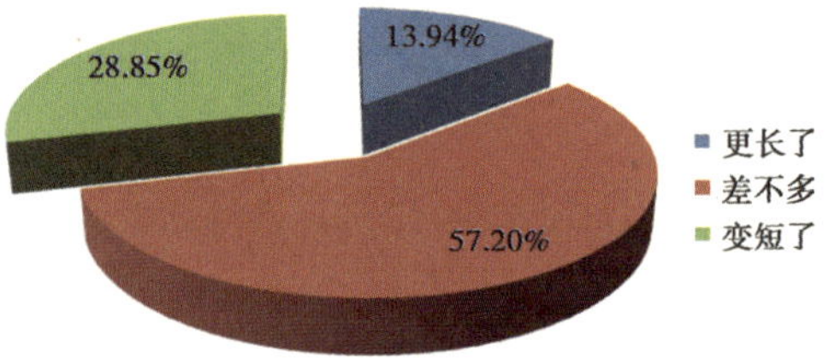

图8-24　赛时与常规打车等待时间对比

8.3.5.3　“保点”出租汽车服务评价

2008 年 6 月，制订了奥运会和残奥会“保点”出租汽车服务方案。按照方案，根据场馆的实际需求，共设立了 46 处出租汽车“保点”站，5000 余辆出租汽车参加了奥运会及残奥会外围交通保障任务。奥运会及残奥会赛时共计派车约 13.4 万车次，运送大家庭成员约 27 万人次。同时，为解决奥运交通服务中的语言障碍，出租汽车行业奥运赛时开通了 3 万辆车的 8 个语种在线实时翻译服务，赛时共计提供 1.4 万余次语言翻译服务。

（1）日客运量。

奥运会及残奥会期间，“保点”出租汽车日客运量及出车架次见表 8-13，日客运量变化如图 8-25 所示。

表8-13　奥运会、残奥会期间“保点”出租汽车客运量及出车架次统计表

“保点”日期	日客运量（万人次）	出租汽车保点出车架次	“保点”日期	日客运量（万人次）	出租汽车保点出车架次
8月2日	0.37	1885	8月20日	1.12	5699
8月3日	0.31	1778	8月21日	1.08	5136
8月4日	0.33	1845	8月22日	1.09	5711
8月5日	0.50	2344	8月23日	1.23	5731

“保点”日期	日客运量（万人次）	出租汽车保点出车架次	“保点”日期	日客运量（万人次）	出租汽车保点出车架次
8月6日	0.54	2641	8月24日	1.06	5076
8月7日	0.64	2906	8月25日	0.60	2980
8月8日	0.65	3211	8月26日	0.32	1673
8月9日	0.79	3552	8月27日	0.20	840
8月10日	0.71	3353	8月28日	—	—
8月11日	0.80	3627	8月29日	—	—
8月12日	0.88	4447	8月30日	—	—
8月13日	0.97	4487	8月31日	0.01	48
8月14日	0.89	4479	9月1日	0.03	146
8月15日	0.96	4689	9月2日	0.03	186
8月16日	1.02	5069	9月3日	0.14	699
8月17日	1.02	5168	9月4日	0.21	975
8月18日	1.04	5045	9月5日	0.20	1055
8月19日	1.12	5613	9月6日	0.28	1593
9月7日	0.30	1608	9月14日	0.40	1823
9月8日	0.32	1574	9月15日	0.46	1865
9月9日	0.36	1448	9月16日	0.40	1853
9月10日	0.33	1817	9月17日	0.47	2224
9月11日	0.32	1777	9月18日	0.21	997
9月12日	0.36	1579	9月19日	0.12	387
9月13日	0.28	1692	9月20日	0.05	239

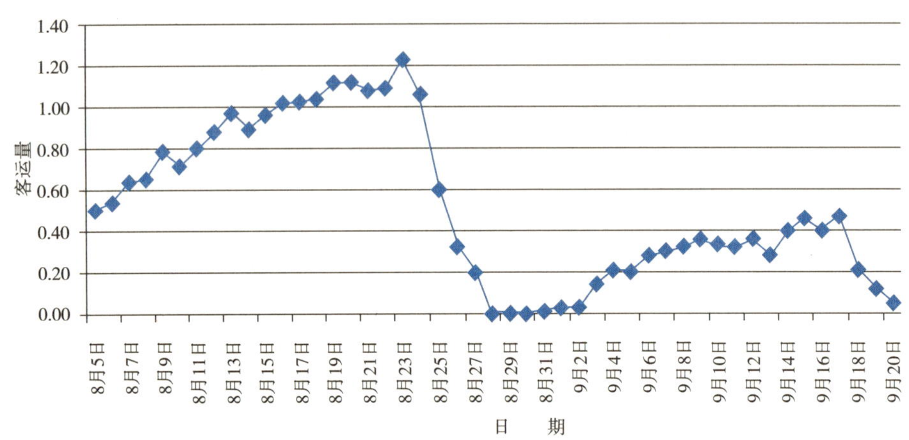

图8-25 奥运会及残奥会赛时“保点”出租汽车日客运量变化图（单位：万人次）

通过图 8-25 分析可知：

① 奥运会赛时“保点”出租汽车需求比残奥会赛时“保点”出租汽车需求总体上要大。

奥运会赛时（2008 年 8 月 8 日 ~ 8 月 24 日）“保点”出租汽车日均客运量约为 0.97 万人次，而残奥会赛时（2008 年 9 月 6 日 ~ 9 月 17 日）“保点”出租汽车日均客运量仅约为 0.36 万人次，残奥会赛时“保点”出租汽车日客运量约为奥运会赛时的 37%。

② 奥运会及残奥会转换期(2008 年 8 月 29 日 ~ 9 月 3 日)“保点”出租需求较小。

转换期“保点”出租汽车日均客运量约为 0.03 万人次，日均客运量仅为奥运会赛时的 3%，为残奥会赛时的 8%。

③奥运会及残奥会赛时“保点”出租汽车需求均呈现随着赛事的展开逐步增大的趋势，在奥运会及残奥会闭幕式前后达到需求的最大值。

奥运会赛时“保点”出租汽车的最大需求出现在奥运会闭幕式的前一天（2008 年 8 月 23 日),达到 1.23 万人次,奥运会赛时后期(2008 年 8 月 19 日 ~ 8 月 24 日)“保点”出租汽车日均客运量约为 1.12 万人次，约为奥运会赛时“保点”出租汽车日均客运量的 1.2 倍；残奥会赛时“保点”出租汽车的最大需求出现在残奥会闭幕式当天（2008 年 9 月 17 日），达到 0.47 万人次，残奥会赛时后期（2008 年 9 月 14 日 ~ 7 月 17 日）“保点”出租汽车日均客运量约为 0.43 万人次，约为残奥会赛时“保点”出租汽车日均客运量的 1.2 倍。这主要是受单元竞赛日程安排的影响，奥运会及残奥会后期大部分为项目决赛，后期的“保点”出租汽车需求自然较大。

（2）次均载客人数。

奥运会及残奥会“保点”出租汽车次均载客人数变化见图 8-26 所示。

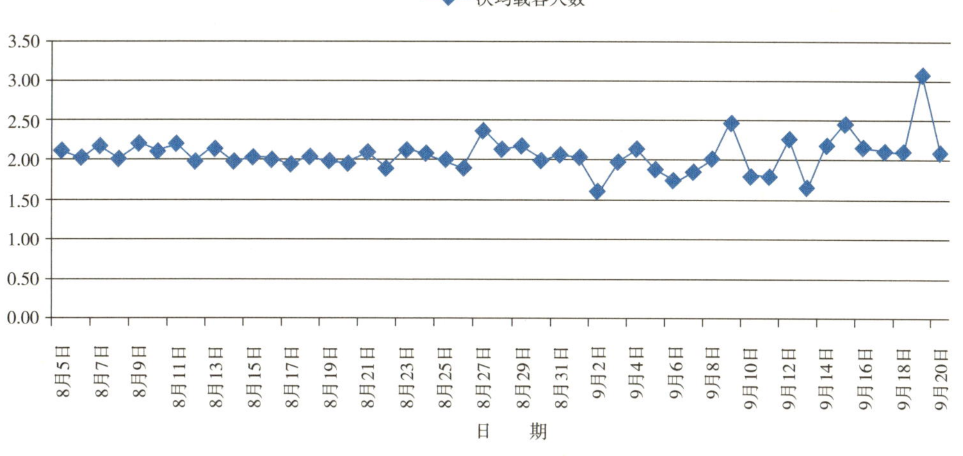

图8-26 奥运会及残奥会赛时“保点”出租汽车次均载客人数变化图

通过分析图 8-26 可知：

①“保点”出租汽车次均载客人数高于社会出租汽车次均载客人数。

奥运会赛时（2008 年 8 月 8 日 ~ 8 月 24 日）“保点”出租汽车次均载客人数约为 2.06 人 / 次，较日常社会出租汽车次均载客人数的 1.45 ~ 1.55 人 / 次高 42% ~ 33%；残奥会赛时（2008 年 9 月 6 日 ~ 9 月 17 日）“保点”出租汽车次均载客人数约为 2.15 人 / 次，较日常社会出租汽车次均载客人数高 48% ~ 39%。

②“保点”出租汽车次均载客人数最大值出现在奥运会及残奥会闭幕式结束后。

奥运会期间“保点”出租汽车次均载客人数最大值出现在 2008 年 8 月 27 日，达到 2.38 人 / 次；残奥会期间“保点”出租汽车次均载客人数最大值出现在 9 月 19 日，达到 3.10 人 / 次。

图索引

表索引

后 记

《北京奥运交通丛书》在有关单位的鼎力配合下，终于付梓印刷了，北京市交通委员会和北京交通发展研究中心在组织丛书的编著过程中，得到了北京市交通委员会路政局、北京市交通委员会运输管理局、北京市交通执法总队、北京公交集团、北京市地铁运营公司、北京市轨道交通建设公司、北京市基础设施投资公司、北京市首都公路发展集团、北京市公联公路联络线公司、北京市市政路桥集团、北京祥龙公司、北京市轨道交通指挥中心、北京市公安局公安交通管理局、原北京奥组委交通部等单位有关负责同志、专家学者和工作人员的大力支持。

刘小明、王兆荣、全永燊、郭继孚、郭卫亮、孙壮志等同志对丛书的架构和内容设计付出了辛勤的劳动。

王兆荣、郭继孚、孙壮志、刘新华、安小芬、罗长波、刘继英、张奋博等同志对本书编写做了大量的工作，安志强、周凌、马海红、孙建平、蔡乐、张伟、陈林淼、仝朝阳、杜兴文、虞玲、陈朝晖、高峰、史建港等同志提供了大量的资料或参加了编写工作。

北京市交通委员会、北京市交通委员会路政局、北京市交通委员会运输管理局、北京交通发展研究中心、北京公交集团、北京市轨道交通建设公司、北京市地铁运营公司、北京祥龙公司和柏诚（北京）公司等单位也为本书提供了宝贵的资料。

在此，对参与编写工作的各单位和各位同志付出的辛勤劳动表示衷心的感谢！

本书的出版得到了人民交通出版社戴慧莉编辑的帮助，她认真负责的工作态度与高水平的编辑能力，为本书增色很多，在此一并表示感谢！

《北京奥运交通丛书》编著委员会

2010 年 2 月

参考文献

[1] 北京奥运会残奥会赛事交通服务纪实 [M]. 北京：人民交通出版社 ,2008.

[2] 刘小明，郭继孚，孙壮志 . 北京奥运交通运行及启示 [J]. 交通运输系统工程与信息，2008.

[3] 北京市交通委员会，北京交通发展研究中心 . 奥运会及残奥会城市公共交通运行保障方案与交通安全风险防范评估 [R]. 北京 : 北京交通发展研究中心 ,2008.

[4] 北京市交通委员会，柏诚工程技术（北京）有限公司 . 奥林匹克公园赛时各阶段交通运行方案整合及赛后总结评价 [R]. 北京 : 柏诚工程技术(北京)有限公司 ,2008.

[5] 北京市交通委员会，北京交通发展研究中心 . 奥运会比赛场馆交通设施及交通组织规划 [R]. 北京 : 北京交通发展研究中心 ,2008.

[6] 北京交通发展研究中心 . 奥运交通评估报告 [R]. 北京 : 北京交通发展研究中心 ,2008.

[7] 五棵松场馆运行团队 . 五棵松场馆群交通运行计划 . 北京 ,2008.

[8] 北京交通发展研究中心 . 奥运出租汽车运营组织规划 [R]. 北京：北京交通发展研究中心，2008.

[9] International Olympic Committef.Technical Manual on Transport. Lausanne,Suisse,2007.

[10] http://www.ahxf.gov.cn/shownew.asp?ID=64396

[11] http://www.caac.gov.cn/D1/AYZT/